# Alpin-Lehrplan Band 5

Pit Schubert
Pepi Stückl

## Sicherheit am Berg

# Alpin-Lehrplan Band 5

Pit Schubert
Pepi Stückl

# Sicherheit am Berg

Ausrüstung
Sicherung

Die Deutsche Bibliothek – CIP-Einheitsaufnahme

**Alpin-Lehrplan**

[Hrsg.: Deutscher Alpenverein (DAV) und Verband Deutscher Berg- und Skiführer (VDBS)]. – München ; Wien ; Zürich : BLV.

Bd. 5. Sicherheit am Berg – 3., völlig neu bearb. Aufl., (Neuausg.). – 1999

**Sicherheit am Berg**

Ausrüstung, Sicherung / [Hrsg.: Deutscher Alpenverein (DAV) und Verband Deutscher Berg- und Skiführer (VDBS). Autoren : Pit Schubert ; Pepi Stückl]. – 3., völlig neu bearb. Aufl., (Neuausg.) – München ; Wien ; Zürich : BLV, 1999
  (Alpin-Lehrplan; Bd. 5)
  ISBN 3-405-14825-1

**Bildnachweis:**

Gerhard Baur: S. 131 li.
Garmin: S. 23
Gerhard Heidorn: S. 2/3
Ortovox: S. 39
Bernd Ritschel: S. 7 re., 138/139
Karl Schrag: S. 21 re.
Pit Schubert: S. 6, 7 li., 10/11, 43, 45, 49 (3), 50, 51, 52 (2), 53 (5), 58 (2), 59, 60 (2), 61, 62 (3), 63 (4), 68 (2), 69 (3), 70, 71 (2), 76 (2), 78 (6), 79 (3), 80, 81, 85, 88, 89 (3), 90, 91 (4), 93, 94 (2), 96 (2), 97 (3), 98 (2), 99 (2), 100 (4), 101 (5), 102, 103 (3), 104, 106, 107 (5), 109 (2), 110/111, 119, 122 (2), 126 (2), 128, 131 (4), 133, 134 (3), 135 (4), 136 (2), 137 (2), 140 (3), 142 (3), 146 (2), 147, 149
Silvretta: S. 35 o.
Pepi Stückl: S. 12, 15, 16, 17 (2), 20, 21 li., 24, 26, 27, 28, 29, 31, 33, 34, 35 u., 36 (2), 37 (2), 40, 41

Umschlagfoto: Bernd Ritschel
Umschlaggestaltung: Werbeagentur Sander & Krause

Grafiken: Josef Lassmann (S. 13, 19, 25, 29, 32, 42, 47, 49, 52, 53, 54, 55, 63, 64, 65 u., 66, 67, 70, 73, 74 re., 75, 76, 77, 80, 81, 82 o., Mi., 86, 87, 88, 92, 93, 99, 102, 103, 105, 106, 108, 112, 113, 114 li., 116, 118, 121, 122, 123, 124, 125, 126 li., 127 o., 130 o., 132, 133, 134, 137, 141, 143, 145, 146, 147)
Jörg Mair (S. 44, 45, 46, 48, 56, 57 , 58, 61, 65 o., 71, 72, 74 li., 78, 82 u., 83, 84, 90, 95, 100, 104, 107, 114 re., 115, 117 ,119, 120, 126 re., 127 u., 128, 129, 130 u., 144, 149, 150, nach Vorlagen von Josef Lassmann bzw. Georg Sojer)

Lektorat: Karin Steinbach

Layout und Umbruch: Bücherwerkstatt Alexander von Ertzdorff
Herstellung: Manfred Sinicki

Dritte, völlig neu bearbeitete Auflage – Neuausgabe


BLV Verlagsgesellschaft mbH
München Wien Zürich
80797 München

© 1999 BLV Verlagsgesellschaft mbH, München

Das Werk einschließlich aller seiner Teile ist urheberrechtlich geschützt. Jede Verwertung außerhalb der engen Grenzen des Urheberrechtsgesetzes ist ohne Zustimmung des Verlages unzulässig und strafbar. Das gilt insbesondere für Vervielfältigungen, Übersetzungen, Mikroverfilmungen und die Einspeicherung und Verarbeitung in elektronischen Systemen.

Druck und Bindung: Passavia, Passau

Gedruckt auf chlorfrei gebleichtem Papier

Printed in Germany · ISBN 3-405-14825-1


**Herausgeber:**

Deutscher Alpenverein (DAV) und Verband Deutscher Berg- und Skiführer (VDBS) in Zusammenarbeit mit dem Alpenverein Südtirol (AVS)

**Offizieller Lehrplan der folgenden alpinausbildenden Verbände:**
- Deutscher Alpenverein
- Alpenverein Südtirol
- Verband Deutscher Berg- und Skiführer
- Bundeswehr
- Polizeibergführerverband
- Touristenverein Die Naturfreunde


**Autoren der einzelnen Kapitel:**

**Pit Schubert**
»Alpintechnische Ausrüstung«, »Sicherung«, »Sicherheit«
- Jahrgang 1935
- Diplomingenieur (Maschinenbau), eineinhalb Jahrzehnte in der Luft- und Raumfahrt tätig
- seit Gründung des DAV-Sicherheitskreises (1968) dessen Leiter
- umfangreiche Grundlagenforschung auf dem Gebiet der alpinen Sicherheit, Materialprüfungen, zahlreiche Veröffentlichungen
- Mitglied in den Normenausschüssen (DIN, EN, UIAA)
- seit 1973 Mitglied der UIAA-Sicherheitskommission, seit 1997 deren Präsident
- Begeher vieler namhafter Routen in den Alpen, u. a. einer der fünf ersten Deutschen, die Anfang der sechziger Jahre alle drei großen Nordwände (Eiger, Matterhorn und Grandes Jorasses) durchstiegen haben
- Teilnehmer an vier Expeditionen, an zweien als deren Leiter; über 40mal im Himalaja
- über ein Dutzend Erstbegehungen in den Alpen, mehr als zwei Dutzend in außereuropäischen Gebirgen (darunter auch Erstbesteigungen)

**Pepi Stückl**
»Bekleidung, sonstige Ausrüstung und Ausrüstung für Skitouren«
- Jahrgang 1944
- Staatlich geprüfter Berg- und Skiführer
- Mitglied des Lehrteams Bergsteigen im Deutschen Alpenverein
- seit 1974 Berufsbergführer mit Führungen im gesamten Alpenverein und in den Gebirgen der Welt
- Autor eines Lehrbuchs und zahlreicher Zeitschriftenbeiträge zum Thema Bergsteigen

# VORWORT

Das Bergsteigen mit seinen unterschiedlichen Spielformen zählt zu den attraktivsten Natursportarten. Jedes Jahr zieht es Tausende von erlebnis- und erholungshungrigen Wanderern, Berg- und Skisportlern in die Alpen und in die Berge der Welt, um ihren individuellen Leidenschaften und Zielsetzungen in einer noch weitgehend intakten Natur nachzugehen. Für viele von ihnen ist Bergsteigen ein idealer Lifetime-Sport, der den notwendigen Ausgleich in einer zivilisationskranken Konsumgesellschaft leisten kann.

Der Deutsche Alpenverein als der weltgrößte Bergsteigerverband stellt sich seiner besonderen Verantwortung und hat nicht nur die Bergwelt der Alpen mit erschlossen, sondern sich auch seit seinen Gründertagen um die Ausbildung und Sicherheit der Bergsteiger bemüht. Dazu gehört die Ausbildung der staatlich geprüften Bergführer in kooperativer Zusammenarbeit mit dem Verband Deutscher Berg- und Skiführer, die Ausbildung der ehrenamtlichen Führungskräfte als wichtige Multiplikatoren in den Sektionen des Deutschen Alpenvereins, die international anerkannte und führende Arbeit des DAV-Sicherheitskreises und die Herausgabe von Unterrichtsmaterialien und Lehrschriften, um hier nur die bedeutendsten Aktivitäten zu nennen.

Ein fester Bestandteil in der Ausbildungsarbeit aller alpinausbildenden Verbände im deutschsprachigen Raum ist die Lehrplanreihe des Deutschen Alpenvereins, die in ihrer ursprünglichen Konzeption Anfang der achtziger Jahre veröffentlicht wurde. Angesprochen wurden hauptsächlich alle Ausbilder, die in den verschiedensten Funktionen und mit den unterschiedlichsten Zielsetzungen Alpinunterricht in Praxis und Theorie vermittelten, wenngleich die einzelnen Praxis- und Theoriebände des Alpin-Lehrplans mit der Zeit zum Standardwerk für alle Wanderer und Bergsteiger wurden.

Heute hat sich gemäß der aktuellen Entwicklung im Alpinismus die Zielrichtung des Alpin-Lehrplans verändert: Genauso wie die Zahl der Bergsportler zunimmt, hat sich auch deren Wunsch nach Selbständigkeit entwickelt. Weil das Bergsteigen kein geeignetes Feld für den Autodidakten nach der »Try and error«-Methode darstellt und die beste Empfehlung nach wie vor nur lauten kann, eine qualifizierte Ausbildung in Praxis und Theorie unter kompetenter Anleitung zu absolvieren, gibt der Deutsche Alpenverein in Zusammenarbeit mit dem Verband Deutscher Berg- und Skiführer mit dem neuen Alpin-Lehrplan eine sorgfältig nach den aktuellen Erkenntnissen erstellte Buchreihe heraus, die alle Praxis- und Theoriebereiche des Alpinismus abdeckt.

Adressat ist nicht nur der Alpinausbilder, sondern vor allem der »Normalbergsteiger«, der ein gut verständliches, auf das Wesentliche beschränktes Lehrbuch sucht, das alle praxisrelevanten Themen des Alpinismus behandelt. Neben den elementaren Kapiteln der Bewegungstechnik und -taktik, der Sicherungstechnik und der sicherheitsbezogenen Theorie hat in die Praxisbände des neuen Alpin-Lehrplans als Hauptkapitel auch der spezifische und praxisorientierte Naturschutz Eingang gefunden.

Nicht zuletzt deshalb glauben der Deutsche Alpenverein und das kompetente Autorengremium, daß der neue Alpin-Lehrplan alle Anforderungen an ein modernes Standardwerk für den Bergsteiger erfüllt.

**Josef Klenner**
Erster Vorsitzender des
Deutschen Alpenvereins

# INHALT

Vorwort — 5

Einführende Gedanken zum Alpin-Lehrplan — 8

Einführung — 9

Ausrüstung 10

**Bekleidung, sonstige Ausrüstung und Ausrüstung für Skitouren** — 12
Bekleidung 12
Bergschuhe 18
Bergsteigerrucksäcke 19
Höhenmesser 21
Bussolen 22
Schlafsäcke 23
Biwaksäcke 25
Rettungsdecken 26
Liegematten 26
Stirnlampen 26
Bergsteigerzelte 27
Sonnenschutzbrillen 29
Skibrillen 31
Tourenski 31

Tourenskibindungen 34
Tourenskistöcke 36
Steigfelle 36
Tourenskischuhe 37
Verschüttetensuchgeräte 39
Lawinen-Airbag-System ABS 40
Lawinenschaufeln 41
Lawinensonden 41

**Alpintechnische Ausrüstung** — 42
Seile 42
Reepschnur, Band und Expreßschlingen 51
Knoten 54
Anseilgurte 56
Karabiner 60
Klemmkeile 62
Klemmgeräte 67
Felshaken 71
Bohrhaken 77
Felshammer, Klemmkeilhammer, Zubehör 79
Abseilachter 81
Seilrollen 81
Cliffhänger – Skyhook 82
Seilklemmen 82
Klettersteigbremsen 83
Eispickel, Eisbeil, Eishammer 85
Steigeisen 94
Eisschrauben, Eishaken 99
Firnhaken 105
Firnanker 105
T-Anker 105
Helme 106

# Sicherung 110

# Sicherheit 138

**Sicherungstheorie** — 112
Physikalische Zusammenhänge 112
Seildurchlauf und
Sturzstreckenverlängerung 112
Optimierte Sicherung 113

**Sicherungsformen** — 114
Halbmastwurfsicherung (HMS) 114
Selbstsicherung 116
Zwischensicherungen 117
Sicherung mit Zwillingsseil 118
Sicherung der Dreierseilschaft 119
Weitere Sicherungsmethoden 119
Seilführung 121
Belastung der Sicherungskette in Fels
und Steileis 123
Sicherung auf Klettersteigen 128
Sicherung auf Gletschern 129
Sicherung auf Firn- und Gletscherhängen 135

**Glieder der Sicherheitskette** — 140
Gefahren der Körpersicherung 140
Alternative zur Mitreißgefahr auf Firn-
und Gletscherhängen 141
Gefahren alternativer Anseilmethoden 142
Kontrollierter und unkontrollierter Sturz 143
Fallgeschwindigkeiten 145
Sicherer mit einem Helm 147

**Anhang** — 148
Glossar 148
Adressen und Telefonnummern
der alpinen Vereine 155

# EINFÜHRENDE GEDANKEN ZUM ALPIN-LEHRPLAN

Unterhält man sich in unseren Tagen über das Bergsteigen, dann ist es gar nicht so selbstverständlich, über das gleiche zu sprechen. Das Bergsteigen ist in den Jahren, mit all seinen verschiedenen Aktivitäten, überaus vielfältig geworden. So unterschiedlich sich die Spielformen darbieten, so gehen auch die Beweggründe und Zielsetzungen des einzelnen auseinander. Wo der eine leistungsorientiert die sportliche Auseinandersetzung anstrebt, sucht der andere sein Erlebnis in der Beschaulichkeit der Natur. Durch diese Gegensätzlichkeiten wurde das Bergsteigen ein sehr komplexes Thema.

Sie halten einen neuen Alpin-Lehrplan in Händen, mit einem Konzept, das Ihnen vielschichtig und umfassend die Thematik des Bergsteigens näherbringen soll. Jeder der Bände steht für einen bestimmten Bereich und ist in sich abgeschlossen. Während mit dem Vorgänger dieser Lehrplanreihe vor allem der Kreis der Ausbilder angesprochen wurde, sind die jetzt vorliegenden Bände vom Konzept und vom Inhalt her für alle gedacht, die sich in irgendeiner Form dem Bergsteigen verschrieben haben.

Die Lehrpläne sind mit der Gliederung in vier Hauptkapitel auf die alpine Praxis ausgerichtet. Das »Wie geht's« erfahren Sie im Kapitel »Bewegungstechnik und Taktik«. Unter »Sicherungstechnik« finden Sie alles, was die Sicherung betrifft. Was sonst noch wissenswert ist, um sicher unterwegs zu sein, wird praxisorientiert unter den »Theoretischen Grundlagen« beschrieben. Tips und Anregungen für umweltverträgliches Verhalten holen Sie sich im Kapitel »Umwelt- und Naturschutz«. Lediglich Band 5 zur Sicherheit am Berg weicht mit seiner theoretischen Ausrichtung von dieser Gliederung ab.

Der Verband Deutscher Berg- und Skiführer ist zusammen mit dem Deutschen Alpenverein Herausgeber dieser Lehrplanreihe. Der Verband ist sich der Verantwortung bewußt, die er hiermit übernommen hat. Doch neben einem hohen Maß an Sicherheitsbewußtsein ist das Übernehmen von Verantwortung eines der grundlegenden Aufgaben eines jeden Bergführers. Unter dem Grundsatz »Erfolgserlebnis durch Sicherheit und kalkulierbares Risiko« ist der VDBS seit jeher bestrebt, die verschiedenen Techniken des Bergsteigens zu formen und weiterzuentwickeln.

Die Autoren sind ausschließlich staatlich geprüfte Berg- und Skiführer und Mitglieder des Lehrteams für die staatliche Bergführerausbildung. Ihre langjährige Berufserfahrung sowie die professionelle Einstellung zur Thematik spiegelt sich im Inhalt dieser Bände wider. Es wird keinesfalls der Anspruch auf Vollständigkeit erhoben, eher soll hier das Elementare, das Wesentliche, »das, was man braucht« herausgestellt werden.

Allerdings gibt es gerade beim Bergsteigen entscheidende Punkte, die sich schwerlich darstellen lassen, die man auch aus einem Lehrbuch nicht erlernen kann. Dies betrifft hauptsächlich die geistige Auseinandersetzung mit dem Medium Natur und Gebirge. Leider haben wir »Zivilisationskrüppel« verlernt, Zeichen der Natur zu sehen, zu erkennen, umzusetzen und zu nützen – wir haben einen wichtigen Instinkt verkümmern lassen. Nur mühsam gelingt es uns, Bruchteile dieser Fähigkeiten zurückzugewinnen.

Das Beherrschen der verschiedensten Techniken darf nur als Basis, als Grundvoraussetzung angesehen werden. Um wirklich sicher unterwegs zu sein, bedarf es mehr.

**Peter Geyer**
Präsident des Verbandes
Deutscher Berg- und Skiführer
Ausbildungsleiter der
staatlichen Bergführerausbildung

# EINFÜHRUNG

Der Band 5 des Alpin-Lehrplans behandelt Fragen der Ausrüstung, der Sicherung bei allen Spielformen des Bergsteigens sowie grundsätzlich der alpinen Sicherheit. Thematisch bedingt weicht er daher in seiner Grundgliederung von den vier ersten Bänden ab, die auf die alpine Praxis ausgerichtet sind. Die hier gesammelten Kenntnisse sind auf den neuesten Stand gebracht und bilden eine Grundlage alpinen Wissens, die eine qualifizierte Ausbildung unter kompetenter Anleitung und die praktische Erfahrung des einzelnen ergänzt und Entscheidungshilfen bereitstellt.

Die Dreiteilung des vorliegenden Bandes in die Hauptkapitel Ausrüstung – Sicherung – Sicherheit führt zu sehr unterschiedlichen Umfängen. Themenbedingt ist der Teil Ausrüstung der umfangreichste. An zweiter Stelle folgt das Kapitel Sicherung in Praxis und Theorie. Der dritte Teil, Sicherheit, konnte sehr kurz gehalten werden, da – strenggenommen – alles, was die Bände 1 bis 4 beinhalten, zur Sicherheit beim Bergsteigen, Fels- und Eisklettern beiträgt.

Es wurde eine auch für Nichttechniker verständliche Beschreibungsform gewählt. Dort, wo es notwendig und möglich schien, wurde auf technisch-wissenschaftliche Formulierungen verzichtet zugunsten einer leicht verständlichen Beschreibungsform. Die wenigen Fachausdrücke sind mit Sternchen gekennzeichnet und im Anhang erläutert.

Die seit 1978 weltweit gültigen Maßeinheiten Newton* (N), Kilonewton* (kN), Joule* (J) und Kilojoule* (kJ) werden in allen Bänden des Alpin-Lehrplans verwendet. Zum leichteren Verständnis werden die bisher gebräuchlichen Einheiten Kilopond (kp) und Kilopondmeter (kpm) in Klammern dahinter angegeben. Das Gewicht (physikalisch richtig: die Masse) wird in Gramm (g) oder Kilogramm (kg) angegeben.

Da die Hersteller ihre Produkte hinsichtlich Konstruktion und Werkstoff häufig ändern, gelten alle im vorliegenden Band gemachten Größen-, Festigkeits- und anderen Angaben nur unter Vorbehalt. Katalogangaben der Hersteller sollten beachtet werden.

Die Normen (EN*, UIAA*) werden periodisch überprüft und dem Stand der Technik angepaßt. Demnach gelten alle Normenangaben für den Zeitpunkt der Drucklegung.

**Pit Schubert**

# Ausrüstung

# AUSRÜSTUNG

## BEKLEIDUNG, SONSTIGE AUSRÜSTUNG UND AUSRÜSTUNG FÜR SKITOUREN

## Bekleidung

**Gebirgstaugliche Funktionsbekleidung muß viele, teilweise gegensätzliche Anforderungen erfüllen:**

- Sie muß den Körper vor ungünstigen Witterungseinflüssen schützen – in erster Linie vor Kälte, Wind, Regen, Schnee, aber auch vor starker Wärmeeinstrahlung. Dabei sollte sie von außen keine Feuchtigkeit aufnehmen bzw. aufgenommene Feuchtigkeit möglichst schnell wieder abgeben.
- Sie sollte die Wärmeregulation des Körpers unterstützen oder zumindest nicht behindern. Dabei muß sie den vom Körper abgegebenen Schweiß entweder aufnehmen oder, was noch besser ist, nach außen ableiten.
- Sie muß den Körper vor mechanischen äußeren Einwirkungen schützen, z. B. beim Scheuern am Fels oder beim Abgleiten am gefrorenen Firnhang.
- Sie muß leicht, nicht beengend, praktisch und hautfreundlich sein.
- Nicht zuletzt sollte sie auch noch gut aussehen.

Besonders auf die beiden ersten Forderungen muß näher eingegangen werden.

### Körperphysiologische Aufgaben der Bergbekleidung

Der Bergsteiger ist bei unterschiedlichen physischen und psychischen Zuständen ständig unterschiedlichen klimatischen Zuständen ausgesetzt. Die Klima-Zustands-Kombinationen können besonders im Hochgebirge extreme Formen annehmen: Ein Bergsteiger muß große körperliche Anstrengung bei großer Hitze ebenso aushalten wie ein Biwak bei Schlechtwetter nach bereits harter Tour.

Das Klima und der Zustand des Bergsteigers sind nicht oder nur indirekt veränderbar. So ist es die Aufgabe der Bekleidung, dem Körper die zum Überleben notwendigen physiologisch günstigen Bedingungen zu schaffen.

Der menschliche Organismus kann nur bei einer Körperkerntemperatur von 37 °C optimal arbeiten. Bereits Änderungen um 2 °C bewirken einen deutlichen Leistungsabfall, noch größere Änderungen bewirken Hitze- oder Kälteschädigungen.

Bei körperlicher Betätigung werden nur etwa 25% der im Stoffwechsel umgesetzten Energie in produktive Muskelarbeit umgewandelt, die restlichen 75% gibt der Körper als Wärme ab. Um nun die Körperkerntemperatur von 37 °C konstant zu halten, muß diese überschüssige Wärme abgeführt werden, was in der Hauptsache durch erhöhte Blutzirkulation in der Körperschale, Schweißbildung und Schweißverdunstung auf der Haut geschieht. Unterbindet die Bekleidung den Wärmeaustausch und die Schweißverdunstung, so sind bei fortgesetzter Tätigkeit Leistungsabfall, Hitzestau und Hitzschlag die Folge.

Die gefürchtete, lebensgefährliche Unterkühlung ist die Folge von nasser Bekleidung, meistens in Verbindung mit Kälte und Wind. Die Muskulatur kann zwar mit dem sogenannten Kältezittern noch Wärme produzieren und damit der Unterkühlung etwas entgegenwirken, doch ist es in erster Linie die Aufgabe der Bekleidung, den Körper vor Unterkühlung zu schützen. An dieser Stelle sei vermerkt, daß auch die beste Bekleidung keine Lebensversicherung für Schlechtwetter im Gebirge darstellen kann und nicht Erfahrung, Können und Training ersetzt. Der Ausspruch: »Es gibt kein schlechtes Wetter, nur schlechte Kleidung« zeugt in bezug auf das Hochgebirge bestenfalls von Leichtsinn oder Nichtachtung der Natur!

**Die Natur als Vorbild**

# Bekleidung

## Das Schichtensystem

Während man sich früher in schwere Stoffe hüllte (z.B. Walliser Loden, dicke Schafwolle usw.), stellt der Bergsteiger heute seine Bekleidung nach dem Zwiebelprinzip individuell zusammen. Mehrere dünne Schichten ergeben ebenfalls die gewünschte Stärke, die Luftschichten zwischen den verschiedenen Lagen erzeugen eine zusätzliche Isolierung.

Mit einem gut durchdachten »Baukastensystem« kann man die verschiedenen Bekleidungsteile so kombinieren, daß von der einfachen Voralpenwanderung bis zur Sechstausenderbesteigung alle Erfordernisse abgedeckt werden können. Mit vielen dünnen Schichten, sinnvoll angeordnet (Wasserdampfaustausch, Klimaregulation), kann sich der Bergsteiger stufenlos jedem Klima anpassen.

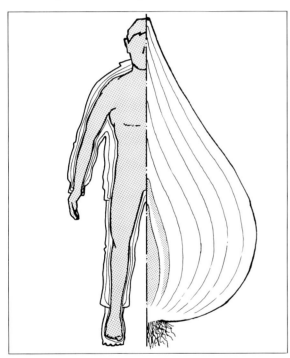

Bergbekleidung nach dem Schichtensystem: der Aufbau einer Zwiebel als Vergleich

## Welche Kleidung wann und wo?

**Entscheidungskriterien:**
- Jahreszeit
- Höhenlage
- zu erwartendes Wetter
- Länge und Art der Tour: Wandern, Klettern, Skitour

**Weitere Kaufkriterien:**
- Schnitt
- Bewegungsfreiheit
- Gewicht
- Wasserdichtheit
- Wärmeisolation
- Strapazierfähigkeit
- praktische Details
- Anpaßbarkeit ans Schichtensystem

## Unterbekleidung

Sportunterwäsche hat die wichtige Aufgabe, die Haut möglichst trocken zu halten. Das geschieht bei herkömmlichen Naturfasern durch Aufsaugen des Schweißes, bei Synthetikwäsche durch Weiterleiten der Feuchtigkeit an die nächsten Schichten.

Nässe ist ein guter Wärmeleiter. Als Folge davon gibt der Körper bei schweißnasser Unterwäsche laufend Wärme ab, die er nachproduzieren muß. Es kommt zum Energieverlust, der sich bis zur Unterkühlung steigern kann.

Baumwollunterwäsche ist sehr angenehm zu tragen. Sie ist jedoch vom Schwitzen schnell durchnäßt, bleibt naßkalt und muß dementsprechend oft gewechselt werden, will man nicht Unterkühlung und Erkältungskrankheiten risikieren.

Kunstfaserunterwäsche ist zwar weniger hautsympathisch, da sie sich statisch auflädt, hat aber einige Vorteile: Der Schweiß wird schnell nach außen abgeleitet, die Haut bleibt länger trocken. Sie kann von Hand gewaschen werden und trocknet sehr schnell, was bei mehrtägigen Unternehmungen wichtig ist. Nachteilig ist die unangenehme Geruchsbildung schon in kurzer Zeit.

Unterwäsche aus reiner Schurwolle ist wieder im Kommen. Die Vorteile sind klar: Wollunterwäsche wärmt, auch wenn sie naß ist, sie ist antistatisch und riecht nicht, da Wolle antibakteriell ist. Deshalb muß die Wäsche seltener gewechselt werden, was bei längeren Unternehmungen von Vorteil ist.

Bei Hochtouren gehört Wechselwäsche (Hemd und eine dünne lange Unterhose) zur Notfallausrüstung.

## Strümpfe und Socken

Wie die Unterwäsche sollte auch der Strumpf nicht die Feuchtigkeit speichern, sondern sie von der Haut wegtransportieren.

# AUSRÜSTUNG

Auch hinsichtlich der Blasenbildung sollte auf die richtige Wahl des Strumpfes größtes Augenmerk gerichtet werden. Strümpfe dürfen keinesfalls verrutschen und sollen wie eine zweite Haut sitzen, damit keine Falten gebildet werden. Blasen entstehen durch Reibung, manchmal am Schuh, meistens durch schlechtsitzende, ausgeleierte Strümpfe, die nicht genügend elastisch sind und rutschen, wenn sich die Ferse verschiebt.

Strümpfe aus Mischgewebe (Schurwolle, Polypropylen und Lycra) bringen die ausgewogensten Eigenschaften: Sie sitzen gut und halten die Füße trocken. Modelle mit spezieller Plüschpolsterung sind durch ihr hohes Druckaufnahme- bzw. -verteilungsvermögen besonders gut geeignet. Oft ist es günstig, unter dicken Wollstrümpfen dünne, enganliegende Polypropylensocken zu tragen, die den Fuß trockenhalten und die Blasenbildung verhindern helfen. Strümpfe mit Strickmustern sind infolge schlechter Druckverteilung ungeeignet, glatte Strickarten sind vorzuziehen.

Im Sommer sind kurze Socken in Verbindung mit langer Berghose ein Genuß. Strümpfe sollten bis unters Knie reichen und einen möglichst breiten elastischen Abschluß haben, damit keine Abschnürung erfolgen kann. Strümpfe, die bis übers Knie reichen, rollen sich oft unvorteilhaft ein und bilden in der Kniekehle einen unangenehmen Wulst, der das Schwitzen begünstigt. Diese »Kniestrümpfe« sind nur vorteilhaft für Bundhosenträger.

Bei länger dauernden Hochtouren sollten stets trockene Reservestrümpfe im Rucksack sein. Trockene Strümpfe auf Expeditionen helfen, Erfrierungen zu verhindern.

## Hemden

Am angenehmsten zu tragen sind die klassischen Baumwoll- bzw. Flanellhemden, die den Schweiß aufsaugen, jedoch naß bleiben und nur langsam trocknen. Vorteilhaft sind auch die sogenannten Skirollis, Baumwollhemden mit Rollkragen und Reißverschluß, die bei Wind und Kälte den Hals besser schützen können und kaum auftragen.

Es gibt auch Hemden aus Kunstfaser-Fleece, die angenehm und warm sind, jedoch sehr schnell Geruch annehmen. Die empfehlenswertere Alternative ist die neue Hemdengeneration aus Synthetik/Baumwolle bzw. Schurwolle.

## Hosen

Ob fürs Wandern oder Klettern – sie sollten leicht sein, jede Bewegung ermöglichen, winddicht und wasserabweisend, aus hautfreundlichem, strapazierfähigem und vor allem schnelltrocknendem Material beschaffen sein. Diesen Forderungen werden Hosen aus hochwertigen Spezialstoffen (z. B. »Schöller«) oder Mischgeweben am besten gerecht.

Die lange Berghose hat sich durchgesetzt, die Vorteile sind überzeugend: kein Wärmestau, freie Blutzirkulation im Kniebereich, durch den Lufteinschluß (= Isolation) im Hosenbein wesentlich angenehmeres Klima sowohl bei Kälte als auch bei Hitze.

Vorteilhaft ist ein Gummizugabschluß am Bein, der, über den Schuhrand gezogen, das Eindringen von Steinen, Schnee und Nässe verhindert und dadurch in den meisten Fällen das Tragen von Gamaschen erspart.

Die lange Berghose sollte weit genug geschnitten sein, um zum einen genügend Luftisolation sowie Bewegungsfreiheit und zum anderen genügend Platz für eine Wärmelage darunter (Zwiebelprinzip) zu haben.

Im Bergwanderbereich sind Bundhosen noch weit verbreitet. Beim Kauf sollte auf ausreichende Knielänge geachtet werden: Der Kniebund darf bei angewinkeltem Knie nicht spannen oder gar übers Knie rutschen.

Für Hochtouren sind Hosen mit hochgezogenem Bund und Rückenteil oder auch Latzhosen empfehlenswert. Besonders die Nierengegend und das Kreuz (wo man durch die Rucksackauflage besonders stark schwitzt) werden dadurch vor Wind, Kälte und Auskühlung geschützt.

Bei Skitourenhosen sollte besonders auf den Beinabschluß (Gummizug oder integrierter Schneefang) geachtet werden, ferner auf besonders wasserabweisenden Außenstoff und Kantenschutz an den Innenseiten.

Alle Taschen müssen durch Klett- oder robuste Reißverschlüsse schneedicht verschließbar sein. Eine seitliche Kartentasche ist vorteilhaft.

Kletterhosen müssen bewegungsfreundlich, also besonders weit geschnitten oder elastisch sein. Auf die Taschenanordnung muß ebenso geachtet werden (Klettergurt!). Sportkletterer bevorzugen oft hauteng, vollelastische Lycrahosen, die uneingeschränkte Bewegungsfreiheit gewähren.

# Bekleidung

Elastische Fleecehosen sind hervorragend verwendbar als warme lange Unterhose bei kühlen Temperaturen, als Kletterhose, zum Langlaufen, als »Hütten«-Hose, für Skitouren und zum Eisklettern in Verbindung mit einer guten Überhose.

## Pullover und Jacken

Für die althergebrachten schweren »Bergsteiger-Pullover« heißt die Alternative: Fleece. Fleece wird aus Kunstfaser hergestellt, verschiedene Hersteller fertigen aus unterschiedlichen Rohstoffen. Dementsprechend gibt es auch bedeutende Qualitätsunterschiede in puncto Dichte (= Wärme) und Abriebfestigkeit. Der bedeutendste Hersteller ist Malden Mills/USA. Pullis und Jacken aus Fleece (es gibt hemdartig dünne, mittlere und dicke Qualitäten) sind wesentlich leichter und trocknen schneller als Wolle. Ein weiterer Pluspunkt ist die höhere Strapazierfähigkeit.
Modische Gesichtspunkte haben daraus eine Allround-Freizeitkleidung geschaffen, die nicht nur auf das Gebirge beschränkt bleibt.

### Gebirgstaugliche Fleece- und Faserpelzware sollte folgendes aufweisen:
- einen hohen Wärmekragen
- Wärmetaschen für die Hände
- ein länger geschnittenes Rückenteil, damit das Kreuz auch geschützt ist, wenn man sich bückt

## Überhosen

Überhosen dienen als zusätzlicher Nässe-, Wind- und Kälteschutz und sollten grundsätzlich einen seitlichen Reißverschluß besitzen, damit man sie im Notfall schnell über die Schuhe – auch Steigeisen, Ski – anziehen kann.
In der Regel reicht die ungefütterte Version, die leicht und klein verpackbar stets im Rucksack mitgeführt werden kann. Situationsbedingt muß diese wasserdicht sein.
Für Skitouren, Hochtouren, zum Eisklettern und für Expeditionen gibt es gefütterte Überhosen, die zweckmäßigerweise oft mit hochgezogenem Bund und Hosenträgern ausgestattet sind. Man achte auf ein vorgeformtes Knie.
Überhosen müssen absolut wasserdicht sein, als Material empfehlen sich daher mikroporöse Membranen wie z. B. Goretex, Sympatex u. ä. Ist man an heißen

Überhosen sind ein wichtiger Bestandteil des Schichtensystems: expeditionsgeeignete Hochtouren-Überhose (links) und leichte Goretex-Überhose (rechts)

Tagen mit kurzer Hose im Gebirge unterwegs, gehört für alle Fälle eine Überhose in den Rucksack!
Überhosen sind ein wichtiger Bestandteil des Schichtensystems.

## Anoraks

Der Anorak ist eines der wichtigsten Kleidungsstücke des Bergsteigers und hat entscheidende Schutzfunktionen gegen Wind, Nässe und Kälte.

### Wichtige praktische Anforderungen:
- Textilfestigkeit (Reiß- und Verschleißfestigkeit)
- Wasserdichtheit
- Der Anorak sollte eine Mindestanzahl von Taschen haben. Diese müssen dicht verschließbar sein, drei sollten eine Mindestgröße aufweisen (für Handschuhe, Karte usw.).
- Funktioneller Schnitt: Der Anorak sollte hinten etwas länger geschnitten sein. Der Ärmelschnitt muß volle Bewegungsfreiheit in allen Arbeitspositionen ermöglichen.
- Die Kapuze muß eine Mindestgröße aufweisen bzw. verstellbar sein, damit darunter eine Mütze oder auch ein Schutzhelm mit Stirnleuchte getra-

# AUSRÜSTUNG

gen werden kann. Bei Kopfdrehungen muß das Gesichtsfeld und ein gewisser Blickwinkel frei bleiben. Es ist günstig, wenn die Kapuze ein Schild besitzt, damit Wind, Regen und Schnee besser von den Augen abgehalten werden.

- Der hochklappbare Kragen sollte so hoch geschnitten sein, daß er Mund und Nase abdecken kann. Metallteile in diesem Bereich (Reißverschluß, Druckknöpfe) müssen zum Schutz des Gesichts abgedeckt sein.
- Ärmelschließen sollen sich mit einer Hand öffnen und schließen lassen.
- Schnürzüge und Reißverschlüsse müssen mit Handschuhen bedienbar sein.
- Druckknöpfe sollte man vor dem Kauf testen, da diese häufig schlecht schließen bzw. schon nach kürzester Zeit ausreißen.

Man unterscheidet die Schlupfversion (Schneehemd) von der Jackenform. Für unterschiedliche Anforderungen gibt es verschiedene Ausführungen: als dünne leichte Schutzhaut und als Wärmejacke mit mehr oder weniger Isolationsmaterial und Gewicht.
Als Außenbezug haben sich wasserdichte, mikroporöse Folien (z. B. Goretex) bewährt.
Als Wärmeisolierung kommen moderne synthetische Fasern in Betracht, die besonders dünnwandig und kaum auftragend sind und die sich bereits bei extremsten Unternehmungen bewährt haben (z. B. Thinsulate).
Dünne Perlonanoraks sind zwar leicht und winddicht, jedoch nur bedingt wasserdicht, nicht atmungsaktiv und zum Bergsteigen höchstens als Windschutz zu empfehlen.
Bergsteigerponchos (fast mantellange Nylonumhänge) sind ein guter Regenschutz für Bergwanderer. Unter dem Poncho ist auch der Rucksack vor Nässe geschützt, ebenso die Oberschenkel und Knie. Für Klettertouren und höhere Berge ist ein Poncho ungeeignet.

## Daunenbekleidung

Daunenjacken, Daunenpullover oder Daunenwesten werden als reine Wärmespender benutzt und sind bei trockener Kälte (Winter, Höhe, kalte Hütte, Biwak) unentbehrlich. Wegen ihrer früheren Plumpheit und daraus folgender Einschränkung der Bewegungsfreiheit haben sie viel an Popularität verloren, doch es

Von links nach rechts: Daunenpullover, Daunenweste und Expeditionsdaunenjacke

gibt eine neue Generation Daunenbekleidung, die nicht nur erheblich leichter, sehr klein verpackbar und besonders funktionell ist, sondern auch noch sehr modisch aussieht.
Daunenjacken gibt es von der Leichtjacke mit ca. 700 g (auch als Pullover zum Schlupfen, ca. 500 g) bis zur Expeditionsausführung mit ca. 1200 g.
Besonders praktisch sind Daunenwesten: warm, klein verpackbar und »daunenleicht« (ca. 350 g).
Daunenhosen dürften hauptsächlich für Höhenbergsteiger interessant sein.

## Kopfbedeckungen

Der Kopf sollte als der empfindlichste Teil des Körpers besonders vor Kälte und Wind (Stirnhöhlen!) geschützt werden. Gleichfalls muß starke Sonneneinstrahlung, besonders auf Gletschern und im Schnee, abgewendet werden.
Gute Mützen (Wolle oder Wolle/Synthetik) haben an der Stirnseite ein Frotteegewirk, um den Schweiß abzuleiten. Vorteilhaft sind auch Einlagen aus atmungsaktiven Folien im Stirnbereich, die den Wind abhalten.
Mützen sollten kopfgerecht gearbeitet sein, damit sie auch bei Bewegungen nicht hochrutschen und die Ohren geschützt bleiben.

# Bekleidung

Ein Sonnenhut hält sowohl intensive Sonnenstrahlung als auch Regen ab.

Auch bei Sommertouren sind Handschuhe als Schutz vor Verletzungen empfehlenswert.

Stirnbänder verhindern, daß Schweiß in die Augen läuft und der Wind die Stirn auskühlt.

Bewährt haben sich auch leichte LL-Mützen, die besonders leicht und angenehm sind und deshalb auch beim Aufstieg gut getragen werden können.

Sturmhauben aus Seide, Baumwolle oder Polypropylen sind federleicht, nehmen keinen Platz ein und sollten bei Hochtouren zur Standardausrüstung gehören. Da sie bis auf die Augenpartie das ganze Gesicht bedecken, schützen sie bei großer Kälte, insbesondere bei Gegenwind, Wangen und Nase vor Erfrierungen. Bei extremen Bedingungen empfiehlt sich eine Sturmhaube aus Fleece.

Ein Sonnenhut mit möglichst breiter Krempe oder eine Baseballkappe schützt nicht nur am besten vor der gefährlichen UV-Strahlung (Schatten), sondern dient speziell auch bei Schlechtwetter, Regen und Schneefall dem Brillenträger wesentlich zur Sichtverbesserung.

## Handschuhe

Handschuhe dienen als Kälteschutz sowie als Schutz vor Verletzungen. Selbst bei Touren, bei denen normalerweise Handschuhe nicht benötigt werden, sollten sie für unvorhergesehene Fälle stets im Rucksack mitgeführt werden.

Als Kälteschutz ist nur ein Fäustling zu empfehlen, während zum Arbeiten ein Fingerling brauchbarer ist. Gewalkte Wollhandschuhe wärmen auch noch in feuchtem Zustand, sind jedoch nicht winddicht (nur mit Überhandschuh) und haben bei Schnee keine Kontaktfähigkeit (Griffigkeit) zum Gerät, etwa zum Skistock oder Pickel. Ein Innenhandbesatz aus Leder verbessert diesen Mangel.

Fleecehandschuhe sind federleicht und trocknen schnell, man kann gut damit greifen; sie sind jedoch wenig strapazierfähig und nicht winddicht. Vorzuziehen ist hier die Ausführung mit Windstopper. Eine Lederinnenhand verbessert auch hier die Griffigkeit und Langlebigkeit wesentlich.

Gefütterte Leder-Fingerhandschuhe (Skihandschuhe) sind vorteilhaft, wenn Eisgeräte fest und sicher gegriffen werden müssen. Leder durchnäßt jedoch schnell und trocknet nur langsam.

Ideal sind vorgeformte Überhandschuhe aus Goretex mit verschweißten Nähten, die absolut wind- und wasserdicht sind. Herausnehmbare Faserpelz-Innenhandschuhe sorgen für die nötige Wärmeisolation. Man kann ebenso mit Fingerlingen in die Überhandschuhe schlüpfen, was dem empfohlenen Schichtenprinzip entspricht.

Überhandschuhe sollten mit einer »griffigen« Beschichtung ausgestattet sein.

# AUSRÜSTUNG

Hauchdünne Unterziehfingerlinge aus Polypropylen oder Seide schützen bei großer Kälte beim Verrichten feiner Arbeiten wie beim Bedienen der Bindung, Fotografieren, Schließen des Reißverschlusses usw. Daunenhandschuhe sind besonders warm, wegen ihrer Unhandlichkeit jedoch schlecht zum Arbeiten geeignet. Zu empfehlen sind sie allerdings als Wärmefäustling bei sehr großer Kälte und auf Expeditionen.
Handschuhe müssen sorgfältig anprobiert werden: In angewinkelter Griffposition (etwa beim Umgreifen des Skistocks) dürfen die Fingerspitzen vorne nicht anstoßen. Die Stulpen müssen lang genug und gegen einfallenden Schnee gesichert sein.

## Gamaschen

Gamaschen verhindern, daß Schnee oder Geröll von oben in den Schuh eindringen kann. Bei der Verwendung langer Berghosen kann man in vielen Fällen auf Gamaschen verzichten, Bundhosenträger sollten sie verwenden.
Gamaschen müssen bequem bedienbar sein (Öffnung vorne) sowie einen robusten, ebenso leicht bedienbaren Sohlensteg haben, damit sie nicht hochrutschen können.
Ferner sollte auf ausreichende Länge (bei Bundhosen bis übers Knie) und richtige Weite an Waden und Schuhrand geachtet werden. Für Skischuhe ist eine größere Weite erforderlich. Der Verschluß sollte aus robustem Reißverschluß mit zusätzlichem Klettverschluß bestehen.
Kniehohe Perlongamaschen lassen zwar Schnee nicht hinein, den Dampf aber auch nicht heraus! Am besten ist folgende Kombination: unten strapazierfähiges Cordura, Oberteil Goretex.
Hochtouren- oder Expeditionsgamaschen umschließen den ganzen Schuh und schließen am Schuhrand mittels Gummiband ab. Somit kann man auch auf extremen Hochtouren mit einem leichteren Schuh auskommen. Zweckmäßigerweise sollte das Oberteil aus Goretex angefertigt sein.
Für arktische Temperaturen hat sich am besten ein »Gamaschenüberschuh« bewährt: Man schlüpft mit dem gesamten Bergschuh hinein, somit wird die Eigenwärme voll gespeichert und Erfrierungen sind nahezu ausgeschlossen. Das funktioniert allerdings nur bei Eisunternehmungen, bei denen Steigeisen getragen werden.

## Bergschuhe

**Je nach Verwendung sollten Bergsportschuhe bestimmte Funktionen bieten:**
- sicherer Kontakt zum Untergrund
- Schutz vor Verletzungen
- Dämpfzone zum Schutz der Gelenke
- möglichst geringes Gewicht
- gute Atmungsaktivität und Schweißaufnahme
- weitgehende Wasserdichtheit

### Wanderschuhe fürs Gebirge

Gebirgstaugliche Wanderschuhe werden heute als Trekkingschuhe bezeichnet. Für schneefreie Wanderungen auf bezeichneten Wegen genügt oft ein leichter Schuh. Doch sollten auch leichte Wanderschuhe bereits eine gewisse Torsionsfestigkeit und eine gute Gummiprofilsohle aufweisen sowie gute Dämpfungseigenschaften besitzen.

### Leichtbergschuhe

Der Übergang vom Wander- zum klettertauglichen Bergstiefel ist fließend. Je nach Verwendungszweck sollte die Sohlenkonstruktion entsprechend verwindungssteifer werden, das Obermaterial strapazierfähiger und wasserdichter.
Das wesentliche Qualitätskriterium ist die Tauglichkeit auf harten Schneefeldern, die Torsionssteifigkeit.

### Hochtourenschuhe

Hochtourenschuhe zeichnen sich aus durch größere Stabilität und Kältefestigkeit sowie durch das Prädikat »steigeisenfest«. Der Einsatzbereich umfaßt neben Fels überwiegend Eis, Schnee und unwegsames (z.B. wegloses) Gelände.

**Für reine Eis- und Gletscheranstiege hat der Kunststoff-Schalenschuh gewisse Vorteile:**
- weniger Gewicht
- pflegeleicht und wasserdicht
- auswechselbarer Innenschuh
- braucht nicht eingelaufen zu werden
- kann an Druckstellen thermisch geweitet werden
- durch bessere Kraftübertragung ideal fürs Steileisklettern

Nachteil des »Plastikstiefels«: Man kann im Fels nicht gut klettern. Für den Expeditionseinsatz gibt es Spezialmodelle.

Für den Allroundgebrauch – mal im Fels, mal im Eis, für kombinierte Touren mit schwierigen Felspassagen, Westalpeneinsatz – wird der Bergsteiger nach wie vor zum bewährten Leder-Hochtourenschuh greifen, mit dem man doch wesentlich besser klettern kann.

Der schwere Lederbergstiefel ist etwas aus der Mode gekommen; Stand der Technik sind wesentlich leichtere Schuhe mit versteifter Zwischensohle und Goretex-Ausstattung für Wasserdichtheit. Gummikappen an den Zehen verhindern vorzeitigen Verschleiß.

Das wichtigste am Bergschuh ist jedoch die Paßform. Verschiedene Hersteller arbeiten über verschiedene Leisten. So paßt ein breiter Fuß in keinen schmalen Leisten und umgekehrt. Die Beratung in einem alpinen Fachgeschäft ist hier zwingend.

## Kletterschuhe

Mit klettertauglichen Bergschuhen (mit Profilsohle) kann man selbstverständlich auch klettern, in alpinen und kombinierten Touren durchaus üblich bis etwa zum V. bis VI. Grad. Mehr Spaß hat man natürlich mit den profillosen Spezialkletterschuhen (Slicks).

Reibungskletterschuhe gibt es in den verschiedensten Ausführungen: halb- oder knöchelhoch, weicher oder versteifter Vorfuß- oder Zehenbereich und normal oder besonders schmal geschnittene Zehenform. Die Sohlen bestehen aus weichen Gummimischungen, die hohe Reibungswerte bringen. Durch das geringe Gewicht, die Flexibilität und den Sohlenkontakt zum Fels sind erst jene enormen Schwierigkeitssteigerungen der letzten Jahre möglich geworden.

Achtung: Für den Abstieg müssen geländetaugliche Schuhe mitgeführt werden.

# Bergsteigerrucksäcke

Der Rucksack ist ein besonders wichtiges Ausrüstungsstück des Bergsteigers. Ein schlechter Rucksack kann nicht nur die Freude am Bergsteigen verleiden, sondern auch der Gesundheit nachdrücklich schaden. Je näher der Lastenschwerpunkt an der Achse des Körperschwerpunktes liegt, desto leichter trägt man die Last. Diese Tatsache beeinflußt nicht nur die Rucksackform und das Tragesystem, sondern vor allem

auch das Packen: schwere Ausrüstungsgegenstände so nah wie möglich an den Rücken und nach oben (Schulterbereich), leichte eher nach unten und nach außen. Man denke nur an die Form der Tragkörbe in Nepal oder die früher verwendeten Kopfkraxen in den Alpentälern.

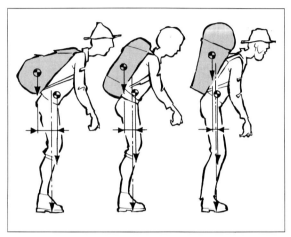

Je näher am Körperschwerpunkt der Schwerpunkt der Last liegt, desto leichter läßt sich der Rucksack tragen.

Bergsteigerrucksäcke müssen ein Mindestmaß an Stoffqualität aufweisen, reißfeste Nähte, gut gepolsterte und anatomisch geformte Trageriemen, die während des Gehens verstellbar sein müssen, und Reißverschlußfächer für Utensilien haben. Ab etwa 45 Liter Inhalt ist ein gepolsterter Hüfttragegurt vorteilhaft, mit dem man die Last von den Schultern mit auf die Hüfte verteilen kann; bei kleinerer Literzahl genügt ein einfacher Bauchgurt.

## Rückenkonstruktionen

Körperkontaktrucksäcke sind rahmenlos, sollten jedoch zur Stabilisierung und für den Tragekomfort eine Polsterung aufweisen. Meistens wird das durch Einlegen einer Schaumstoffmatte erreicht, die entweder eingenäht oder herausnehmbar ist.

Körperkontaktrucksäcke liegen eng am Rücken an und eignen sich besonders als Kletterrucksack, für Skitouren bzw. Tiefschneefahrer und als Radrucksack. Großrucksäcke (sogenannte Trekkingrucksäcke) ab etwa 50 bis 70 Liter und mehr sollten ein stabiles, der Rückenform anpaßbares Tragegestell besitzen. Am günstigsten wird das durch herausnehmbare, verformbare Aluminiumschienen erreicht (Rohre kann man nicht biegen).

# AUSRÜSTUNG

Es gibt kurze und lange Rücken – das Tragegestell muß deshalb auch höhenverstellbar sein.
Rahmenrucksäcke (sogenannte Kraxenrucksäcke) mit starrem Außengestell sind für den üblichen Gebrauch überholt. Zu großes Eigengewicht, unförmig, schlecht zu verstauen und störend bei sportlichen Aktivitäten (Skifahren, Klettern), ist die Anwendung auf flachere Gegenden beschränkt. Sie eignen sich zum Tragen schwerster Lasten z. B. auf Expeditionen, Jagden oder bei Unternehmungen, bei denen sperrige Lasten außen befestigt werden müssen. Auch beim Ziehen von Schlitten (z. B. Unternehmungen in Grönland, Alaska) sind Vorteile erkennbar.
Wanderrucksäcke haben zweckmäßigerweise ein leichtes Tragegestell und besitzen eine oder mehrere Außentaschen. Größen: 20 bis ca. 45 Liter.
Kleinrucksäcke, sogenannte Daypacks, gibt es in den unterschiedlichsten Ausführungen als Schul-, City-, Ski- und Radrucksack, z.T. mit zahlreichen Funktionen. Sie werden überwiegend als Billigstprodukte mit schlechter Qualität angeboten. Auch hier sollte man auf Tragekomfort, Rückenverstärkung, gepolsterte Riemen, Bauchgurt, integrierte Taschen und ausreichende Stoffqualität Wert legen.

## Rückenentlüftung

Nur wenn die Möglichkeit einer Entlüftung (oder Belüftung) des Rückens gegeben ist, so daß die Wärme und der durch Schwitzen entstandene Wasserdampf abfließen kann, bildet sich kein Hitzestau, der nicht nur unangenehm ist, sondern durch den Saunaeffekt weiteres Schwitzen vorprogrammiert. Diese Rückenbelüftung, die also die Schweißverdunstung ermöglicht, wird nur von wenigen Herstellern ernst genommen. Beim Wanderrucksack erreicht man das mittels eines gespannten Netzes über einen vorgebogenen Rahmen (»Aircomfort«), beim Körperkontaktrucksack leitet ein luftdurchlässiges Spezialpolster (»Aircontact«) den Wasserdampf ab. Andere Entlüftungsversuche funktionieren oft nicht so gut.

## Ausstattungsmerkmale

Tragegurte sollten anatomisch geschnitten, im Schulterbereich breit und weich gepolstert sein. Ein Brustgurt bei Groß- und Skirucksäcken trägt zur Stabilisierung bei.
Bis ca. 40 Liter reicht ein normaler Bauchgurt (beim Kletterrucksack sollte er abnehmbar sein). Wird der Rucksack schwerer, hilft ein breiter Hüfttragegurt, die Last von den Schultern auf das Becken zu übertragen. Dieser sollte aus bestem Zweilagenschaum bestehen und nicht zu weich sein.
Eine Deckeltasche ermöglicht raschen Zugriff zu wichtigen Kleinutensilien (Sonnencreme, Mütze, Foto etc.).
Im Wertsachenfach (meistens an der Deckelinnenseite angebracht) schützt man Papiere, Autoschlüssel u. ä. vor Verlust.
Seitentaschen sind oft recht nützlich. Ideal beim Wanderrucksack, stören sie jedoch am Kletterrucksack. Eine gute Lösung sind »versteckbare«, im Rucksack integrierte Taschen, die bei Bedarf herausgezogen werden können. Bei Großrucksäcken gibt es sie als Zubehör.
Funktionsschlaufen zum Befestigen von Pickel, Steigeisen, Stöcken u. ä. sollten an keinem Bergsteigerrucksack fehlen. Abzuraten ist von fest angenähten Funktionsgurten, die oft mehr behindern als nützen. Es genügen Befestigungsschlaufen, in denen man nach Bedarf entsprechende Schnallgurte befestigt.
Wasserdichtheit: Grundsätzlich ist kein Rucksackstoff wasserdicht. Um eine brauchbare Wasserdichtheit (bis max. 1000 mm Wassersäule) zu erreichen, muß das Gewebe innen ein- bis dreifach beschichtet werden. Man unterscheidet zwischen PU (Polyuretan), Acryl und PVC. Die in Bergsteigerrucksäcken gebräuchliche PU-Beschichtung ergibt ein weiches, ge-

Wanderrucksack mit »aircomfort«-System, das Schweißverdunstung ermöglicht

# Sonstige Ausrüstung

schmeidiges Material, Acryl ist preiswerter und fühlt sich oft knittrig an, PVC-Beschichtung ist sehr dick, schwer, praktisch wasserundurchlässig und wird hauptsächlich im Billigbereich verwendet.

Die Beschichtungen altern jedoch und werden durch Gebrauch hart und rissig, so daß mit der Zeit auch die Wasserdichtheit abnimmt. Sicheren Schutz vor Nässe gewährt eine Regenhülle aus leichtem Nylon.

Dem Eigengewicht des jeweiligen Rucksacks ist größte Beachtung zu schenken. Daß der strapazierfähigere Cordurastoff schwerer wiegt als leichteres Rucksacknylon, leuchtet ein. Doch gibt es konstruktionsbedingt gewaltige Gewichtsunterschiede bei verschiedenen Herstellern.

## Höhenmesser

Der Höhenmesser ist neben der Karte das wichtigste Orientierungsmittel des Bergsteigers. Nur mit ihm ist im Zweifelsfall das Bestimmen des eigenen Standorts möglich. Ohne genau zu wissen, wo man ist, kann generell keine Orientierung erfolgen.

Für Bergsteiger geeignete Taschenhöhenmesser arbeiten nach dem Prinzip der Luftdruckmessung. Sie sind also nichts anderes als hochgenaue Barometer mit in »m« (Meter) oder »ft« (feet) geeichten Hauptskalen. Zur für die Wetterprognose sehr wichtigen Luftdruckbestimmung haben sie zusätzliche, in Druckeinheiten (hPa, mmHG, mb) geeichte Skalen oder Anzeigen.

Das Meßprinzip ist bei allen derzeit erhältlichen Taschenhöhenmessern dasselbe: Eine luftleere Dose wird durch zunehmenden Luftdruck zusammengepreßt, bei abnehmendem Luftdruck kann sie sich ausdehnen. Bei den rein mechanischen Typen werden die Veränderungen dieser Aneroiddose durch eine hochpräzise Mechanik auf einen Zeiger übertragen. Dieser Zeiger erlaubt auch noch eine Schätzung zwischen den Skalenstrichen, was bei etwas Übung eine Ablesegenauigkeit von wenigen Metern ermöglicht.

Es gibt Höhenmesser, deren gesamter Meßbereich auf eine Zeigerumdrehung aufgeteilt ist, und solche, deren Zeiger pro 1000 Höhenmeter eine Umdrehung macht. Letztere bieten eine bessere Ablesegenauigkeit und einen größeren Meßbereich – wahlweise bis 9000 m.

Praktisch und immer mehr verbreitet sind elektronische Höhenmesser mit Vielfachfunktionen: gleichzeitig Armbanduhr, Wecker, Thermometer, Barometer, Aufrechnung von geleisteten Höhenmetern, Beleuchtung. Für den Hochtouren- und Expeditionsbergsteiger wird trotzdem der mechanische Höhenmesser das Mittel der Wahl bleiben, da sich hier die Frage nach der Energiequelle erübrigt.

»Thommen«-Höhenmesser, wahlweise bis 9000 m

Peilkompaß, hier beim Einnorden der Karte

# AUSRÜSTUNG

## Bussolen

Bei sehr schlechten Sichtverhältnissen bieten Karte und Kompaß oft die einzige Möglichkeit, ein bestimmtes Ziel zu erreichen. Das Funktionsprinzip des Kompasses beruht darauf, daß seine magnetisierte und frei schwingende Nadel sich nach den magnetischen Feldlinien der Erde, somit in Richtung des magnetischen Nordpols, einstellt. Für die Orientierung im Gebirge reicht es nicht aus, nur die Nordrichtung zu bestimmen. Vielmehr müssen Winkelabweichungen von Peillinien gegenüber der Nordlinie gemessen und auf die Karte übertragen bzw. aus der Karte gemessene Linien im Gelände angepeilt werden. Hierfür sind sogenannte ergänzte Kompasse notwendig, auch Peilkompasse oder Bussolen genannt.

**Merkmale einer guten Bussole:**
- Eine flüssigkeitsgedämpfte Nadel schwingt schnell ein und bleibt auch bei kleinen Stößen stabil in Nordrichtung. Eine in der Flüssigkeit vorhandene Luftblase stört die Funktion der Nadel nicht. Sie bietet den Vorteil, daß wie bei einer Wasserwaage die Waagrechte kontrolliert werden kann.
- Die Kompaßdose muß drehbar ausgeführt sein. Ein griffiger Rand erhöht die Handhabung.
- Winkeleinteilung: Im Alpenraum ist die 360°-Einteilung im Uhrzeigersinn gebräuchlich. Im Vermessungswesen und in Skandinavien ist die 400-Gon (Neugrad)-Einteilung üblich. Ihr Vorteil liegt in der einfacheren dezimalen Rechenweise: $1/4$ Kreis = 100 Gon, 1 Gon = 100 Zentigon. Auf militärischem Gebiet erfolgt die Kreiseinteilung in den Natoländern in 6400' (Strich), in Schweden in 6300', in Finnland in 6000'.
- Mißweisung: Kompaßnadeln richten sich nach dem magnetischen Nordpol aus, der mit dem geografischen nicht ganz übereinstimmt. Diese Mißweisung oder Deklination ändert sich langsam und stetig und ist von Ort zu Ort verschieden. Derzeit liegen die Mißweisungswerte in den Alpen bis 3° westlich, in den USA und Kanada z.B. reichen sie von 30° Ost bis 30° West. Für ein genaues Arbeiten, insbesondere für außeralpine Unternehmungen, muß die Mißweisung am Kompaß eingestellt werden können.
- Eine gute Visiereinrichtung ist für das Arbeiten im Gelände unerläßlich. Wichtig ist, daß man bei waagrecht gehaltenem Kompaß auch bergauf und bergab exakt peilen kann. Ein senkrecht im Spiegel eingelassener Sehschlitz ermöglicht dies am besten. Prismen sowie Kimme und Korn sind weitere Visiereinrichtungen.
- Der klappbare Spiegel ist nötig, um während des Peilens die Winkeleinteilung auf der Kompaßdose im Auge behalten zu können.
- Zum Feststellen oder Übertragen von Richtungszahlen auf oder aus der Karte ist ein genauer Kartenwinkelmesser ebenso geeignet. Dieser bietet sich insbesondere in Kombination mit einem hochwertigen Prismenpeilkompaß an, mit dem das Arbeiten auf der Karte nicht möglich ist.
- Der Boden der Kompaßdose muß durchsichtig ausgeführt sein, damit man auf das darunterliegende Kartenbild blicken kann, wodurch ein Einnorden der Karte nicht mehr notwendig ist. Gleichzeitig sind von West nach Ost sowie von Nord nach Süd verlaufende Linien notwendig, um die Winkeleinteilung der Kompaßdose nach der Karte ausrichten zu können.

**Zusätzliche Hilfen:**
- Gumminoppen an der Auflagefläche verhindern ein Verrutschen des Kompasses auf der Karte.
- Eine im Gehäuse eingebaute Lupe erleichtert das Arbeiten vor allem auf kleingedruckten und hoch aufgelösten Karten.
- Mit einer Leuchtlupe kann bei großen Maßstäben, schlechten Karten oder diffusen Lichtverhältnissen die Tourenplanung präziser ausgeführt werden.
- Ein Landkartenmesser (einstellbar auf verschiedene Maßstäbe) kann Entfernungen auf der Karte genauer ermitteln.
- Ein Höhenlinienmesser hilft, die Steilheit von Hängen aus der Karte zu messen (wichtig für die Beurteilung der Lawinengefahr).
- Ein integrierter Neigungsmesser (Clinometer) ermöglicht ein genaues Feststellen der Hangsteilheit.
- Umgehungsmarken auf der Winkeleinteilung erübrigen das Nachstellen der Kompaßdose bei der Umgehung von Hindernissen.
- Eine Schnur am Kompaß schützt vor Verlust unterwegs. Sie sollte so lang sein, daß man das um den Hals gehängte Gerät mit ausgestrecktem Arm bedienen kann.
- Für den Gebrauch bei Dämmerung oder Nacht müssen Nadelspitze und Mißweisungsmarke mit Leuchtstoff versehen sein. Es gibt mittlerweile ein

# Sonstige Ausrüstung

Gerät, bei dem auch bei Nacht sämtliche Markierungen und Skalen leuchten und abgelesen werden können.

Achtung: Einen Kompaß nie in die unmittelbare Nähe von starken Magnetfeldern bringen. Diese können die Kompaßnadel ummagnetisieren!

## GPS (Global Positioning System)

Mit dem Global Positioning System (GPS) kann man, unabhängig von atmosphärischen Bedingungen (Luftdruck, Wetter) oder Tageszeit, seinen Standpunkt exakt bestimmen, und das an jedem Punkt der Erde. Die Ortsbestimmung wird mit dem GPS-Gerät durch das Anpeilen mehrerer Satelliten erreicht, wobei das Gerät die Position ständig neu errechnet. Die Funktionsweise ähnelt, vereinfacht dargestellt, dem Rückwärtseinschneiden mit dem Kompaß.

GPS-Gerät

Für diese koordinative Berechnung ist der Empfang von mindestens drei Satelliten-Positionen notwendig. Das bedeutet für den Bergsteiger, daß das System auf allen nach oben offenen Flächen funktioniert, jedoch nicht in engen Tälern und Schluchten. Das GPS unterliegt dem militärischen Sperrcode der USA, dadurch können die Angaben über Entfernung und Höhe bis zu 100 m schwanken. Es ist deshalb im Gebirge zusätzlich ein guter Höhenmesser zur genauen Bestimmung erforderlich.

Über das Orten des eigenen Standpunktes hinaus kann man mit dem GPS-Gerät anzulaufende Ziele anpeilen und sich vom GPS-Empfänger sozusagen »hinführen« lassen.

GPS-Geräte sind mit Tastatur und LCD-Anzeige ausgestattet, die kleinsten haben etwa die Größe und das Gewicht einer TV-Fernbedienung.

# Schlafsäcke

Die Güte des Schlafsacks bestimmt die Qualität und Tiefe des Schlafs – und guter Schlaf ist ausschlaggebend für die Leistungsfähigkeit.

Vor der Anschaffung sollten zwei Grundüberlegungen gestellt werden: Wie kalt wird es maximal, und in welcher Gegend verwende ich ihn? So braucht man beim Bergsteigen in Nepal (Nächte auf 5200 m bei etwa −25 °C) einen wärmeren Schlafsack als beim Campen am Zeltplatz in Chamonix. Es ist zu überlegen, ob der Schlafsack in überwiegend feuchten oder trockenen Gebieten benutzt wird (Kunstfaser oder Daune), ob er über längere Strecken und Zeiträume im Rucksack verstaut und selbst getragen werden muß (Packmaß und Gewicht). Danach richten sich die Auswahlkriterien für den Kauf.

## Daune oder Kunstfaser?

Als Wärmeisolation finden zwei verschiedene Füllstoffe Verwendung: Kunstfaser und Daune.

Kunstfaserschlafsäcke sind billiger, weisen höheres Gewicht und größeres Packvolumen auf (lassen sich nur wenig komprimieren), haben jedoch den Vorteil, daß sie kaum feuchtigkeitsempfindlich sind. Kunstfasern klumpen bei Durchfeuchtung nicht zusammen und haben auch noch in feuchtem Zustand eine akzeptable Wärmeleistung.

Beim Zelten, für Hüttenübernachtungen, bei Aufenthalt in feuchten Gegenden oder wenn Gewicht und Größe eine untergeordnete Rolle spielen, ist eine Kunstfaserfüllung eine gute und preiswerte Lösung. Hochwertige Kunstfaserfüllungen sind z.B. Thinsulate-Liteloft und Polargard, wobei Liteloft das beste Verhältnis von Wärmeleistung, Gewicht und Packmaß aufweist und bereits mit mittlerer Daunenqualität konkurrieren kann.

# AUSRÜSTUNG

Gute Daune wiegt wesentlich weniger als Kunstfaser, ist kleiner zu komprimieren, besitzt im Verhältnis eine höhere Wärmeleistung, verliert jedoch an Isolationswert, wenn sie feucht wird. Der Bergsteiger, der höhergelegene, trockene Gegenden aufsucht und Wert auf größtmögliche Wärmeisolierung bei niedrigstem Gewicht und kleinstem Packvolumen legen muß, ist mit einem guten Daunenschlafsack am besten beraten.

Es gibt bei Daunenfüllungen gravierende Qualitätsunterschiede: neue und alte Daune (billige Schlafsäcke können wiederaufbereitete Daunen haben), die Größe der Daune (großflockige von älteren Tieren haben eine bessere Bauschkraft), das Abstammungstier (Ente, Gans, junges oder älteres Tier) sowie das Mischungsverhältnis.

Übliche Bezeichnungen »beste Daune« oder »Qualitätsdaune« sagen praktisch nicht viel aus. Aussagekräftig allein ist die Angabe der Füllkraft in Cuin, wie sie in der sogenannten US-Norm angegeben wird. Diese bezeichnet jenes Volumen in Kubik-Inches, das eine Unze (28,35 g) Daunen bei einer bestimmten Belastung einnimmt. Eine Unze 650er Daune z. B. füllt demnach ein Volumen von 650 Kubik-Inches (1 Inch$^3$ = 16,38 cm$^3$). Je höher also die »Qualitätszahl«, um so hochwertiger die Daunenqualität, d.h. die Bausch- oder Füllkraft.

Beim Packen wird die Luft herausgepreßt, so daß – bei entsprechend hochwertiger Daune – fast nur noch das Packmaß des Stoffes übrigbleibt. Nur die Luft ist leichter: Eine Daune hat das unglaublich niedrige Gewicht von 1 bis 4 mg, d.h., man benötigt 400 000 bis 1 Million Daunen für 1000 g Füllung.

Daunen haben keinen Kiel; zwischen den zahlreichen Verästelungen bilden sich unzählige Luftpolster, die der Daune ihr gewaltiges Isolationsvermögen geben. Daune kann die vom Körper abgegebene Feuchtigkeit aufnehmen und an die Umgebungsluft weiterleiten.

Das Mischungsverhältnis (meistens fälschlicherweise als Qualitätsbeschreibung bezeichnet) sagt aus, wieviel Anteile Federn und Daunen die Füllung hat; so gibt es z. B. 70/30, 80/20, 90/10 usw., d.h. im letzten Fall: 90% der Füllung sind Daunen und 10% Federn.

Herkömmliche Daunenschlafsäcke liegen etwa bei 400 Cuin, solche mit sogenannter »bester« Daune bei um 500. In Bergsportfachgeschäften gibt es Spezialschlafsäcke mit der Cuin-Angabe 700 + und einem

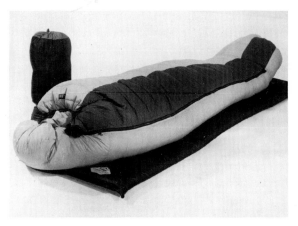

Expeditionsschlafsack mit 900 g Daunenfüllung, Loft 700 Cuin, 1650 g Gesamtgewicht

Mischungsverhältnis Daunen zu Federn von 96/4, was maximale Wärmeleistung verbunden mit einem unglaublich kleinen Packvolumen und geringstem Gewicht bedeutet.

Packvolumen heißt die Größe, auf die sich der Schlafsack zum Transport komprimieren läßt. Kunstfaser läßt sich am wenigsten, Daune am besten und Spitzendaune mit beispielsweise 700 Cuin zum kleinsten Packmaß zusammendrücken – wichtig für jene, die sehr viel im Rucksack unterbringen müssen. Zur Aufbewahrung sollte man Daunensachen aus dem Transportbeutel herausnehmen und lagern.

Bezugsstoffe sind ein wichtiges Detail eines guten Schlafsacks. Sie sollen daunendicht, wasserabstoßend und winddicht von außen, jedoch dampfdurchlässig von innen sein, da die nachts abgegebene Feuchtigkeit (ca. 0,5 Liter!) die Füllung anfeuchtet und somit die Wärme ableitet. Daneben muß der Innenbezug hautfreundlich sein. Baumwollinnenseiten sind zwar angenehm, speichern jedoch die Feuchtigkeit und müssen jeden Morgen ausgetrocknet werden, sind also indiskutabel für den extremen Alpinisten.

Größe: Ein Schlafsack sollte – ebenso wie Bekleidung – passen. Auf keinen Fall darf der Schlafsack zu klein sein, auf Bewegungsspielraum ist Wert zu legen. Ebenso wie Bekleidung sollte man einen Schlafsack anprobieren. In Extremsituationen müssen die Schuhe im Schlafsack Platz finden können.

Temperaturangaben können bestenfalls als grober Anhaltspunkt gesehen werden, da das Kälteempfinden der Menschen völlig unterschiedlich ist.

In Deutschland werden diese in der Klimakammer des Textilinstituts Hohenstein durch Messungen an einer mit Meßgeräten ausgestatteten Gliederpuppe vorgenommen. Dabei wird zwischen Komfortbereich (untere Grenze der Hauttemperatur des Dummys bei 34°) und Extrembereich (Absinken der Hauttemperatur bis ca. 30°) unterschieden. Das heißt, eine Temperaturangabe für den Extrembereich eines Schlafsacks zeigt an, welche Außentemperatur man in diesem Schlafsack noch unbeschadet überstehen kann, im Komfortbereich folglich sich noch wohl fühlen kann. Entscheidend ist also lediglich die Angabe, wo der Komfortbereich endet bzw. der Extrembereich beginnt.

Es ist zu beachten, daß Frauen grundsätzlich einen um ca. 5% höheren Wärmebedarf haben.

## Kammertechnik

Es gibt verschiedene Kammerkonstruktionen, die je nach Füllmaterial und Anwendung unterschiedlich sein können. So füllt man Daune mit weniger Bauschkraft besser in Schrägkammern, für hochwertigste Daunenqualität genügen H-Kammern, die weniger Stoff (und dadurch Gewicht) beanspruchen.

Für besonders extreme Zonen gibt es das Doppelkammersystem. Dieselben Vorteile lassen sich auch erreichen, wenn man einen hochwertigen dünnen Leichtschlafsack in einen bereits vorhandenen Schlafsack einlegt. Das hat den Vorteil, daß man in wärmeren Zonen daneben noch einen Einfachschlafsack zur Verfügung hat.

Eine hochwertige Verarbeitung des Schlafsacks erkennt man an vielen kleinen Details: Abdeckung der Kältebrücke, die der Reißverschluß darstellt, Klemmschutzleiste, Zwei-Wege-Reißverschluß über das Fußteil, Wärmekragen, anatomische Kapuze, Wertsachenfach u. a.

# Biwaksäcke (Wetterschutzsäcke)

Ein Biwaksack dient als Schutz vor Nässe und Wind beim Biwakieren. Vorrangig schützt er Verletzte vor Unterkühlung, dient im Bedarfsfall als Sonnenschutzsegel, findet Verwendung als Abtransportmittel im Schnee und als wichtige Markierung für die Rettung aus der Luft. Der Biwaksack darf in keinem Bergsteigerrucksack fehlen!

Es gibt Einmann- und Zweimannbiwaksäcke. Erstere sind von der Form her reine Schlafsackhüllen für Übernachtungen im Freien. Zum Abdecken oben angeführter Notfälle ist ausschließlich der Zweimannsack zu empfehlen, in dem notfalls auch drei Leute Platz finden. Dieser kann bei Unwettern schnell über den Kopf gestülpt werden, ohne daß man beispielsweise die Steigeisen ablegen muß.

Biwaksäcke sind in der Regel aus beschichtetem Nylon gefertigt, was unangenehme Kondenswasserbildung zur Folge hat. Deshalb sollten am Kopfende seitlich eine oder zwei verschließbare Öffnungen angebracht sein, um einen ausreichenden Luftaustausch zu ermöglichen.

Eine Alubeschichtung, die von einigen Firmen angeboten wird, bewirkt eine zusätzliche Reflexion der abgestrahlten Wärme.

Biwaksäcke werden auch aus Goretex gefertigt, was zwar sehr teuer ist, jedoch das Kondenswasserproblem beseitigt (beim Einmannsack als Schlafsackhülle uneingeschränkt empfehlenswert).

a  Einfachkammersystem mit durchgesteppter Naht
b  Doppelkammersystem
c  Boxkammersystem (H-Kammern)
d  Schrägwandkammersystem
e  V-Kammer-System

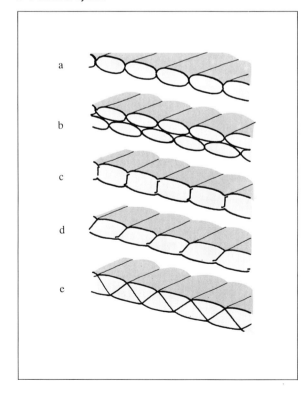

# AUSRÜSTUNG

## Rettungsdecken

Rettungsdecken sind alubedampfte Folien, welche die auftreffende Wärmestrahlung zum Großteil reflektieren. Sie sind klein und leicht (sie wiegen nur etwa 80 g) und sollten zum Versorgen eines Verletzten oder für ein Notbiwak wie der Biwacksack immer im Rucksack dabeisein.
Sie müssen unter Umständen erneuert werden, da sie nach längerer Zeit oder unter Druck zusammenkleben können.

### Rettungssäcke

Ein Rettungssack, oft noch irreführenderweise als sogenannter »Blitzschutzsack« bezeichnet, ist eine zu einem Biwaksack zusammengeschweißte Rettungsdecke: Er stellt einen idealen Kompromiß für Notfälle dar, um einen Verletzten zu lagern, ist klein verpackbar und leichtgewichtig.
Die Bezeichnung »Blitzschutz« ist falsch: Er kann weder vor Blitzeinschlag noch vor Erdströmen schützen.

## Liegematten

Der beste Schlafsack ist nur die Hälfte wert, wenn die Bodenkälte nicht durch eine gute Isolation abgeschirmt wird. Für Bergsteiger kommen dafür nur geschlossenzellige Schaumstoff-Isomatten oder dünne, selbstaufblasbare Leichtluftmatten in Betracht. Diese gibt es in verschiedenen Stärken und Abmessungen – abhängig von der Unternehmung.
Neben den Schaumstoffmatten sind Leichtluftmatratzen sehr empfehlenswert, die selbstaufblasbar sind. Sie weisen deutlich bessere Isoliereigenschaften auf, sind jedoch etwas schwerer und teurer.
Neben den üblichen Schaumstoff-Billigprodukten gibt es Modelle mit druckverteilendem Zwei-Lagen-Schaum, solche mit rutschfester Oberfläche sowie eines, das mit eingearbeiteten waffelartigen Luftpolstern ausgestattet noch mehr Liegekomfort und höhere Isolation bietet.
Isomatten dienen auch zum Lagern und Abtransport von Verletzten, deshalb sollte bei Gruppenunternehmungen nach Möglichkeit eine Matte mitgeführt werden. Isomatten gibt es ebenso in faltbarer Ausführung (platzsparend).

Für Biwaks sollte zumindest eine Sitzmatte mitgeführt werden, die das Biwak nicht nur angenehmer macht, sondern auch gesundheitlich unbedenklicher überstehen läßt.

## Stirnlampen

Stirnlampen braucht man in erster Linie beim nächtlichen Aufbruch und zum Klettern bei Nacht.

**Folgende Kriterien sind an eine gute Stirnlampe zu stellen:**
- Sie muß leicht sein.
- Die Lichtstärke bzw. der Lichtkegel soll veränderbar (fokussierbar) sein.
- Der Schalter muß gegen unbeabsichtigtes Einschalten (z. B. im Rucksack) durch eine Sperre gesichert sein.
- Die Kopfhalterung muß so verstellbar sein, daß man sie auch über einen Schutzhelm ziehen kann, und sie sollte so gepolstert sein, daß weder Druckschmerzen noch Durchblutungsstörungen auftreten können.
- Eine Ersatzbirne muß geschützt und so angebracht sein, daß sie nicht verlorengeht.
- Der Batterie- und auch Birnenwechsel sollte vorgenommen werden können, ohne andere Teile entfernen zu müssen bzw. ohne daß andere Teile verlorengehen können.

**Stirnlampe**

# Sonstige Ausrüstung

- Die Stirnlampe muß so robust sein, daß sie nach einem Fall auf Fels oder harten Untergrund noch voll funktionsfähig ist.
- Sie muß eine gewisse Wasserdichtheit aufweisen, damit sie bei Schlechtwetter nicht ausfällt.

In kalten Zonen (hohe Berge, nächtlicher Aufbruch) verlängert sich die Betriebsdauer der Batterie entscheidend, wenn sie am Körper getragen wird. Dazu sollte der Batterieblock abnehmbar und mit einem entsprechend langen Kabel ausgerüstet sein.

## Bergsteigerzelte

An Bergsteigerzelte müssen ungleich höhere Forderungen gestellt werden als an übliche Campingzelte. Von der Qualität und Verarbeitung kann das Überleben bei schlechtem Wetter abhängen. Ein Zelt, das z. B. dem Sturm am Denali standhält, wird auch bei weniger spektakulärem Einsatz eine längere Gebrauchsdauer aufweisen und den Bergsteiger über Jahre zufriedenstellen.

**Unabhängig von der Form und Größe sind die wichtigsten Merkmale:**
- absolute Wasserdichtheit: dichter Stoff, versiegelte und verschweißte Nähte, hochgezogene Bodenwanne
- geringes Gewicht im Verhältnis zu Raumangebot und Qualität
- absolute Windstabilität: windschlüpfrige Form, keine Angriffsflächen, beste Gestängequalität
- Verhinderung von Kondenswasserbildung durch entsprechende Hinterlüftung zwischen Innen- und Außenzelt
- leicht und schnell aufstellbar, auch bei Schlechtwetter und Wind
- genügend Platz und Stauraum im Zelt, damit auch bei Schlechtwetter ein den Umständen entsprechendes Wohlbefinden und eine gute psychische Verfassung gewährleistet sind

### Zeltkonstruktion und -materialien

Gute Zelte sind in der Regel Doppelwandzelte, haben also ein Innen- und ein Außenzelt. Das Innenzelt besteht aus luftdurchlässigem Gewebe, das Außenzelt hingegen aus wasserundurchlässigem Material. Die vom Körper abgegebene Kondensationsfeuchtigkeit geht durch das Innenzelt hindurch und schlägt sich auf der Innenseite der Außenhaut nieder, von wo es entweder herabläuft oder verdunstet.

Es ist darauf zu achten, daß der Abstand zwischen Innen- und Außenzelt permanent eingehalten wird. Kommt die Außenhülle mit dem Innenzelt in Kontakt, läuft Wasser ins Zelt. Bei qualitativ guten Zelten ist das durch überlegte Konstruktionen gelöst.

Lüftungsöffnungen im oberen Bereich des Außenzelts bzw. auch der Spalt zwischen Boden und dem nicht ganz herabgezogenen Außenzelt verbessern die Luftzirkulation und somit die Verdunstung von Kondensationsfeuchtigkeit. Bei großer Kälte und Sturm wird

Goretex-Leichtzelt in 7000 m Höhe

man zugunsten der Wärmeisolation eher auf vermehrte Durchlüftung verzichten und die Kondenswasserbildung in Kauf nehmen, die auch bei Verwendung eines Überzelts mit Schneelatz verstärkt auftritt. Einwandzelte haben zwar den Vorteil des wesentlich geringeren Gewichts, jedoch die entscheidenden Nachteile der Kondenswasserbildung und des Kälteproblems. Eine Ausnahme davon bilden Zelte aus Goretex. Hier kann der Wasserdampf trotz Wasserdichtigkeit entweichen, das Kälteproblem wird jedoch nicht gelöst. Da die Kondensation zudem bei großer Kälte, z.B. in großen Höhen, in der Membrane gefriert, dürften Goretex-Zelte in niedrigen bis mittleren Lagen gute Eigenschaften aufweisen, jedoch für Hochlagen weniger geeignet sein.

# AUSRÜSTUNG

## Ausstattung und Verarbeitung

Die Qualität eines gebirgstauglichen Zeltes zeigt sich meist erst im Gebrauch; nützliche, zunächst unscheinbare Details und sorgfältige, dauerhafte Verarbeitung rechtfertigen dann oft einen vorher unverständlichen Preisunterschied:

- Die Reißverschlüsse müssen robust, vereisungsunanfällig und leicht bedienbar sein; sie dürfen nicht klemmen.
- Der Zeltboden muß äußerst strapazierfähig und wasserdicht sein.
- Ösen dürfen keinesfalls ausreißen.
- Stautaschen im Zelt ermöglichen die Unterbringung von Kleinutensilien wie Brille, Lampe usw.
- Eingänge mit Mückennetz verbessern das Schlafklima in warmen Nächten und schützen vor lästigem Ungeziefer.
- Geräumige Apsiden (mindestens eine, besser zwei) dienen als Stauraum für Gepäck oder als Kochplatz bei Schlechtwetter.
- Das Gestänge muß bruchfest sein und sollte durch ein innenlaufendes Elastikband verbunden sein, das das Aufbauen erleichtert und das Verlieren von Einzelteilen verhindert. Gestänge gibt es in verschiedenen Durchmessern. Je nach Einsatzgebiet wird man die dünneren (Gewichtsersparnis) oder die stärkeren (höhere Bruchfestigkeit) wählen.

## Zelttypen

Das Firstzelt hat im Gebirge ausgedient und ist von im folgenden beschriebenen selbsttragenden Konstruktionen abgelöst worden.

Das Pyramidenzelt wird von einer zentralen Zeltstange gestützt, wie beim Firstzelt sind viele Fixpunkte nötig, und es sollte bei Wind aufgrund seiner großen Angriffsflächen besonders gut abgespannt werden. Es ist wohl das einzige Zelt, in dem man (in Stangennähe) einigermaßen aufrecht stehen kann. Aus Stabilitäts- und Gewichtsgründen empfehlen sich Pyramidenzelte eher für den stationären (Basislager) als für den flexiblen Einsatz.

Das Kuppelzelt ist im Gebirge zum meistverwendeten Zelttyp geworden. Je nach Ausführung werden mehrere flexible Zeltstangen bogenförmig verspannt, an denen das Zelt aufgehängt wird. Diese Konstruktionsart bringt gerade für Bergsteiger entscheidende Vorteile. Das Kuppelzelt läßt sich sehr schnell aufstellen und ist selbsttragend, d.h., es steht durch seine Selbstspannung auch ohne Verankerung und kann sogar – fertig aufgebaut – transportiert werden. Es kommt mit einem Minimum an Grundfläche aus, ist durch seine Eigenspannung und die abgerundete windabweisende Form äußerst windstabil. Durch die vergleichsweise steil verlaufenden Seitenwände entsteht eine ausgezeichnete Geräumigkeit, was den Wohnwert entscheidend verbessert. Kuppelzelte gibt es in den verschiedensten Ausführungen: mit großen und kleinen Apsiden, einem oder zwei Eingängen, Tunneleingang, normalem Überzelt und Überzelt mit Schneelatz.

Beim Tunnelzelt werden die Bogengestänge nicht kreuzweise wie beim Kuppelzelt, sondern parallel hintereinander aufgespannt. Dadurch ist es nur bedingt selbsttragend, weshalb es im Gebirge weniger Verbreitung findet. Tunnelzelte als Einwandzelte verursachen Kondenswasserprobleme.

Leichtgewichtszelte sind eine Mischung zwischen Kuppel- und Tunnelzelt, nahezu freitragend, mit wenigen Abspannleinen. Aus Gründen optimaler Gewichts- und Packmaßeinsparung wurde der Raum körpergerecht zugeschnitten, d.h. im Fußbereich schmal und niedrig, im Eingangsbereich breiter und höher. Eine große Apsis sollte als Stauraum und zum Kochen vorhanden sein. Leichtgewichtszelte gibt es

**Geodätisches Kuppelzelt**

# Sonstige Ausrüstung

als Zweimann- und Einmannausführung. Sie sind ideal für alle, die weniger Wert auf Komfort als auf niedriges Gewicht und Packvolumen legen müssen. Gerade bei diesem Zelttyp sollte man auf allerbeste Qualität achten.

## Sonnenschutzbrillen

Mit der Höhe nimmt auch die für die Haut und insbesondere für die Augen schädliche UV-Strahlung dramatisch zu. Geeignete Sonnenschutzbrillen fürs Gebirge (auch Gletscherbrillen genannt) schützen die Augen vor Helligkeit (Blendschutz), schädlichen UV-Strahlen, aber auch vor Wind, Schneetreiben und Eiskristallen.

Mit zunehmender Höhe wird durch die Atmosphäre immer weniger Licht absorbiert. Durch Reflexion auf Felsplatten, Gletschereis oder Firnfeldern wird die Strahlung zusätzlich verstärkt. Neuschnee beispielsweise reflektiert bis zu 90% der UV-Strahlung!

Bei Hochtouren sollte man auf beste Brillenqualität achten.

**Als Kriterien für eine gute Sonnenschutzbrille sind zu beachten:**
- Absorption der schädlichen UV-Strahlen
- Absorption der Helligkeit
- optische Qualität

Die UV-Strahlen sind der unsichtbare Teil des Lichtspektrums und für Lebewesen besonders gefährlich. Man unterteilt sie in UV-C-, UV-B- und UV-A-Strahlen. Die UV-C-Strahlen werden weitestgehend durch die Atmosphäre geschluckt, sind jedoch in Höhenlagen (Gletscher) gerade um die Mittagszeit besonders aggressiv.

UV-B- und UV-A-Strahlung ist besonders schädlich für die Augen; je höher man kommt, um so gefährlicher wird sie. Man rechnet mit einer Zunahme von 14% pro 1000 Höhenmeter!

Eine Überdosis an UV-Strahlung führt schnell zu schmerzhaften Reizungen, Bindehautentzündung, Schneeblindheit bis hin zu Dauerschädigungen. Für Gletscherbrillen sind daher ein hochwertiger UV-Vollschutz sowie seitliche Abdeckungen vor Streulicht Bedingung.

**Das Lichtspektrum wird grob eingeteilt in:**
- ultraviolette Strahlung (UV) bis ca. 380 nm*
- vom menschlichen Auge sichtbares Licht von etwa 380 bis 710 nm
- Infrarot-Strahlung (IR) ab ca. 710 nm

Lichtspektrum

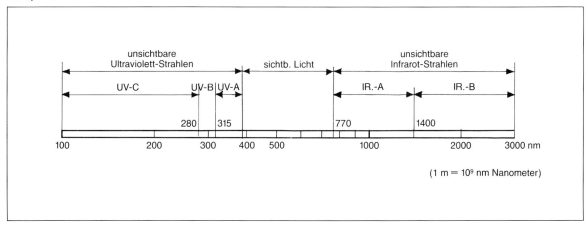

(1 m = $10^9$ nm Nanometer)

# AUSRÜSTUNG

Das infrarote Licht (IR-Strahlung) wirkt in Form von Wärme auf den Menschen (ab ca. 780 nm). Es wird vom menschlichen Auge selbst absorbiert und führt bei den im Gebirge auftretenden Strahlungsmengen nicht zu Schädigungen. Ausnahmen sind vorgegebene Augenschäden und Aufenthalte in sehr großer Höhe über lange Zeiträume.

Das blaue Licht hat die kürzesten sichtbaren Wellenlängen und mindert die Kontraste in großer Höhe. Gläser mit kontraststeigerndem Blaublocker sind demnach nur wichtig für Flieger, Piloten und evtl. Höhenbergsteiger.

## Absorption des sichtbaren Lichts

Das menschliche Auge ist im Normalfall für eine Beleuchtungsstärke von 10000 Lux eingerichtet. Schon in Höhenlagen von 3000 m und schneebedecktem Gelände kann es aber zu einer Helligkeit von bis 100000 Lux kommen.

Auf das sichtbare Licht (= die Helligkeit) reagiert das Auge durch Verengung der Pupillen – dadurch kann weniger Licht ins Auge gelangen. Bei großer Helligkeit (z.B. Strahlung im Gebirge auf Gletschern, Reflexion bei Neuschnee usw.) muß die Sonnenschutzbrille durch eine stärkere Tönung zusätzlich einen Teil dieses Lichts absorbieren. Die Absorptionswerte für die Helligkeit liegen in der Regel zwischen 60 und 85%.

Die Wahl der Tönungsfarbe muß nach augenmedizinischen und sicherheitstechnischen Aspekten erfolgen. Bewährt haben sich die Tönungsfarben Braun, Grau, Graubraun, Graugrün und Gelb (= kontraststeigernd).

Von der Verwendung von Gläsern mit einer verlaufenden Einfärbung (z.B. oben dunkel und unten heller werdend) ist abzuraten.

Zu dunkle Brillen können jedoch bewirken, daß sich die Pupillen öffnen, wodurch wieder vermehrt UV-Licht eindringen kann.

Eine empfehlenswerte spezielle »Visier-Tönung«, die den Eskimos nachempfunden ist, fertigt der französische Hersteller Cebe.

Phototrope Gläser sind Gläser, die sich bei UV-Einstrahlung automatisch dunkel verfärben. Man kann inzwischen Gläser bekommen, die sich bis zu einem Absorptionswert von 80% verdunkeln (diese sind besonders empfehlenswert für Brillenträger, da man dadurch mit einer Brille auskommt).

## Die optische Qualität

Die Gläser müssen in jedem Fall »optisch korrekt« sein, d.h. verzerrungsfrei. Das Auge nimmt pro Sekunde einige Millionen Informationen auf und leitet diese an das Gehirn weiter. Dabei krümmen und strecken sich die Linsen ununterbrochen, um die rasend schnell wechselnden Bilder ständig scharf zu stellen (zu fokussieren).

Ist nun die Glasscheibe zwischen den Augenlinsen und den Sehobjekten nicht optisch korrekt, kann eine exakte Scharfstellung nicht erfolgen: Ermüdung und Langzeitschäden am Auge sind die logische Folge. Optisch korrekte Gläser sind leider nicht zum Billigtarif zu haben.

**Weitere Kriterien:**

- Die Bruchfestigkeit der Scheiben und des Gestells muß gewährleistet sein – und zwar auch bei Minustemperaturen –, um ein Verletzungsrisiko auszuschließen.
- Große Gläser ermöglichen ein möglichst großes Gesichtsfeld sowie daneben einen besseren Schutz gegen Reflexion.
- Ein Seitenschutz (am besten abnehmbar) schützt vor Strahlung von der Seite. In großer Höhe ist darauf besonders zu achten.
- Eine gute Paßform schützt nicht nur die Augen, sie sorgt auch dafür, daß die Brille druckfrei sitzt, nicht rutscht und nicht so leicht verloren werden kann. Ein wesentlicher Beitrag dazu sind anpaßbare Sportbügel sowie rutschhemmende Kunststoffpads an der Nasenauflage. Bei Golfbügeln sichert ein elastisches Sportband die Brille vor Verlust.

**Etwa ein Drittel aller Bergsteiger und Skitourenläufer sind Korrekturbrillenträger – da dieser Kreis naturgemäß besonders benachteiligt ist, folgende Hinweise:**

- Gletscherüberbrillen (sogenannte »Rattenfallen«), die man über die Normalbrille zieht, sind eine schlechte Lösung. Man hat ständig Probleme mit dem Anlaufen, der Befestigung usw.
- Die bessere Lösung ist, die Sehstärke in ein gutes Sonnenbrillenglas einzuschleifen. Man hat somit immer zwei Brillen dabei.
- Als dritte Möglichkeit (vielleicht die beste) gibt es die phototropen Gläser, die sich bei UV-Bestrahlung dunkel färben, ansonsten normal hell sind.

# Ausrüstung für Skitouren

## Skibrillen

Skibrillen werden üblicherweise bei der Skiabfahrt verwendet, um den Fahrtwind abzuhalten, haben jedoch auch beim Bergsteigen unschätzbaren Wert, z. B. im Hochgebirge bei Schneesturm, Gegenwind sowie bei extremen Strahlungssituationen (Expeditionen), weil man die Skibrille zusätzlich über die Sonnenbrille ziehen kann.

**Eine alpintaugliche Skibrille sollte folgenden Ansprüchen gerecht werden:**
- 100 % UV-Absorptionswerte
- größtmögliches Gesichtsfeld
- Bruchsicherheit
- gute Paßform durch weiche Auflage und breites, elastisches Kopfband
- Beschlagfreiheit – am besten Verbundscheiben, die eine zusätzliche aufgedampfte Antifog-Beschichtung aufweisen (dazu muß eine ausreichende Belüftung gewährleistet sein)

Für Brillenträger gibt es Spezialmodelle mit seitlicher Aussparung für die Brillenbügel. Sehr empfehlenswert sind Skibrillen mit batteriebetriebenem Ventilator, der für beschlagfreie Sicht sorgt. Gerade für Brillenträger, die ja besonders unter diesem Problem zu leiden haben, ist das schlechthin die Ideallösung.

## Tourenski

Für verschiedene Anforderungen gibt es unterschiedliche Konstruktionsarten für Ski. Durch Verändern der geometrischen und mechanischen Eigenschaften ist es möglich, für jeden Zweck einen geeigneten Ski zu bauen.

Die weitverbreitete Ansicht, Tourenski müßten sich nur für lockeren Pulverschnee gut eignen, ist falsch. Vielmehr müssen sich Tourenski ebenso im Bruchharsch, auf windverblasenen Hängen, in vereisten Steilpassagen oder auf gefrorenen Lawinenresten bewähren. Sie sollten sich leicht drehen lassen, aber auch bei schnellem Schußfahren nicht flattern und bei langgezogenen Schwüngen gut und sicher zu steuern sein.

Da sie zudem auch noch leicht sein sollen, werden an Tourenski eigentlich wesentlich höhere Anforderungen gestellt als an Pistenski, was entsprechend aufwendige Konstruktionen zur Folge hat. Leider wird bei den meisten derzeit erhältlichen Tourenski zuviel Augenmerk auf Tiefschneetauglichkeit und geringes Gewicht gelegt, so daß es nur wenige Modelle gibt, die auch im sportlichen Bereich und bei schwierigen Schneeverhältnissen ein zufriedenstellendes Fahrverhalten aufweisen.

Das ist auch der Grund, warum viele gute Skifahrer heute mit einem hochwertigen Pistenski (der etwas kürzer gewählt wird) Skitouren unternehmen.

Das Fahrverhalten eines Skis resultiert aus der Drehbarkeit, der Gleitfähigkeit, Richtungsstabilität und dem Kantengriff. Diese Eigenschaften basieren teils auf der spezifischen Konstruktion des Skis, hängen jedoch auch entscheidend ab von der Pflege und Bearbeitung.

Die Länge des Skis hat mit den größten Einfluß auf seine Richtungsstabilität, Spurtreue und auch Drehbarkeit. Auf Skitouren werden in der Regel etwas kürzere Ski verwendet als auf der Piste.

**Vorteile von kürzeren Ski:**
- Sie lassen sich leichter drehen (in engen Rinnen, in tiefem oder schwierigem Schnee).
- Durch die reduzierte Hebelwirkung ist das Verletzungsrisiko wesentlich geringer (besonders ab einem gewissen Alter).
- Sie lassen sich am Rucksack leichter tragen.

**Nachteile kürzerer Ski:**
- Sie sind weniger richtungsstabil, also auf harter Unterlage oder beim Schußfahren mit höherer Geschwindigkeit nicht so sicher zu fahren.

»Hinterschliffene« Kanten erhöhten die Sicherheit auf hartem Schnee oder Eis.

# AUSRÜSTUNG

- Sie können Unregelmäßigkeiten im Schnee nicht so gut dämpfen (schnellere Ermüdung des Muskelapparates).
- Beim Spuren sinkt man tiefer ein.
- Unnatürliche Skitechnik ist oft die Folge zu kurzer Ski.

Je größer das Gewicht des Fahrers, je besser das skifahrerische Können und je höher das Grundtempo, desto länger sollte der Ski sein. Ausgangspunkt für die Längenwahl beim Tourenski ist die Körpergröße: Technisch schwächere oder nicht so sportlich fahrende Skifahrer wählen Körpergröße minus 5 oder 10 cm (evtl. auch altersbedingt), jüngere oder sportlichere Fahrer nehmen Körpergröße bis plus 20 cm.

Auf weiten, baumfreien Hängen kommt ein langer Ski voll zum Tragen, bei Waldabfahrten oder in engen Steilrinnen hat man mit einem kürzeren mehr Spaß. Je schmäler, um so leichter fällt auf harter Unterlage das Aufkanten. Schmale Ski eignen sich besonders für sportliches Fahren auf harter Piste oder entsprechende Verhältnisse auf Tour. In tiefen Schneearten sind breitere Ski günstiger, da sie nicht so tief einsinken und somit leichter gedreht werden können. Um die verschiedenartigsten Schneeverhältnisse bewältigen zu können, haben Tourenski eine durchschnittliche Taillenbreite von 65 bis 72 mm.

Die Taillierung am Ski bewirkt, daß der beim Kurvenfahren belastete Ski möglichst viel Kantenkontakt behält. Je stärker die Taillierung, um so mehr eignet sich der Ski für kurze Schwünge. Für den Tourenski hat sich eine mittlere Taillierung als günstig erwiesen. Carving-Ski besitzen ganz spezielle Taillierungen, wodurch sie gerade im Tiefschnee und hier insbesondere bei schwierigen Schneearten in der Abfahrt erhebliche Vorteile gegenüber üblichen Ski haben. Dagegen wirkt sich nachteilig aus, daß man spezielle Felle braucht (Zuschnitt), daß die Carving-Ski nicht in »normale« Aufstiegsspuren passen, daß Seitrutschen im harten Steilgelände sowie lange Schußfahrten eher problematisch sind.

Spezielle Breitski eignen sich allenfalls zum Heli-Skiing und sind für Tourenskiläufer ungeeignet.

Die Torsionssteifigkeit ist die Verwindungssteifigkeit um die Längsachse. Sie gilt beim Ski als Voraussetzung für Eisgriffigkeit. Außerdem bewirkt sie eine bessere Kraftverteilung, die Muskulatur ermüdet weniger, die Sicherheit z.B. bei harten, steilen Querungen nimmt zu.

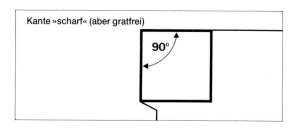

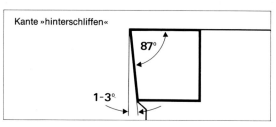

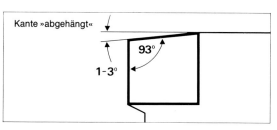

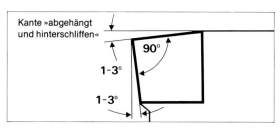

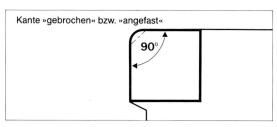

Kantentuning

Durch Unregelmäßigkeiten bei harter Unterlage wird ein Ski zu Längs- und Torsionsschwingungen angeregt, wodurch der Bodenkontakt zumindest teilweise verlorengeht. Speziell beim vergleichsweise kürzeren Tourenski ist das besonders bei höheren Geschwindigkeiten (Schuß und große Radien) der Fall. Eine gute Dämpfung bringt besseres und sicheres Fahrverhalten und sorgt auch für gelenkschonendes Skifah-

# Ausrüstung für Skitouren

ren: Schläge werden vom Ski und nicht von Knie und Rücken geschluckt. Gute Dämpfungseigenschaften erhält ein Ski durch Verwendung hochwertiger Materialien.

Weitere konstruktive Besonderheiten am Tourenski sind neben dem bisher Genannten eine gut sichtbare, leuchtende Farbe (aus Sicherheitsgründen) sowie die Schaufelbohrung. Diese hilft, im Notfall einen behelfsmäßigen Skischlitten schneller und sicherer zu bauen. Dasselbe gilt für Bohrungen an den Skienden. Hier sind sie eigentlich wichtiger als an der Schaufel, werden jedoch nur von wenigen guten Herstellern angebracht.

- Achtung: Das Loch in der Schaufel macht noch lange keinen Tourenski – nur die Summe der konstruktiven Eigenarten!

Die meisten Ski werden vom Hersteller mit scharfen, im 90°-Winkel geschliffenen Kanten ausgeliefert. Neue, unbehandelte Kanten sind zum Skifahren ungeeignet. Das gleiche gilt für alte, schartige und gebrauchte Kanten. Grundsätzlich muß man den beim Schleifen entstehenden Grat entfernen. Das »Brechen der Kante« im Schaufel- und Endenbereich trägt dazu bei, daß der Ski leichter drehen kann und nicht hängenbleibt. Die Außenkanten von Schaufel und Ende sollte man wesentlich stärker abnehmen (anfasen), was insbesondere bei schlechten Schneeverhältnissen und längeren Ski sehr hilfreich ist.

Einen großen Vorteil bringt die »abgehängte« Kante: Die Gleitfähigkeit wird erhöht, das Drehen der Ski erleichtert, die Gefahr des »Verschneidens« nahezu vermieden. »Hinterschliffene« Kanten erhöhen die Sicherheit auf hartem Schnee oder Eis: Die Kanten greifen besser, ermöglichen exaktes Aufkanten beim Bremsen, verhindern seitliches Abgleiten, die Ski lassen sich besser steuern. Gerade der durchschnittliche Skifahrer sollte sich diese Technikhilfen zu eigen machen (siehe Grafik S. 32).

Wer nicht die Hilfe eines Fachbetriebs in Anspruch nehmen möchte, bedient sich am besten eines speziellen Skikantenschärfers, bei dem verschiedene Feilenarten, Schleifsteine und Messer eingesetzt sowie die verschiedenen Winkel eingestellt werden können.

## Skipflege

Der Zustand von Laufflächen und Kanten hat auf das Fahrverhalten mindestens soviel Einfluß wie die konstruktive Auslegung. Auch der teuerste Ski kann seine Eigenschaften nur in gut präpariertem Zustand zeigen. Nur eine plane, glatte, saubere und gewachste Lauffläche macht einen Ski optimal gleitfähig und drehbar. Nur solche Kanten, an denen kein vorstehender Grat die Fahrt »bremst«, lassen den Ski leicht drehen.

Gerade der Tourenski, dessen Belag und Kanten durch versteckte Felsen oder apere Hangstellen besonders stark strapaziert werden, braucht in der Regel noch mehr Pflege als ein Pistenski, der nur auf präparierten Abfahrten verwendet wird.

**Kantenpflege:**

Nach jeder Tour die Kanten überprüfen – mit dem Finger sachte tastend entlangfahren. Mit einem Schleifstein den Grat entfernen, Kratzer in den Kanten mit Stein oder Aluoxydfeile bearbeiten, grobes Feilen der Kanten mit Karosseriefeile, feines Feilen mit einer Feinschliffeile, Polieren mit einer Aluoxydfeile oder Aluoxydpapier (Körnung 320 bis 400).

Zuerst die Laufflächenseite, dann die Wangenseite feilen. Für die Wangenseite sollte ein Anschlagwinkel verwendet werden. Sind die Kanten spezifisch nach Außen- bzw. Innenseite »getunt«, sollten die Ski mit »rechts« und »links« gekennzeichnet sein.

Gute Skipflege ist Voraussetzung für ungetrübten Skigenuß.

# AUSRÜSTUNG

**Ausbessern von Belagschäden:**
- Vor jeder Ausbesserung den Belag mit Wachsentferner reinigen.
- Das Ausbesserungsmaterial mittels Bügeleisen auftragen. Um eine gute Verbindung zu erreichen, muß auch der umliegende Belag erwärmt werden.
- Ausgebesserte Stellen mit Karosseriefeile oder Belaghobel planfeilen.
- Tiefe oder großflächige Löcher sollten geklebt werden, was man am besten einem Fachbetrieb überlassen sollte.

**Wachsen der Lauffläche:**
Ein gewachster Skibelag hat einen um ein Vielfaches geringeren Reibwert als ein ausgelaugter, oxydierter Belag. Der Ski läuft besser und dreht dadurch leichter. Zudem macht das Wachsen widerstandsfähiger gegen mechanische Beschädigung.
Die beste Methode ist das Heißwachsen mit dem Bügeleisen, da das Wachs so am tiefsten in die Poren des Belags eindringen kann. Die Verwendung von Tubenwachsen kann nur als momentaner Notbehelf angesehen werden.
- Vor dem Wachsen Belag mit Reiniger säubern. Achtung: Belagreiniger anschließend immer gut 30 Min. abdunsten lassen!
- Wachs nur so heiß einbügeln, daß es nicht raucht. Härteres Wachs für kalten Schnee kann heißer verbügelt werden als weiches Wachs für wärmere Schneesorten.
- Das Wachs mit einer Kunststoffziehklinge plan bis auf den Belag abziehen, dann mit einem Lappen polieren oder bürsten.

Achtung: Es ist eine irrige Annahme, auf einem frischgewachsten Ski würde kein Fell kleben. Im Gegenteil, man hüte sich, Klebefelle auf einen völlig ausgelaugten Belag zu kleben. Es kann dabei zum Ablösen der Klebeschicht auf die Lauffläche kommen (lästige und hartnäckige Überreste, die sich oft nur noch mit einer Spachtel entfernen lassen).

**Lagerung und Transport:**
Die Ski sollten nach Gebrauch mit Wasser abgewaschen und die Kanten getrocknet werden. Zum Übersommern werden Belag und Kanten gut gewachst und nicht mehr abgezogen.
Ski dürfen nie ungeschützt auf dem Autodach transportiert werden. Dreck und Salz ruinieren Belag, Kan-

Für den Skitransport: Skisack (links) und Skibox

ten und Bindung. Die Ski gehören in einen Skisack oder in eine Skibox.

## Tourenskibindungen

**Die Skibindung als Kupplung zwischen Ski und Schuh hat folgende Aufgaben:**
- möglichst spielfreie Übertragung der Fahr- und Steuerkräfte
- Verhinderung von Beinverletzungen (insbesondere im Bereich des Knies) beim Sturz durch Lösen des Skis vom Schuh
- bei Tourenbindungen in Aufstiegsstellung Gewährung eines 90°-Winkels, um möglichst »natürlich« gehen zu können

Eine Sicherheitsbindung reduziert jedoch nicht die atypischen Skiverletzungen, insbesondere des Kopfes, der Schulter und der Wirbelsäule. Deshalb ist neben einer gut funktionierenden Sicherheitsbindung ein beherrschtes Fahren im Rahmen des persönlichen Könnens ebenso wichtig.
Eine Bindung muß so eingestellt sein, daß sie den Schuh im Bereich der auftretenden Fahrkräfte zuverlässig festhält, jedoch vor dem Erreichen der Verletzungsgrenze freigibt. Um eine einwandfreie Funktion zu gewährleisten, sollte sie deshalb von Zeit zu Zeit im Fachgeschäft überprüft werden.
In der Praxis hat sich erwiesen, daß für die Anforderungen abseits der Piste – erhöhter Widerstand durch Tiefschnee oder widrige Schneeverhältnisse, vermehrter Druck durch zusätzliches Rucksackgewicht und Fahrtwucht – die Tourenbindungen oft etwas härter eingestellt werden müssen. Beim Abwägen von Gefahren kann es im alpinen Bereich durchaus wichtiger erscheinen, unter keinen Umständen aus der Bindung zu fallen.

# Ausrüstung für Skitouren

Fangriemen und Skibremse sollen verhindern, daß der Ski nach einer Bindungsauslösung verlorengeht. Fangriemen müssen einfach, d.h. auch mit Handschuhen zu handhaben und in Gefahrensituationen schnell zu entfernen sein. Aus Sicherheitsgründen (Lawinen) und zum Schutz vor Verletzungen durch einen am Fangriemen schleudernden Ski sind Skibremsen auch bei Tourenski unbedingt empfehlenswert.

Zum schnelleren Auffinden verlorener Ski im Tiefschnee benutzt man zweckmäßigerweise sogenannte Tiefschneebänder – das sind leuchtfarbene Textilbänder, die am Ski befestigt werden und sich sehr bewährt haben.

Es gibt Tourenbindungen, die auf bestimmte Schuhe ausgerichtet sind und nur mit diesen gefahren werden können. Ein Schuhwechsel oder im Notfall ein Skiwechsel ist bei solch einem Schuh-Bindungs-System nicht möglich. Empfehlenswert sind vorrangig nur solche Bindungen, die mit jedem Skischuh benützt werden können.

Tourenbindung »Silvretta Easy go«

Beim Erfaßtwerden von einer Lawine ist es besonders wichtig, daß sich die Skibindung leicht lösen läßt.

Das Gewicht einer Tourenbindung hat sehr großen Einfluß auf die Kaufentscheidung. Trotzdem ist es nicht richtig, eine Tourenbindung nur nach dem Gewicht auszuwählen. Robustheit, Sicherheit und Bedienbarkeit in schwierigen Situationen sollten höher bewertet werden.

Die Längenanpassung an unterschiedliche Schuhgrößen sollte mit einfachen Mitteln möglich sein.

Das Ein- und Aussteigen muß einfach, ohne Kraftaufwand und auch mit Fäustlingen vorgenommen werden können, auch in Aufstiegsstellung oder mit dazugeschalteter Steighilfe.

Bei »Step-in«-Bindungen, die im weichen, tiefen Pulver nicht mehr funktionieren, muß das Schließen auch leicht per Hand möglich sein.

Die Umschaltung von Aufstieg auf Abfahrt sollte mit wenig Kraft vorgenommen werden können; von großem Vorteil ist es, dabei nicht aus der Bindung steigen zu müssen.

Die Rückholfeder erleichtert die Skiführung in der Spur und verhindert bei seitlichem Hochsteigen im Treppenschritt das Herunterklappen der Skienden.

Steighilfen (Neigungsstützen) stützen die Fersen in unterschiedlicher Höhe über dem Ski ab, was einen entsprechenden Vorlagewinkel ergibt. Der Gebrauch von Steighilfen ist in steilen Anstiegen von Vorteil, da die Wadenmuskulatur und die Achillessehnen entlastet werden. Im flachen Gelände wirken sich Steighilfen eher nachteilig aus: Die aufgezwungene Vorlage verkürzt die Schrittweite und verhindert ein natürliches Gehen. Bei den meisten Bindungen sind Steighilfen bereits integriert, zum Teil sind sie sogar in unterschiedlichen Höhen einstellbar. In jedem Fall müssen sie schnell und einfach zu- bzw. wegzuschalten sein und die jeweilige Funktion sicher beibehalten. Besonderer Wert sollte auf die Robustheit gelegt werden, da man in Steilhängen oftmals eine harte Schneedecke »durchtreten« muß und dabei entsprechende Kräfte auf die Steighilfe einwirken.

Harscheisen sind das wichtigste Zubehör zu Tourenbindungen. Da sie bei hartem Schnee eine ausschlaggebende Sicherheitsfunktion haben, gehören sie zur Grundausrüstung jedes Tourengängers. Weil Harscheisen hohen Belastungen ausgesetzt sein können (Blankeis, Steine), sollten sie trotz leichten Gewichts höchste mechanische Festigkeit aufweisen. Sie sollen einfach und schnell zu montieren sein, müssen fest sitzen und auch bei zugeschalteter Steighilfe noch wirksam greifen.

# AUSRÜSTUNG

## Tourenskistöcke

Neben normalen Skistöcken gibt es zwei- und dreiteilige Tourenstöcke. Tourenstöcke können – müssen aber nicht – in der Länge verstellbar sein. Einteilige, also nicht verstellbare Stöcke sind für Skitouren ausreichend – sie sind weniger anfällig und weisen eine höhere Stabilität auf.

- Teilbare bzw. längenverstellbare Stöcke lassen sich zum besseren Transport auf dem Rucksack zusammenschieben. Sie sind anpaßbar zum Bau einer behelfsmäßigen Schiene bei einem Beinbruch oder, bei voller Länge, ideal zum Schieben auf langen, flachen Gleitstrecken.
- Der Griff sollte kälteisoliert sein (Kork-, Gummigriff), die Länge der Griffschlaufen schnell und unkompliziert verstellbar. Gebogene, abgewinkelte Griffe begünstigen die natürliche Handhaltung und vermeiden eine Überlastung des Handgelenks.
- Teller: Während für den Pistenskilauf kleine und weiche Teller (um Hängenbleiben zu verhindern) verlangt werden, sind auf Skitour großflächigere Teller günstiger. Dadurch wird die Einsinktiefe geringer gehalten. Flexibel aufgehängte Teller gleichen sich der Hangneigung an und ermöglichen auch bei relativ steiler Neigung ein sicheres Greifen der Stockspitze. Bei starr angebrachten Tellern ist unbedingt darauf zu achten, daß der Abstand vom Teller zur Spitze groß genug ist, damit beim Aufstieg im Steilhang die Stockspitze nicht ausgehebelt wird.
- Spitze: Hochwertige Tourenstöcke besitzen eine Hartmetallspitze. Damit erreicht man auch auf blankem Eis den nötigen Halt, außerdem nützt sie sich kaum ab.
- Renommierte Hersteller bieten Tourenskistöcke an, die sich mit wenigen Handgriffen zu einer Lawinensonde umfunktionieren lassen.

### Verwendung von Stöcken im Sommer

Hier eignen sich besonders gut dreiteilig verstellbare Tourenstöcke. Bei langen und steilen Abstiegen dienen sie der Gelenkschonung (Knie und Wirbelsäule), da die enormen Kräfte (Masse plus Beschleunigung) von zwei auf vier »Beine« übertragen werden. Auf Gletschern und im Schnee vermindern sie die Einbruchgefahr, in großen Höhen dienen sie als wertvolle Stütze und Rasthilfe.

Tourenstöcke für den Sommer sollten in jedem Fall ebenfalls mit Tellern bestückt sein. Damit wird nicht nur das Einsinken in Firnfelder verhindert, sondern auch das Eindringen und Hängenbleiben der Stockspitzen in Felsritzen und Geröllspalten. Bewährt haben sich speziell für den Sommer kleine Rennteller.

## Steigfelle

Steigfelle als Aufstiegshilfe (Rückrutschsicherung) für Ski sind genauso alt wie die Ski selbst. Sie beruhen auf dem Prinzip, daß sich die ca. 3 mm langen, zum Skiende hin gestellten Fellhaare aufrichten und durch ein Verzahnen mit dem Schnee ein Zurückrutschen der Ski verhindern. Wurden früher noch echte Seehundfelle benutzt, so werden heute die Steigfelle künstlich hergestellt.

- Mohairfelle aus dem Naturhaar der Mohairziege bringen derzeit allgemein die besten Eigenschaf-

Verstellbare Skistöcke eignen sich auch gut für sommerliche Bergtouren.

# Ausrüstung für Skitouren

ten. Sie sind leicht, besonders klein verpackbar und gleiten sehr gut, wodurch viel Kraft gespart werden kann.
- Plüschfelle aus Kunstfaser (Nylon) sind robuster gegen mechanischen Abrieb (Steine), billiger in der Anschaffung, weisen jedoch keine so guten Gleiteigenschaften auf, insbesondere bei Kälte.
- Klebefelle sind heute Stand der Technik. Sie werden an der Skispitze eingehängt und mit Handballendruck auf die Lauffläche gestreift. Wichtig ist, daß das Fell etwas kürzer ist als der Ski und die Fellenden abgerundet sind. Die Klebefläche erfordert Sauberkeit und sorgfältige Pflege.
- Kombifelle haben zusätzlich am Fellende einen Haken, mit dem sie am Skiende eingehängt werden. Mittels eines Gummispanners werden sie an der Skispitze verspannt. Dadurch halten sie normalerweise auch dann noch, wenn der Kleber nur mehr geringe oder keine Haftung mehr aufweist.

## Gebrauchshinweise

Felle werden in verschiedenen Breiten angeboten. Je nach Ski sollte die größtmögliche Breite (Messung im Taillenbereich unter der Bindung) gewählt werden, ohne daß die Stahlkanten überdeckt werden dürfen. Beim Nichtgebrauch Felle halbiert oder geviertelt mit der Klebefläche aneinanderlegen.

Klebefelle verlangen sorgfältige Behandlung und müssen nach jedem Gebrauch getrocknet werden.

Klebe- und Kombifelle müssen von Zeit zu Zeit mit Fellkleber nachbeschichtet werden. Besonders die Enden nützen sich etwas schneller ab. Nach dem Beschichten muß der aufgetragene Kleber mindestens 4 bis 6 Stunden an der Luft verdunsten, bevor man sie zusammenlegt. Man kann die Klebefläche auch komplett erneuern, indem man eine fertige Klebefolie aufbügelt.

Nasse Felle bei Zimmertemperatur und nicht am heißen Ofen trocknen. Kommt man mit feuchten Fellen in kälteren Schnee, so vereisen sie. Um dieses lästige Anstollen zu verhindern, sollte die Felloberfläche öfter mit einem Silikonspray behandelt werden.

Der Fellkleber haftet bei Wärme besser. Um Haftproblemen vorzubeugen, sollte man bei Kälte das Klebefell mit dem Handballen unter Reibedruck auftragen, da Handwärme und Reibungswärme den Kleber aktivieren. Vor Zwischenaufstiegen sollte man die Klebefelle am Körper tragen, um sie möglichst warm zu halten und vor dem Auskühlen zu bewahren.

## Tourenskischuhe

Man kann selbstverständlich auch mit Pistenskischuhen Skitouren unternehmen, doch sind insbesondere für alpine Skitouren oder Frühjahrsunternehmungen spezielle Skitourenschuhe unabdingbar.

Die längste Zeit bei Skitouren verbringt man beim Aufstieg, deshalb sollte der Schuh dazu besonders geeignet sein.

# AUSRÜSTUNG

Der Tourenskischuh muß sich zwar in erster Linie zum Skifahren eignen, sollte jedoch auch das Gehen und Bergsteigen gleichermaßen ermöglichen, was zwangsläufig einen Kompromiß zur Folge hat.

Als Bergschuh muß er gut geeignet zum Gehen sein, denn die längste Zeit bei Skitouren verbringt man beim Aufstieg. Dazu muß er die Abrollbewegung (eingeschränkt) zulassen, eine Gummiprofilsohle das Bewegen im Gelände – auch leichte Kletterei – ermöglichen.

Als Skischuh muß er die Steuerkräfte möglichst direkt und verlustfrei vom Fuß auf die Bindung übertragen sowie das Sprunggelenk vor Verletzung schützen. Ausschlaggebend hierfür sind die Steifigkeitsverteilung der Schuhschale und die Paßform des Innenschuhs.

Zum Befreien aus einer Rücklageposition ist eine hohe Schaftsteifigkeit nach hinten notwendig. Dagegen ist zum dosierten Steuern der Ski eine progressive Härtezunahme nach vorne wünschenswert. Viele der gebräuchlichen Skitourenschuhe sind zu hart ausgelegt. Gerade bei Steilanstiegen macht sich die fehlende Bewegungsfreiheit nach vorne äußerst unangenehm bemerkbar – offene Schienbeine sprechen eine deutliche Sprache.

## Innenschuhe

Ein guter Innenschuh ist mindestens so wichtig wie die Außenschale. Die Qualität des Innenschuhs ist entscheidend für warme oder kalte Zehen, feuchte oder trockene Füße. Eine schlechte Paßform verursacht Blasenbildung, der Sitz ist maßgebend für ein gutes Skigefühl.

### Folgendes ist zu beachten:

- Atmungsaktive oder schweißaufsaugende Ausführung: Leder, Filz, Goretex/Sympatex, Belüftungskanäle u.a.
- Guter Sitz! Der Innenschuh muß in sich formstabil bleiben und an den entsprechenden Stellen gut geformt und gepolstert sein. Schmerzende Druckstellen kommen daher, daß Kräfte über eine zu kleine Fläche übertragen werden. Wunde Punkte sind hier die Ferse, der Zungen- und vor allem der Knöchelbereich.
- Den Zehen sollte so viel Freiraum bleiben, daß sie vorn nicht anstoßen und nach oben gut bewegt werden können.
- Dem ganzen Sohlenbereich kommt eine wichtige Aufgabe zu: Die gesamte Kälteisolierung muß in die Sohle eingearbeitet sein, was entscheidend für warme bzw. kalte Füße ist.

Auch werden über die Sohle große Fahrkräfte und die sensomotorischen Signale übertragen. Aus diesem Grund sollte auf eine fußgerechte Einlagesohle höchster Wert gelegt werden. Es ist empfehlenswert, sich eine orthopädische Sporteinlage individuell anfertigen zu lassen.

Geschäumte Innenschuhe: Für hohe skifahrerische Ansprüche sowie für »Problemfüße« empfiehlt sich ein geschäumter Innenschuh, der sich beim Ausschäumen genau der Fußform anpaßt. Für viele Skifahrer, die mit Schmerzen von alten Unfällen her behaftet waren, ist mit geschäumten Schuhen der Tourenskilauf wieder zur Freude geworden.

## Eignung als Bergschuh

Der Tourengeher verbringt bei der Ausübung seines Sports die geringste Zeit mit dem Abfahren selbst. Die meiste Zeit wird investiert in den Aufstieg – somit muß ein Skitourenschuh zum Gehen mindestens ebenso geeignet sein wie zum Abfahren.

Schaftbeweglichkeit: Die zum Abfahren notwendige Schaftsteifigkeit nach vorne und hinten muß so verändert werden können, daß ein einigermaßen natürliches Gehen (auch im Abstieg) möglich ist.

Sohle: Für Skitourenschuhe kommen nur Profilgummisohlen in Betracht. Konstruktionsbedingt muß eine leichte Abrollbewegung möglich sein. Für Hochwintertouren werden von guten Skifahrern zunehmend Pistenschuhe verwendet (der besseren Skiführung wegen), mit denen man jedoch Aufstiege ohne Ski nicht durchführen kann.

Steigeisenverwendung: Bei Hochtouren und Frühjahrstouren werden oft Steigeisen benötigt. Sehr gut eignen sich Steigeisen mit Kipphebelbindung, die wie eine Skibindung angelegt wird. Beim Kauf von Steigeisen sollte der Schuh mitgenommen werden, da bei manchen Schuhtypen ein herausragendes Fersenteil den Kipphebel behindern kann. Verwendet ein Tourengeher Pistenskischuhe im Hochgebirge, so ist die Mitnahme von Steigeisen Pflicht. Da sich Kunststoffschuhe durch Kälteeinwirkung nachhaltig in der Länge verändern können, müssen taugliche Steigeisen eine Feineinstellung besitzen.

# Ausrüstung für Skitouren

## Wärmeisolation

Es gibt verschiedene Gründe für kalte Füße:
- mangelhafte Isolation vom Boden her (siehe Innenschuh)
- mangelhafte Wasserdampfabgabe des Innenschuhs nach außen (feuchte Füße bedeuten kalte Füße, Innenschuhe und Einlegesohlen sollte man abends immer aus den Schalen nehmen und trocknen)
- minderwertiges Isoliermaterial (hervorragende Eigenschaften besitzen Filz oder Thinsulate)
- oft der Hauptgrund (auch für Erfrierungen): Druckstellen, zu kleine oder zu schmale Schuhe, was immer eine Beeinträchtigung der Blutzirkulation zur Folge hat

Aus diesen Gründen sollte ein Schuh nur beim Fachmann gekauft werden, der auch in der Lage ist, fußgerechte Korrekturen vorzunehmen.

## Gewicht

Es ist erstrebenswert, bei jedem Schritt ein möglichst geringes Gewicht zu bewegen. Doch sollte dabei auch der Aspekt der Robustheit, Reparaturanfälligkeit und Langlebigkeit beachtet werden.

## Verschüttetensuchgeräte

Elektronische Verschüttetensuchgeräte (VS-Geräte) bieten derzeit die schnellste und sicherste Möglichkeit, Lawinenverschüttete zu orten und zu bergen. Die Mitnahme eines VS-Gerätes schützt jedoch nicht vor Verschüttung. Allein die Tatsache, daß ca. 20% der Verschütteten bereits beim Stillstand der Lawine tot sind, macht deutlich, daß das richtige Beurteilen der Lawinengefahr und die Verhinderung einer Verschüttung absoluten Vorrang haben. Das Mitführen von VS-Geräten verhindert nicht die Lawinengefahr, es erleichtert lediglich das Auffinden Verschütteter. Die Verwendung eines VS-Gerätes ist bei jeder Skitour oder Tiefschneeabfahrt absolute Pflicht!

## Funktion

Jedes Gerät besitzt einen batteriebetriebenen Sender und Empfänger. Jeder Teilnehmer trägt das auf »Senden« geschaltete Gerät fest und so nah wie möglich am Körper. Bei Verschüttung schalten alle nicht verschütteten Teilnehmer ihr Gerät auf Empfang und können den oder die Verschütteten orten. Das Ortungsprinzip basiert auf der Lautstärkenzunahme: Nähert man sich dem Verschütteten, wird der Ton des Empfangssignals lauter. Durch stufenweises Zurückschalten wird die Lautstärke reduziert, wodurch wiederum die Lautstärkenzunahme die Annäherung an den Verschüttungspunkt hörbar macht. Im Nahbereich erleichtert ein optisches Signal die Feinsuche.

VS-Geräte unterliegen einer Norm: Es dürfen nur Geräte auf der Frequenz 457 kHz verwendet werden. In der Norm vorgeschrieben sind ebenso Reichweite, Robustheit, Wasserdichtheit, Temperaturempfindlichkeit, Betriebsdauer und Betriebssicherheit.

VS-Geräte mit Lautsprecher sind denen mit Ohrhörer vorzuziehen, empfehlenswert sind nur Geräte mit optischer Anzeige.

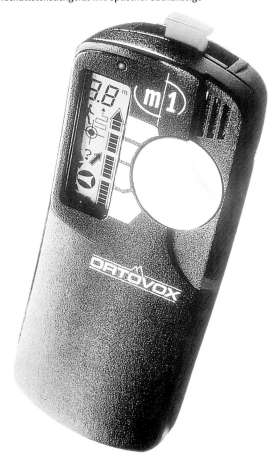

Verschüttetensuchgerät mit optischer Suchanzeige

# AUSRÜSTUNG

Beim Skifahren abseits gesicherter Pisten ist ein VS-Gerät Pflicht!

**Gebrauchshinweise:**
- Zu Beginn jeder Tourensaison neue Batterien einlegen, zum Übersommern Batterien aus dem Gerät nehmen.
- Nur Alkaline-Batterien verwenden (keine Akkus!).
- Vor jedem Antritt einer Tour oder Tiefschneeabfahrt grundsätzlich Funktionskontrolle von Sende- und Empfangsbetrieb. Bei Reichweite unter 20 m unbedingt Batterien auswechseln. Bringt das keine Verbesserung, das Gerät vom Hersteller überprüfen lassen.
- Die Suche immer wieder üben! Der Wettlauf mit der Zeit erfordert die volle Beherrschung der Suchsysteme – und das unter Streßbedingungen! Es geht um Leben und Tod, bereits nach 15 Minuten Verschüttungsdauer sinkt die Überlebenschance schlagartig. Es ist zu beachten, daß die unterschiedlichen Gerätetypen verschiedene Bedienungseigenschaften haben.

Alle zur Zeit gebräuchlichen VS-Geräte weisen Maße und Gewichte auf, die keinen Skifahrer von der Mitnahme eines VS-Geräts abhalten dürften.
Achtung: Ausdrücklich gewarnt werden muß vor allen Arten von sogenannten Markierungssystemen (nur Sender, kein Empfänger), die oft mit unsauberen Werbeargumenten verkauft werden. Man kann damit zwar gefunden werden, aber nicht in der für eine Lebensrettung erforderlichen kurzen Zeit. Dazu gehören Magnetsonden, Reflektoren (die oftmals in Skischuhen oder in Skibekleidung eingearbeitet sind), vor allem auch die immer wieder auftauchenden reinen Sendergeräte. Diese kann man nur mit Hilfe eines »richtigen« VS-Gerätes (Sender + Empfänger) orten. Abgesehen von der unkameradschaftlichen Einstellung »Hauptsache, ich werde gefunden!« erreicht man bei solchen Sendergeräten aufgrund der langen Zeit, die man für die Herbeischaffung eines Empfängergerätes braucht, im allgemeinen lediglich eine Totenbergung.

## Lawinen-Airbag-System ABS

Neu ist ein Gerät zur Verhinderung einer Verschüttung, das Lawinen-Airbag-System ABS, das funktionsfähig fertig entwickelt ist. Es ist keine Konkurrenz zum VS-Gerät, da es sich um eine Primärmaßnahme handelt, also eine Verschüttung verhindern soll.
Das ABS besteht aus zwei Airbags mit Gaspatrone und Zündsystem und ist in einen Tourensack integriert. Das Gewicht mit Rucksack beträgt 2,9 kg. Kommt der Skifahrer in Lawinengefahr, wird mittels eines Handgriffs eine Treibpatrone pyrotechnisch gezündet, die binnen knapp 2 Sekunden 150 Liter Umluft in die Airbags preßt. Dadurch wird das Volumengewicht des Skifahrers so entscheidend geringer, daß er nicht in in die Lawine hineingezogen wird, sondern an der Oberfläche bleibt.
Die Verwendung des ABS-Systems darf jedoch keinesfalls als Allheilmittel gegen Lawinenverschüttung betrachtet werden. Es ist offen, ob man in jeder Situation (Schrecksekunde, unglücklicher Sturz usw.) zum Ziehen der Reißleine kommt. Triftet die Lawine in einen Graben, bleibt der Ballon wirkungslos, da Schneemassen daraufgeschüttet werden. So muß in jedem Fall ein VS-Gerät zusätzlich mitgeführt werden.
Das ABS-System ist TÜV-geprüft, in der Praxis hat es sich bereits bei mehreren Ernstfällen beim Helikopter-Skilauf voll bewährt. Für diesen Kreis sowie für Einzelgänger, Variantenfahrer und vor allem Rettungsdienste ist der ABS-Lawinenrettungsballon uneingeschränkt zu empfehlen.

# Ausrüstung für Skitouren

## Lawinenschaufeln

Eine Lawinenschaufel gehört zur Standardausrüstung auf Skitouren. Die rascheste Ortung von Verschütteten hilft nur wenig, wenn der Verschüttete nicht schnellstmöglich ausgegraben werden kann.

Praxistests haben gezeigt, daß man beim Graben mit einer guten Lawinenschaufel etwa ein Zehntel der Zeit benötigt wie mit behelfsmäßigen Mitteln (z. B. mit Ski). Anders gesagt: Eine Ausgrabungszeit von 12 Minuten mit Schaufel bedeutet 2 Stunden per Hand oder Ski, was für einen Verschütteten kaum mehr zur Lebendbergung reichen wird!

Darüber hinaus können Lawinenschaufeln gut zum Bau von Schneehöhlen (Biwakbau), zum behelfsmäßigen Schlittenbau und zur für die Beurteilung der Lawinengefahr wichtigen Schneedeckenuntersuchung verwendet werden. Eine optimale Lawinenschaufel sollte sich für alle diese Zwecke gut eignen, sie sollte zudem leicht und möglichst stabil sein.

Zum Bau eines behelfsmäßigen Schlittens ist es von Vorteil, wenn Stiel und Blatt einfach voneinander getrennt werden können. Bohrungen an Blatt und Stiel erleichtern die Befestigung von Reepschnüren (einen guten Kompromiß stellt die »Ortovox«-Lawinenschaufel dar, die sich gleich gut zum Schaufeln wie zum Skischlittenbau eignet).

Behelfsmäßiger Skischlitten mit »Ortovox«-Schaufel

## Lawinensonden

Eine Lawinensonde trägt wesentlich dazu bei, die Auffindezeit eines Verschütteten zu reduzieren. Die Feinsuche wird auf ein Minimum verkürzt, das Ausgraben kann sofort und ganz gezielt erfolgen. Lawinensonden sind leicht (230 g) und kleinst verpackbar. Es gibt auch Skitourenstöcke, die man zu einer Lawinensonde zusammenschrauben kann.

# AUSRÜSTUNG

## ALPINTECHNISCHE AUSRÜSTUNG

Dazu zählt die technische Ausrüstung, die zur Sicherung und Fortbewegung in Fels und Eis notwendig ist. Marktbedingt kann sie qualitativ sehr unterschiedlich sein. Da Leben und Gesundheit davon abhängen können, versucht man, durch Normung (EN*, UIAA*) einen Mindestsicherheitsstandard zu erreichen.

Derzeit gibt es noch nicht für die gesamte alpintechnische Ausrüstung Normen. Teilweise sind die inzwischen existierenden Normen relativ neu und greifen noch nicht überall. Es ist deshalb damit zu rechnen, daß gelegentlich noch nicht normgerechte Ware im Handel, vor allem aber noch in Gebrauch ist.

Dem Verbraucher bleibt deshalb nur eine kritische Prüfung des Marktangebots bzw. seiner persönlichen Ausrüstung. Im folgenden wird bei jedem Ausrüstungsstück auf die Normforderungen, sofern vorhanden, hingewiesen. Bei Ausrüstungsstücken, für die noch keine Normen existieren, wird auf die wichtigsten Festigkeits- und Qualitätsforderungen aufmerksam gemacht.

## Seile

Heutige Seile erfüllen alle Anforderungen der Praxis wie ausreichende Reißfestigkeit, in Grenzen liegende Dehnbarkeit (nicht zu hoch und nicht zu niedrig) und ausreichende Knotbarkeit. Lediglich die Kantenfestigkeit erreicht trotz hochmoderner Textilien und Produktionsmethoden noch nicht die erforderlichen Werte; deshalb muß noch mit Seilrissen gerechnet werden. Wird ein Seil bei Sturz über eine scharfe Felskante belastet, kann es reißen (abgeschert werden). Je höher die Sturzbelastung und je schärfer die Felskante, desto größer die Gefahr eines Seilrisses (siehe hierzu auch S. 45–47 und 50). Seile gehören deshalb noch zu den kritischen Ausrüstungsstücken. Eine Normprüfung ist unumgänglich. Geprüft wird nach EN 892 und UIAA-Norm.

### Seilkonstruktion

Seile sind aus einer Vielzahl hauchdünner Polyamidfasern, sogenannter Perlonfilamente (Perlon = Poly-

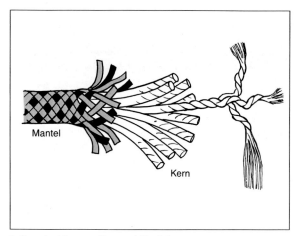

Seilkonstruktion aus Kern und Mantel

amid), hergestellt. Ein Seilquerschnitt besteht aus etwa 60000 bis 100000 einzelnen Filamenten mit einem Durchmesser von je 0,03 mm (zum Vergleich: ein Haar ist etwa doppelt so dick).

Die Filamente sind zu Garnen versponnen, die Garne zu Litzen zusammengefaßt. Mehrere Litzen ergeben den Seilkern, der von einem geflochtenen Mantel umgeben ist. Gewichtsverhältnis: Etwa 60% des Gewichts entfällt auf den Kern, 40% auf den Mantel. Der Mantel schützt den Kern vor mechanischem Verschleiß und wird zum Auffangen des Sturzes (Energieaufnahme) mit herangezogen.

Spezielle Oberflächenbehandlungen wie Imprägnierung, Silikonisierung usw. sollen die Eigenschaften der Seile verbessern, z. B. die Wasserabstoßung erhöhen, die Reibung in Karabinern und an Felskanten verringern und das Handling verbessern. Genormt sind diese Seileigenschaften nicht.

### Seiltypen, Durchmesser, Metergewicht

Für unterschiedlich schwierige Touren stehen unterschiedliche Seiltypen zur Verfügung: das Einfachseil, das Halbseil und das Zwillingsseil. Sie sind durch entsprechende Banderolen an den Seilenden gekennzeichnet (siehe S. 43 und 44).

Einfachseile bieten nach dem Stand der Technik ausreichende Reißfestigkeit bei Verwendung im Einzelstrang, Halbseile und Zwillingsseile dagegen nur bei Verwendung im Doppelstrang (= zwei Seile, entweder als Doppelseil oder als Zwillingsseil eingesetzt). Die Durchmesser sind nicht genormt.

# Alpintechnische Ausrüstung

Unterschiedliche Seildurchmesser, von oben nach unten:
Einfachseil, zwei Halbseile, Zwillingsseile

Die statische Belastung der Seile durch das Körpergewicht beim Hängen am Seil oder durch das mehrfache Körpergewicht bei Rettungsaktionen liegt weit unterhalb ihrer Reißkraft. Ein statischer Zerreißversuch ist deshalb nicht notwendig und folglich auch bei der Normprüfung nicht vorgesehen. Manche Hersteller geben statische Reißkraftwerte an, die aber für den Gebrauch in der Praxis ohne Bedeutung sind.

**Die wichtigsten Normprüfungen und Normanforderungen nach EN 892 (bzw. UIAA-Norm) sind:**

- Reißfestigkeit*: Sie wird mit dem genormten Fallversuch geprüft. Dabei darf der Fangstoß einen bestimmten Wert nicht überschreiten, die Anzahl bruchfreier Stürze einen bestimmten Wert nicht unterschreiten.

Für die Praxis ist das Metergewicht von größerer Bedeutung als der Durchmesser, da nur das Metergewicht Auskunft darüber gibt, was an Gewicht getragen oder hinter sich hergezogen werden muß.

| Seiltyp | üblicher Seildurchmesser | übliches Metergewicht (ca.) |
|---|---|---|
| Zwillingsseile | 8 mm | 45 g |
| Halbseile | 9 mm | 50 g |
| Einfachseile | 10–11,5 mm | 60–85 g |

Die niedrigen Werte bei den Einfachseilen gelten für Seile, die die Normfestigkeit gerade erreichen oder nur wenig überschreiten (Normsturzseile), die hohen Werte für Seile, die erheblich höhere Werte aufweisen (Multisturzseile).

| Seiltyp | Fangstoßkraft maximal | Prüfung im | Mindestanzahl ausgehaltener Stürze |
|---|---|---|---|
| Zwillingsseil | 12 kN (ca. 1200 kp) | Doppelstrang | 12 |
| Halbseil | 8 kN (ca. 800 kp) | Einfachstrang | 5 |
| Einfachseil | 12 kN (ca. 1200 kp) | Einfachstrang | 5 |

- Statische Dehnung (Gebrauchsdehnung): Sie wird unter einer Vorlast von 5 kg und einer Lasterhöhung auf 80 kg geprüft. Für Halbseile max. 10% (Einfachstrang), für Einfachseile (Einfachstrang) und Zwillingsseile (Doppelstrang) max. 8% Gebrauchsdehnung.
- Knotbarkeit: Sie wird an einem Kreuzschlag(knoten) geprüft, der mit einer Kraft von 100 N (ca. 10 kp) festgezogen und danach auf 10 N (ca. 1 kp) entlastet wird. Der lichte Innendurchmesser des Knotens darf nach Entlastung den Wert des 1,1fachen Seildurchmessers nicht überschreiten.
- Mantelverschiebung: Sie wird mit Hilfe einer Walkvorrichtung geprüft. Dabei wird ein 2 m langes Seilstück fünfmal durch einen Radienkäfig gezogen, wobei Mantel und Kern stark hin- und hergewalkt werden. Die Verschiebung des Mantels gegenüber dem Kern darf 40 mm (2%) nicht überschreiten.

## Normanforderungen

Seile werden bei Sturz dynamisch belastet. Deshalb erfolgt die Prüfung in einem Fallversuch mit einem Fallgewicht in der Größenordnung des menschlichen Körpergewichts. Da sich Stürze in der Praxis zwar in vielen Varianten ereignen können, aber nur die mit höherem Sturzfaktor* kritisch sind, wurde für die Fallprüfung eine Sturzsituation mit hohem Sturzfaktor (etwa 1,75) gewählt. Dies ist bei statischer Sicherung (wie auf der Fallprüfanlage) ein extrem harter Sturz, der in der Praxis nicht zu erwarten ist. Damit liegt man mit der Normprüfung auf der sicheren Seite.

# AUSRÜSTUNG

Die Fangstoßdehnung (dynamische Dehnung) ist nicht genormt. Sie liegt in der Größenordnung von 25%.

Alle Seile neigen bei Gebrauch mehr oder weniger zur Krangelbildung. Eine Prüfung der Krangelneigung gibt es noch nicht. Es schien bisher zu schwierig, eine reproduzierbare Prüfmethode festzulegen.

Alle Seile werden vor der Prüfung klimatisiert (20°C und 60% rel. Luftfeuchtigkeit). Seile können aufgrund der Kapillarwirkung Wasser aufnehmen und in der Praxis auch in feuchtem und vereistem Zustand in Gebrauch sein und belastet werden. Da alle Seile aus Polyamidfasern bestehen, sind sie kälte- und feuchtigkeitsempfindlich. Die Anzahl ausgehaltener Norm-

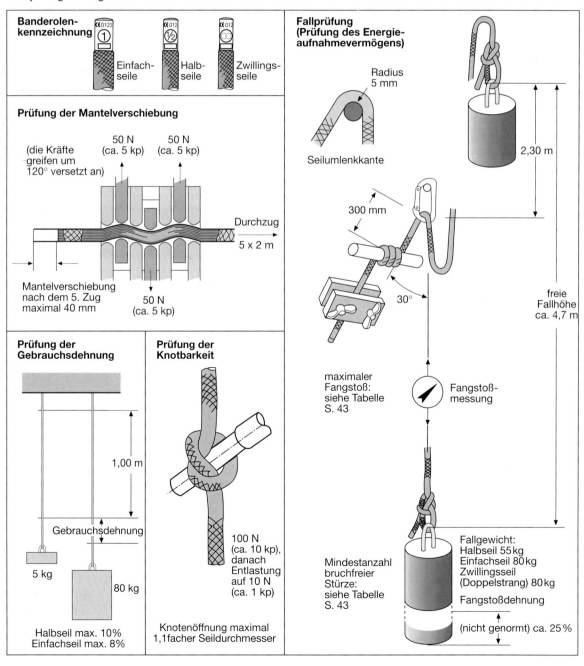

Normprüfung von Berg- und Kletterseilen

# Alpintechnische Ausrüstung

stürze nimmt im kalten, feuchten und vereisten Zustand um ein bis zwei Normstürze ab. Deshalb liegt die Forderung nach fünf bruchfreien Stürzen (im Normklima) so hoch.

## Normsturzseil – Multisturzseil

Die EURO-Norm (EN 892) und die UIAA-Norm verlangen eine Mindestanzahl ausgehaltener Normstürze (siehe Tabelle S. 43). Da die Produktion schwankt, müssen die Hersteller ein bis zwei Normstürze mehr anpeilen.

### Einfachseile werden in zwei Kategorien unterteilt:
- Normsturzseile = Seile mit 5 bis 9 ausgehaltenen Normstürzen
- Multisturzseile = Seile mit 10 und mehr ausgehaltenen Normstürzen

Multisturzseile sind im Durchmesser etwas dicker und folglich auch etwas schwerer als Normsturzseile. Im Durchmesser macht dies etwa 1 mm aus, im Gewicht etwa 20%, das sind etwa 12 bis 25 g/m.
Multisturzseile haben in 1. Näherung* eine höhere Kantenfestigkeit.

Ein typischer Beinahe-Seilriß durch Sturzbelastung über eine Felskante; der Mantel ist völlig gerissen.

## Anzahl ausgehaltener Normstürze und Seilrisse

Die Seilnorm sieht derzeit die Fallprüfung nur über eine Metallkante mit 5 mm Radius vor (dies entspricht einem Karabinerschenkeldurchmesser von 10 mm). Bei der Fallprüfung über schärfere Kanten (mit kleinerem Radius) nimmt die Sturzzahl aller Seile beträchtlich ab. So hält ein Normsturzseil (mit fünf bruchfreien Normstürzen über die 5-mm-Normkante) nur noch einen Normsturz über die 2-mm-Kante. Kein Einfachseil hält einen Normsturz über die 1-mm-Kante. Die Seile werden unter Fangstoßeinwirkung abgeschert. Zur Zugbelastung durch den Fangstoß kommt noch eine Biege-, Druck- und Scherbelastung durch die Kante hinzu. Umfangreiche Untersuchungen[1] haben die Zusammenhänge zwischen Kantenschärfe und Anzahl ausgehaltener Stürze aufgedeckt.

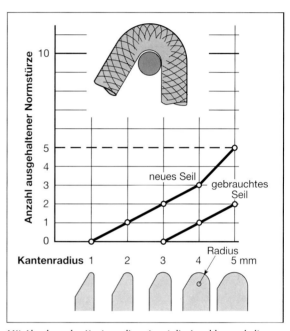

Mit Abnahme des Kantenradius nimmt die Anzahl ausgehaltener Normstürze ab.

### Die Gefahr eines Seilrisses durch Abscheren hängt im wesentlichen von vier Kriterien ab:
- von der Kantenschärfe
- vom Sturzfaktor*
- von der Fallenergie*
- von der Anzahl ausgehaltener Normstürze

### Die einzelnen Kriterien wirken sich wie folgt aus:
- Kantenschärfe: Je schärfer die Felskante, desto eher reißt ein Seil. Dabei muß die Kante nicht einmal besonders scharf sein. Schon eine nicht gerundete 90°-Kante, ähnlich einer Tischkante, kann bei Sturzbelastung zum Seilriß durch Abscheren

[1] DAV-Sicherheitskreis

# AUSRÜSTUNG

führen. Rauhe Granitkanten und scharfkantiger, wasserzerfressender Kalk sind besonders gefährlich.

- **Sturzfaktor:** Je größer der Sturzfaktor, desto größer der Fangstoß. Je größer der Fangstoß, desto größer die Scherbelastung des Seiles und um so größer die Gefahr eines Seilrisses durch Abscheren.
- **Fallenergie:** Sie ist das Produkt aus Sturzhöhe und Fallgewicht. Je schwerer der Stürzende, desto größer die Fallenergie bei gleicher Sturzhöhe. Dies kann im ungünstigsten Fall bis zu 100% ausmachen. Mit der Fallenergie nimmt der Fangstoß zu. Je größer der Fangstoß, desto größer die Scherbelastung des Seiles und um so größer die Gefahr eines Seilrisses.
- **Anzahl ausgehaltener Normstürze:** Sie ist in 1. Näherung* ausschlaggebend für die Fallenergie, die ein Seil unter Normsturzbedingungen aufnehmen kann. Da Multisturzseile (Seile mit zehn und mehr Normstürzen) im Querschnitt stärker sind, können sie bis zu 50% mehr Fallenergie aufnehmen als Normsturzseile. Der stärkere Seilquerschnitt bewirkt mehr Widerstand gegen Abscheren dadurch, daß die einzelnen Perlonfäden weniger stark belastet werden und mehr Perlonfäden abgeschert werden müssen als bei einem Normsturzseil. Da in Physik und Technik Fallenergie dasselbe ist wie Arbeit (Fallenergie = Arbeit), spricht man auch vom größeren Arbeitsvermögen der Multisturzseile über Kanten oder, abgekürzt, vom größeren Kantenarbeitsvermögen. Das Kantenarbeitsvermögen von Zwillingsseilen ist noch größer als das von Multisturzseilen. Ihr Querschnitt ist in der Summe größer, die Seilauflage an der Kante breiter und dadurch der Widerstand gegen Abscherung größer. Die Anzahl ausgehaltener Normstürze der Zwillingsseile liegt etwa 100% höher als die der Normsturzseile.

Sieht man von der Sturzbelastung über Felskanten ab, so können heutige Seile, unabhängig von der Sturzhöhe, nicht mehr im Anseilknoten reißen, ebenso nicht mehr im Karabiner der Zwischensicherung und auch nicht mehr im Bereich der Kameradensicherung am Standplatz. Seilrisse können sich nur noch durch Felskanteneinfluß ereignen. Bei allem technischen Fortschritt – Bergseile wurden schon zum Anleinen von Astronauten im Weltall benutzt – ist die Menschheit noch nicht in der Lage, Seile herzustellen, die jeder in der Praxis möglichen Belastung gewachsen sind. Die Gefahr eines Seilrisses bei Sturzbelastung über Felskanten läßt sich nur durch geeignete Seilwahl und Seilführung verringern.

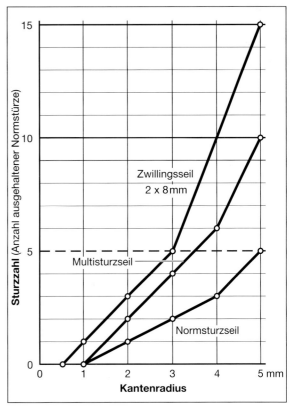

Vergleich der Anzahl ausgehaltener Normstürze von Normsturzseil, Multisturzseil und Zwillingsseil

## Seilfarben

Unterschiedliche Farben haben für die Praxis nur bei der Benutzung von zwei Seilen als Doppel- oder als Zwillingsseil Bedeutung. Die Seile sollen sich in diesem Fall farblich gut unterscheiden lassen, auch noch auf eine Sichtweite von 50 m.

## Seillängen

Die gängigsten angebotenen Seillängen sind 50 m, 55 m und 60 m. Kürzere Seile eignen sich nur für Spezialzwecke, z. B. zum Sichern von Kindern auf Klettersteigen. Wesentlich längere Seile als die genannten haben mehr Nach- als Vorteile. Seilsalat und Krangeln lassen sich nur sehr zeitaufwendig wieder beseitigen.

# Alpintechnische Ausrüstung

## Seilangebot

Alle Hersteller bieten alle drei Seiltypen an. Durchmesser und Metergewicht unterscheiden sich bei ein und demselben Seiltyp nur noch wenig. Ein Multisturzseil wird unabhängig vom Fabrikat immer etwas dicker und damit auch etwas schwerer sein als ein Normsturzseil.

Am stärksten unterscheiden sich die Seile noch in der Mantelverschiebung. Es sind Werte von 0 bis 40 mm zugelassen (Normbereich). Je niedriger die Mantelverschiebung ist, desto besser.

Um die Wasseraufnahme von Seilen zu vermeiden (zusätzliches Gewicht) und um den schädigenden Feuchtigkeitseinfluß (Abnahme der Kantenfestigkeit) möglichst gering zu halten, bieten alle Hersteller auch imprägnierte Seile an. Um die Gleiteigenschaften der Seile zwecks leichteren Nachziehens und geringerer Abnutzung zu erhöhen, unterziehen manche Hersteller ihre Produkte einer besonderen Oberflächenbehandlung. Werbewirksame Formulierungen wie »Everdry«, »Superdry« und »Dry longlife« fallen ins Auge. Die Wirksamkeitsdauer sowohl der Imprägnierung als auch der übrigen Oberflächenbehandlungen ist noch nicht genau bekannt.

Die Unterschiede in der Krangelneigung sind von Fabrikat zu Fabrikat nicht allzu auffällig. Die Art des Gebrauchs und wie man ein Seil aufnimmt und wieder ausgibt beeinflussen die Krangelbildung viel mehr. Eine Meßmethode für die Krangelneigung gibt es noch nicht. Auch hier muß man den Aussagen der Hersteller Glauben schenken, z. B. »krangelfrei, soweit dies technisch möglich ist«.

Ein österreichischer Seilhersteller (Fabrikat »Edelweiß«) bietet unter der Modellbezeichnung »Stratos« ein besonders kantenfestes Seil an, und zwar in der Ausführung als Einfachseil wie auch als Halbseil. Beide Seiltypen halten als weltweit einzige Seile einen Normsturz über die 90°-Kante mit Radius 0,75 mm. Diese hohe Kantenfestigkeit wird durch eine besondere (patentierte) Konstruktion erreicht. Diese Seile eignen sich für alpines Klettern, insbesondere im Urgestein und überall dort, wo Sturzbelastung über scharfe Felskanten möglich ist.

## Seilwahl

**Die Auswahl des Seiles hängt von verschiedenen Kriterien ab:**

- Geländeart (Fels, Gletscher oder Steileis)
- Länge und Lage der Route (Klettergarten oder Hochgebirge) im Zusammenhang mit der Beurteilung eines möglicherweise notwendig werdenden Rückzugs
- Schwierigkeitsgrad
- Größe der Seilschaft

Für Eistouren empfehlen sich imprägnierte Seile. Dies gilt wegen der Möglichkeit eines Schlechtwettereinbruchs auch für Felstouren im Hochgebirge. Im Klettergarten kann auf die Imprägnierung verzichtet werden (billiger).

Bei längeren Routen muß ein Rückzug einkalkuliert werden. Mit einem Einfachseil ist Abseilen nur über die halbe Seillänge möglich. In schwierigerem Gelände (ab Schwierigkeitsgrad IV einschließlich) muß deshalb auf das Zwillingsseil (2 × 8 mm oder 2 × 9 mm) zurückgegriffen werden. Die Verwendung des Zwillingsseils reduziert bei Steinschlag auch die Gefahr, daß beide Seile beschädigt werden.

Unter Berücksichtigung eines möglichst niedrigen Seilgewichtes bei gleichzeitig möglichst hoher Reißfestigkeit über Felskanten können die Empfehlungen gemäß folgender Tabellen gegeben werden:

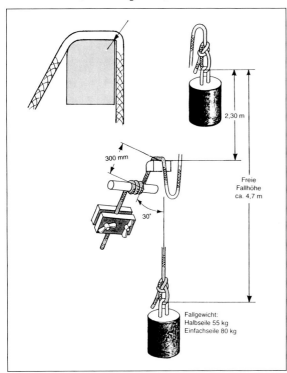

Scharfkantentest (noch nicht genormt)

# AUSRÜSTUNG

## Im Fels

| Schwierigkeits-grad | Seiltyp und Durchmesser | Handhabung |
|---|---|---|
| **Zweierseilschaft** | | |
| Hochgebirge I–III und Klettergarten I–XI | Einfachseil 11–11,5 mm (Multisturzseil) | als Einfachseil (Abseilen nur über die halbe Seillänge möglich) |
| Hochgebirge ab IV aufwärts | Zwillingsseil 2 × 8 mm oder 2 × 9 mm | als Zwillingsseil (Abseilen über die volle Seillänge möglich) |
| **Dreierseilschaft** | | |
| Hochgebirge und Klettergarten I–XI | zwei Halbseile 2 × 9 mm | Seilerster gesichert an zwei Seilen wie mit Zwillingsseil, jeder Nachsteiger gesichert an einem Seil |
| | oder ein Einfachseil 11–11,5 mm (Multisturzseil) | beide Nachsteiger in kurzem Abstand mit Weiche am Seilende |
| Seillänge für alle Schwierigkeitsgrade nicht unter 50 m | | |

## Im Eis

| Geländeart | Seiltyp und Durchmesser | Handhabung |
|---|---|---|
| **Zweierseilschaft/Dreierseilschaft** | | |
| Gletscher-anstiege | Einfachseil 10–11,5 mm oder ein Halbseil 9 mm | als Einfachseil auf dem Gletscher wie Einfachseil, beim Gipfelanstieg (Grat, Fels) wie Zwillingsseil, nutzbar dann nur noch halbe Seillänge |
| Steileis | wie Fels | wie Fels |
| **Viererseilschaft** | | |
| Gletscher-anstiege | wie Zweier-/Dreierseilschaft | wie Zweier-/Dreierseilschaft |
| Seillänge für Gletscher und Steileis nicht unter 50 m (wegen möglicher Spaltenbergung) | | |

## Seilkrangeln, Seilaufnehmen

Krangeln im Seil entstehen durch Seilverdrehungen um die Längsachse. Diese Verdrehungen führen zu Verdrehspannungen (Torsionsspannungen) im Seil, die das Seil beim Strecken zu Schlingen, den sogenannten Krangeln, wirft. Deshalb sollte man, wenn man angeseilt ist, sich möglichst nicht zu häufig um die eigene Körperachse drehen.

Bei der Seilherstellung wird das Seilmaterial auf eine Seiltrommel aufgewickelt, abgelängt, heruntergenommen und zum Bund abgepackt. So wie das Seil aufgewickelt wurde, muß es vor dem ersten Gebrauch auch wieder abgewickelt werden, andernfalls erhält man pro Seilring etwa einen halben Krangel. Neue Seile müssen deshalb ähnlich einem Teppich ausgerollt und anschließend richtig, d.h. ohne Krangel zu erzeugen, aufgenommen werden. Dieses richtige Aufnehmen, das für jedes Seilaufnehmen gilt, kann auf zweierlei Weise erfolgen: Von der Seilmitte oder den Seilenden her wird das Seil doppelstrangig in armlangen Schlingen aufgenommen, entweder

- so, daß eine Schlinge in der Hand hängt (siehe S. 49 oben links), oder
- so, daß je eine Schlinge rechts und links der Hand hängt (siehe S. 49 oben rechts).

**Öffnen bzw. Auslegen des fabrikneuen Seiles**

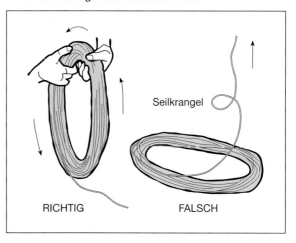

RICHTIG — FALSCH — Seilkrangel

# Alpintechnische Ausrüstung

Links und rechts: Richtiges Seilaufnehmen, in beiden Fällen müssen die Schlingen eine Achterform annehmen (links auffälliger als rechts).

Falsches Seilaufnehmen in Ringform durch Verdrehen des Seils um seine Längsachse

Seilpuppe zum Tragen auf dem Rücken

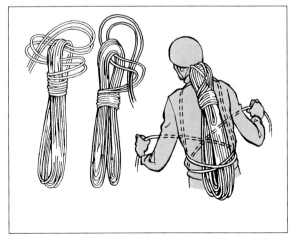

Die etwa 3 bis 5 m langen Seilenden werden sodann einige Male um die Mitte des Seilbundes gewickelt und am oberen Teil mit Ankerstich fixiert.

Das Seilaufnehmen in Ringform (früher üblich, siehe Bild links) führt zu Seilkrangeln, da das Seil mit jeder Schlinge, die aufgenommen wird, um seine Längsachse gedreht werden muß (damit es zur Ringform kommt). Jedes Drehen um die Längsachse aber führt zu Seilkrangeln.

## Seilpflege

Seile – gleiches gilt für Reepschnüre und Bänder – sind aus Polyamid und folglich empfindlich gegen Hitze und Chemikalien (Laugen und Säuren). Nasse Seile am besten an luftigen Schattenplätzen trocknen, nicht in praller Sonne und nicht in unmittelbarer Nähe von Heizungen. Die Aufbewahrung über längere Zeit erfolgt am besten in trockener und dunkler Umgebung (Kleiderschrank). Besonders gefährlich sind Säuren und deren Dämpfe, wie sie in Autobatterien vorkommen. Bei direkter Berührung verändert sich äußerlich nur die Seilfarbe, die Schwächung ist *nicht* erkennbar. (Ein solches Seilstück läßt sich mit Handkraft zerreißen! Bisher sind vier Unfälle bekannt.)

Das Waschen verschmutzter Seile mit Waschmitteln ist problematisch. Handelsübliche Waschmittel können die Imprägnierung der Fasern beeinträchtigen und so die Seileigenschaften verändern. Einige Hersteller bieten spezielle Seilwaschmittel an. Wer ganz sichergehen und die Seilreinigung nicht dem nächsten Wettersturz überlassen will, wäscht sein Seil in handwarmem Wasser ohne jegliche Zusätze.

# AUSRÜSTUNG

## Gebrauchsdauer

Seit Juli 1995 muß jeder alpintechnischen Berg- und Kletterausrüstung (gemäß den EG-Richtlinien) eine Gebrauchsanleitung beigegeben sein, aus der u. a. auch die Gebrauchsdauer hervorgeht (wogegen sich die Hersteller bis dahin gewehrt haben). Es darf davon ausgegangen werden, daß die Hersteller, um auf der sicheren Seite zu liegen (Produkthaftung!), eine relativ niedrige Gebrauchsdauer (Zeit, Anzahl der Kletterseillängen usw.) angeben werden.

Alle Angaben zur Gebrauchsdauer sind letztlich aber fragwürdig, da bei etwas größerer Sturzbelastung über eine etwas schärfere Felskante noch jedes Seil reißt, auch das neueste und beste Multisturzseil (Beispiel: Laserzwand, 1981, neues Multisturzseil, ganze zehn Stunden in Gebrauch, Sturz, Seilriß, tödlicher Absturz). Dies zeigt die Problematik von Angaben zur Gebrauchsdauer. Genaugenommen kann deshalb bei Seilen von einer Gebrauchsdauer gar nicht gesprochen werden. Wer optimale (nicht einmal hundertprozentige) Überlebenschancen haben will, müßte für jede Bergtour ein neues Seil verwenden.

Jahrzehntelange Forschungsarbeit[1] hat gezeigt, daß Seile, solange sie bei Sturz nicht über eine Felskante belastet werden, nicht reißen können, auch ein stark gebrauchtes Seil nicht – weder im Anseilknoten noch im Karabiner der Zwischensicherung, noch in der Kameradensicherung, sei es die HMS*, der Achter oder die Stichtsicherung mit all ihren Nachbauten (ein Beispiel: 30 Jahre altes Einfachseil, 176 Stunden in Gebrauch, hielt noch einen Normsturz; damit kann es in der Praxis auch beim größtmöglichen Sturz nicht reißen, Felskanteneinfluß ausgenommen).

Natürlich wird ein stärker gebrauchtes Seil bei Sturz über eine Felskante eher zu Bruch gehen als ein weniger gebrauchtes und ein weniger gebrauchtes wieder eher als ein neues Seil. Der Bergsteiger, Fels- und Eiskletterer muß also noch mit der Gefahr eines Seilrisses durch Felskanteneinfluß leben. Doch die Zahl der Seilrisse ist inzwischen äußerst gering. Haben sich bis 1982 (einschließlich) in Deutschland und Österreich jährlich noch bis zu zwei Seilrisse ereignet – in der Regel mit tödlichem Ausgang –, so ist die Zahl der Seilrisse seitdem praktisch auf null abgesunken. Von 1983 einschließlich bis 1997 – also innerhalb von 15

[1] DAV-Sicherheitskreis

Gebrauchte Seile mit von oben nach unten zunehmender Gebrauchsdauer, erkennbar am größer werdenden Seilpelz. Das unterste Seil kann nicht mehr als sicher angesehen werden.

Jahren – ist nur noch ein Seilriß durch Felskanteneinfluß bekanntgeworden. Und das trotz der Hunderttausende von Stürzen beim Sportklettern. Die auffallende Abnahme der Seilrisse dürfte u. a. auch auf die vermehrte Verwendung von Zwillingsseilen im alpinen Gelände zurückzuführen sein (Redundanz: Reißt ein Seil, ist noch ein zweites vorhanden, das die Restfallenergie aufnehmen kann).

Wer sich angesichts des Gebrauchszustandes seines Seiles unsicher ist, kann es noch für Gletschertouren und zum Toprope-Klettern verwenden. In beiden Fällen sind die Belastungen im Fall eines Sturzes so gering, daß auch ein »uralter Strick« nicht reißen kann (Säureeinfluß ausgenommen).

Der UV-Strahleneinfluß schadet den Seilen (trotz gegenteiliger Angaben in der Literatur) nicht, da das verwendete Polyamid (auch bei Reepschnur, Band, Expreßschlingen und Anseilgurten) UV-stabilisiert ist; dies hat schon die Untersuchung eines Seilherstellers Anfang der siebziger Jahre gezeigt.

Die verständliche Sorge vor einem Seilriß stammt noch aus der Zeit der Hanfseile, die nach Feuchtigkeitseinfluß, auch wenn sie getrocknet wurden, im Innern faulten (Hanf ist ein Naturprodukt).

**Die Aussonderung eines Seiles hat auf jeden Fall nach folgenden Gesichtspunkten zu erfolgen:**
- Starke lokale Mantelbeschädigung, bei geringer Beschädigung noch nicht; allerdings wird eine geringe Beschädigung bei weiterem Gebrauch sehr schnell erheblich größer und der Kern schaut bald heraus, so daß das Seil daraufhin auf jeden Fall

# Alpintechnische Ausrüstung

ausgesondert werden muß (auch weil es sich nicht mehr handhaben läßt).
- Starke Mantelaufscheuerung (Seilpelz), noch nicht bei geringer Aufscheuerung; in der Regel sind die Bergsteiger, Fels- und Eiskletterer eher zu vorsichtig.
- Keine Aussonderung ist nach einer kleineren Sturzbelastung nötig, solange nicht eine auffallende Mantelbeschädigung am betreffenden Seilabschnitt feststellbar ist.

## Reepschnur, Band und Expreßschlingen

Mit ihrer relativ geringen Dehnung sind Reepschnüre und Bänder für statische und annähernd statische Belastung bestimmt, nicht zur Aufnahme von Fallenergie (Auffangen von Stürzen). Reepschnur weist eine andere Konstruktion (Verhältnis Mantel zu Kern) auf als Seile, auch wenn äußerlich der Seilkonstruktion sehr ähnlich. Reepschnur darf deshalb nicht als Seilersatz verwendet werden (von statischer und annähernd statischer Belastung abgesehen). Gleiches gilt für Band. Reepschnur und Band sind wie Seile aus Polyamid (= Perlon, Nylon) gefertigt.

### Durchmesser und Festigkeit von Reepschnur

Durchmesser von 4 bis 8 mm sind genormt (EN 564, UIAA-Norm). Werden größere Durchmesser benötigt, können entsprechend abgelängte Seilstücke (8,5 bis 11,5 mm Durchmesser) verwendet werden. Einige Hersteller bieten auch 9-mm-Reepschnur an, die aus Gründen der Verwechslungsgefahr mit Halbseilen nicht genormt ist. Die Reißkraft ist abhängig vom Durchmesser. Die Tabelle unten links zeigt Mindestreißkraftwerte nach Norm, die von allen Reepschnüren im Neuzustand erreicht, von den meisten beträchtlich überschritten werden. Die Reißkraft wird im Einzelstrang ermittelt.

Die Mindestreißkraft kann auch nach folgender Faustformel berechnet werden:

> Reißkraft (kN) = $d^2$ (mm) $\times$ 0,2
> oder
> ca.-Reißkraft (kp) = $d^2$ (mm) $\times$ 20
> Beispiel: 5-mm-Reepschnur, $5^2 \times 0,2 = 5$ kN
> oder $5^2 \times 20 = 500$ kp

### Querschnitt und Festigkeit von Band

Bänder sind genormt (EN 565 bzw. UIAA-Norm). Es gibt zwei Arten von Bändern – Flachband und Schlauchband –, die nach Norm nicht unterschieden werden. Nur die Festigkeit (Reißkraft) ist für die Praxis ausschlaggebend. Gebräuchlich sind Bänder in Breiten von 15 bis 30 mm.

Die Reißkraft ist abhängig vom Querschnitt. Die Normen schreiben eine Reißkraftkennzeichnung mittels Kennfäden auf einer Bandseite in Bandmitte vor, unabhängig von Bandbreite und Banddicke, um einen besseren Überblick zu gewährleisten.

| Durchmesser | Mindestreißkraft nach EN 564 | Metergewicht (ca.) |
|---|---|---|
| 4 mm | 3,2 kN (ca. 320 kp) | 10 g |
| 5 mm | 5,0 kN (ca. 500 kp) | 15 g |
| 6 mm | 7,2 kN (ca. 720 kp) | 25 g |
| 7 mm | 9,8 kN (ca. 980 kp) | 30 g |
| 8 mm | 12,8 kN (ca. 1280 kp) | 40 g |
| stärkere Durchmesser | Reißkraft für Seilstücke (ca.) | |
| 9 mm (Halbseil) | 14 kN (ca. 1400 kp) | 50 g |
| 10 mm (Einfachseil) | 18 kN (ca. 1800 kp) | 60 g |
| 11 mm (Einfachseil) | 22 kN (ca. 2200 kp) | 75 g |

Bänder mit Kennfäden zur Festigkeitskennzeichnung auf einer Seite des Bandes; das unterste Band hat noch keine Kennzeichnung (frühere Produktion).

# AUSRÜSTUNG

| Anzahl der Kennfäden | Mindestreißkraft nach EN 565 |
|---|---|
| ein Kennfaden | 5 kN (ca. 500 kp) |
| zwei Kennfäden | 10 kN (ca. 1000 kp) |
| drei Kennfäden[1)] | 15 kN (ca. 1500 kp) |
| vier Kennfäden | 20 kN (ca. 2000 kp) |

[1)] am häufigsten verwendet

## Reepschnur- und Bandfestigkeit in der Praxis

Die Reißkraft aller textilen Fasern wird in der Praxis durch verschiedene Einflüsse verringert:
- durch Knoten
- durch Felskantenauflage
- durch Nässe und Kälte

Knoten: Aus Sicherheitsgründen wird für die Reißkraftreduzierung generell 50 % angenommen (Begründung S. 54 f.). So hält eine geknüpfte Schlinge nur so viel wie der einfache Strang. Erst die doppelte Schlinge erreicht eine höhere Reißkraft (doppelte Reißkraft des einfachen Strangs).

Felskanten: Zur reinen Zugbelastung kommen noch Biege-, Druck- und Scherbelastung hinzu. Die Reißkraft von Textilfasern an Kanten (= Kantenreißkraft) hängt von der Kantenform ab. Je schärfer die Kante, desto niedriger die Kantenreißkraft. Da es in der Praxis nahezu unendlich viele Kantenformen gibt, ist es praktisch nicht möglich, für jede Kantenbelastung eine entsprechende Kantenreißkraft anzugeben. Angaben über Kantenreißkraftwerte sind deshalb in der Fachliteratur nicht üblich.

Band besitzt gegenüber Reepschnur mit gleich großem Querschnitt eine wesentlich höhere Kantenreißkraft, da sich der Bandquerschnitt der Kante besser anpassen kann und so die einzelnen Textilfasern weniger ungünstig belastet werden (geringe Druck- und Scherbelastung). Überall, wo Schlingen bei größerer Belastung auf Felskanten aufliegen können (Verlängerungs-, Zacken-, Köpfel-, Sanduhrschlingen), empfiehlt sich deshalb die Verwendung von Band statt Reepschnur.

Nässe und Kälte: Genauere Angaben können nicht gemacht werden, da diese Problematik noch nicht gründlich untersucht ist. UV-Strahlungseinflüsse entsprechen denen von Seilen (siehe S. 50).

Band besitzt aufgrund seiner breiteren Auflage eine höhere Kantenfestigkeit als Reepschnur.

## Expreßschlingen

Zusammengenähte Bandschlingen werden vielfach als Expreßschlingen bezeichnet. Sie sind genormt (EN 566 bzw. UIAA-Norm) und dienen als Verlängerungsschlingen für vielerlei Zwecke, insbesondere an Zwischensicherungen. Die Normen schreiben unabhängig von Querschnitt, Länge und Form eine Mindestreißkraft von 22 kN (ca. 2200 kp) vor. Die Naht muß eine Kontrastfarbe aufweisen, um eine mögliche Aufscheuerung oder sonstige Beschädigung besser sichtbar zu machen.

**Zwei Formen werden angeboten:**
- Ringform, Schlingenlänge 8 bis 130 cm

Schlingenfestigkeit von Reepschnur bzw. Band

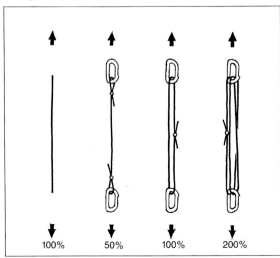

## Alpintechnische Ausrüstung

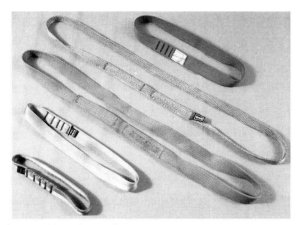

Expreßschlingen in Ringform

Elastics: links von der Industrie passend zur Expreßschlinge gleichen Fabrikats angeboten, rechts Notbehelf mit Ringgummi

die mögliche Sturzhöhe unnötig (um das doppelte Schlingenmaß). Bei geradem Seilverlauf empfehlen sich nur die kürzesten Expreßschlingen. Nur bei ungeradem Seilverlauf müssen an den richtungsändernden Zwischensicherungen längere Schlingen plaziert werden, um den Seilverlauf zu begradigen und die Seilreibung zu reduzieren.

Sturzstreckenverlängerung durch Expreßschlingen

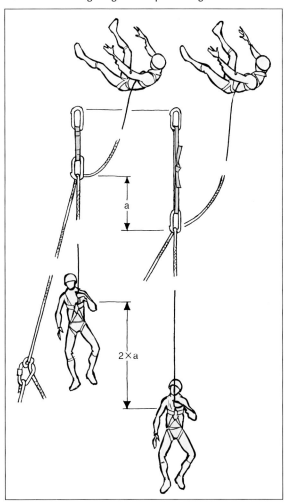

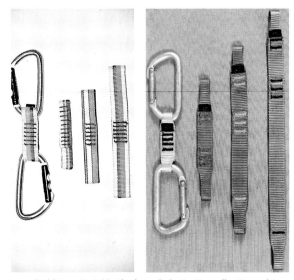

Expreßschlingen in Schlaufenform: links in Normalbreite, rechts mit schmalen Schlaufen, die durch ihre geringere Breite die Karabiner weniger ungünstig belasten

- Schlaufenform (in der Mitte zusammengenäht, dadurch bleiben die Karabiner getrennt), Schlingenlänge 10 bis 70 cm

Elastics: Zwecks leichterer Handhabung (und Vermeidung von Karabinerquerbelastung) empfiehlt es sich, die Expreßschlingen an den Karabinern zu fixieren. Dazu werden passende Elastics angeboten, notfalls tut es ein gewöhnlicher Ringgummi (Klebeband eignet sich, insbesondere bei kurzen Schlingenlängen, nicht, da die Flexibilität der Expreßschlinge beachtlich nachläßt).

Expreßschlingen sollen so kurz wie möglich und nur so lang wie nötig sein. Lange Schlingen vergrößern

# AUSRÜSTUNG

Drei Viertel aller mitgeführten Expreßschlingen sollten nicht länger als 10 bis 15 cm sein, nur ein Viertel längere (bis 60 cm) sind anzuraten. Die Erfahrung hat gezeigt, daß oft zu lange Expreßschlingen verwendet werden.

### Sonderreepschnur

Reepschnur aus Aramid (Markennamen »Kevlar« und »Twaron«) hat gegenüber Perlonreepschnur eine Reihe von Vorteilen. Aramidreepschnur (im Volksmund »Kevlar-Reepschnur«) besitzt gegenüber der ebenso dicken Perlonreepschnur eine um über 100 % höhere Knotenbruchkraft sowie eine um ebensoviel höhere Kantenfestigkeit. Aramidreepschnur eignet sich deshalb für alle Anwendungsbereiche mit Felsauflage, insbesondere für Zacken-, Köpfel- und Sanduhrschlingen.

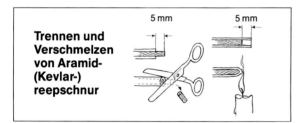

**Trennen und Verschmelzen von Aramid-(Kevlar-)reepschnur**

Durch ihre gegenüber Perlonreepschnur wesentlich größere Steifigkeit (»indischer Seiltrick«) wird Aramidreepschnur auch besonders zum Fädeln von Sanduhrschlingen bevorzugt. Die größere Steifigkeit hat aber auch einen Nachteil: Knoten lockern sich leichter, deshalb Knoten kräftig festziehen, am besten den doppelten (englischen) Spierenstich verwenden.
Nur der Kern besteht aus Aramidfasern, der Mantel (Kernmantelkonstruktion) ist aus Perlon. Aramidreepschnur läßt sich nur schwierig mit Messer oder Schere durchtrennen (höhere Kantenfestigkeit!). Kern und Mantel lassen sich nicht wie bei Perlonreepschnur mit einer kleinen Flamme verschweißen. Der Mantel muß über den Kern hinausragen, damit dieser (Perlon) verschweißt werden kann. Aramidreepschnur wird nur von wenigen Herstellern angeboten, und zwar nur im Durchmesser 5 mm. Die Alterung durch Gebrauch ist wider Erwarten gering. Innerhalb der ersten zwei Jahre nimmt die Festigkeit um etwa 10 % (wenig gebraucht) bis 20 % (häufig gebraucht) ab. Ergebnisse weiterführender Untersuchungen liegen noch nicht vor.

## Knoten

Die im Alpin-Lehrplan aufgeführten Knoten sind für alle in der Praxis auftretenden Situationen ausreichend. Alle weiteren Knoten bieten keine Vorteile.

**Zur sicheren Beherrschung ist auf folgendes zu achten:**

- Alle Knoten auch unter Zeitdruck knüpfen und anhand des Knotenbildes beurteilen können.
- Für Band nur den Bandschlingenknoten verwenden; andere Knoten wie Sackstich, Achterknoten und Spierenstich ziehen sich unter größerer Dauerbelastung auf.
- Alle Knoten nach dem Knüpfen sofort an allen Strängen (auch an den Enden) festziehen. Freie Enden bei Reepschnur und Seilen sollten in Zentimetern so lang wie der Durchmesser in Millimetern sein; bei Bandenden etwa vier- bis fünffache Bandbreite (bei schmäleren Bändern eher fünffache, bei breiteren eher vierfache).

### Knotenreißkraft

Im Knoten erfahren Reepschnur, Bänder und Seile zur reinen Zugbelastung noch eine Biege-, Druck- und Scherbelastung, die die Festigkeit aller Textilfasern schwächt. Die Reißkraft im Knoten (= Knotenreißkraft) ist deshalb immer niedriger als die Reißkraft ohne Knoten. Die Reißkraftreduzierung hängt vom Knoten ab sowie von Art und Querschnitt des textilen Materials.
Da Reepschnur immer nur mit Hilfe von Knoten belastet werden kann, kann der Riß auch immer nur im Knoten auftreten, sofern keine anderen schädigenden Einflüsse wie Haken-, Fels- und sonstige Kanten

| Knotenart | Knotenreißkraft in % der Reißkraft ohne Knoten (ca.) |
|---|---|
| Sackstich | 60 bis 70 % |
| Achterknoten | 65 bis 75 % |
| Spierenstich | 55 bis 65 % |
| doppelter (engl.) Spierenstich | 70 bis 75 % |
| Bandschlingenknoten | 55 bis 65 % |
| Mastwurf im Karabiner | 55 bis 60 % |

# Alpintechnische Ausrüstung

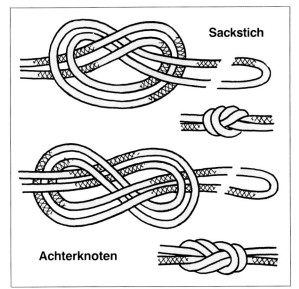

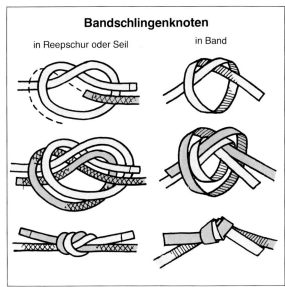

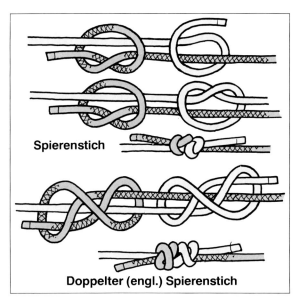

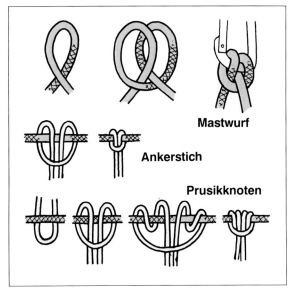

vorhanden sind. Das gleiche gilt für Bänder, soweit sie Knoten aufweisen.

Die Knotenreißkraft wird in % der Reißkraft ohne Knoten angegeben. Die Tabelle auf S. 54 unten rechts zeigt verschiedene Knotenreißkraftwerte.

Die Vielzahl der unterschiedlichen Knotenreißkraftwerte ist für eine überschlägige Berechnung in der Praxis nicht brauchbar. Man geht deshalb einfachheitshalber immer vom Wert 50 % aus und liegt damit jederzeit auf der sicheren Seite.

Also: Reißkraft einer Reepschnur oder eines Bandes mit Knoten = halbe Reißkraft ohne Knoten (siehe auch S. 52 unten).

## Anseilknoten

Als Anseilknoten eignen sich nur zwei Knoten: Sackstich und Achterknoten, beide zur Schlinge geknüpft bzw. gesteckt.

Die Knotenreißkraft von Anseilknoten im Seil (Einfachseil, Halbseil, Zwillingsseil) liegt weit über der beim größtmöglichen Sturz eines Menschen auftretenden Belastung (Seile können nicht im Anseilknoten reißen). Die Knotenreißkraft von Anseilknoten ist deshalb für die Praxis unwichtig. Seilrisse können sich nur bei Sturzbelastung über Felskanten (Abscherung) ereignen (siehe auch S. 45 f.).

# AUSRÜSTUNG

## Anseilgurte

**Anseilgurte sollen verschiedene, bei Sturz und freiem Hängen lebenswichtige Funktionen übernehmen:**

- Der Fangstoß und die Belastung beim Hängen sollen auf die stabilsten Körperpartien übertragen werden. Dies sind der Beckenbereich, der obere Bereich der Oberschenkel und der Brustkorb.
- Der Fangstoß soll beim Sturzabfangen oberhalb des menschlichen Körperschwerpunktes in den Anseilgurt eingelenkt werden. Damit wird der Körper bei einem unkontrollierten Sturz von allein aufgerichtet.
- Beim Hängen soll die Belastung zum größten Teil vom Sitzgurt auf den Körper übertragen werden. Nur so treten bei längerem Hängen keine wesentlichen Schmerzen und gesundheitlichen Schäden auf. Der Brustgurt soll den Oberkörper dabei in aufrechter Lage halten, praktisch nur sein Abkippen nach hinten verhindern.

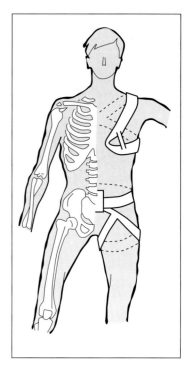

Die Fangstoßbelastung und die Belastung beim Hängen am Seil sind physiologisch nur verträglich, wenn sie auf den stabilsten Teil des Knochengerüsts übertragen werden.

Um diese Anforderungen erfüllen zu können, müssen Anseilgurte an den Körper anpaßbar sein, bestimmte Formen und ausreichende Festigkeit besitzen, die nach EN 12277 (bzw. UIAA-Norm) geprüft werden.

### Formen, Größen, Angebot

**Anseilgurte werden in drei verschiedenen Grundformen angeboten:**

- Brustgurt: Er umschließt den Brustkorb und wird durch Träger auf den Schultern gehalten.
- Hüftgurt: Er umschließt Teile des Beckens und den oberen Teil der Oberschenkel und wird mit einem Hüftband an der Hüfte gehalten.
- Anseilkomplettgurt: Er ist die zu einer Einheit zusammengefaßte Kombination von Brust- und Sitzgurt. Dabei sind unterschiedliche Farben von Brust- und Sitzgurt zum leichteren Zurechtfinden vorteilhaft.

Anseilgurte gibt es in verstellbarer (besonders geeignet für die Kursausleihe) und in nichtverstellbarer Ausführung. Die Verstellung erfolgt durch Metallschnallen (aus Gewichtsgründen möglichst aus Aluminium). Schnallen können hinsichtlich des Tragekomforts manchmal nachteilig sein.

Für unterschiedlich dicke Beinbekleidung sind Schnallen zum Verstellen und Lösen der Oberschenkelbänder empfehlenswert. Das Lösen hat auch den Vorteil, daß man sich leichter mit angelegten Steigeisen anseilen kann und sich nicht auszuseilen braucht, wenn die Hosen im Steilgelände einmal »umgedreht« werden müssen.

Brustgurte werden in zwei unterschiedlichen Ausführungen angeboten (siehe Grafik S. 57 oben).
Hüftgurte sind Sitzgurte mit Aufhängung der Beinschlaufen auf den Oberschenkeln; dadurch ergibt sich eine physiologisch* günstige Hängelage. Am Hüftband lassen sich Kletterutensilien am besten tragen (weil nahe am Körperschwerpunkt). Die (frontale) Anseilschlaufe wird in die Festigkeitsprüfung (siehe S. 57) mit einbezogen, so daß ihre ausreichende Festigkeit nachgewiesen ist (sie kann auch beim größtmöglichen Sturz nicht reißen).
Komplettgurte bieten den Vorteil, daß der Gurt immer komplett ist, nicht ein Teil vergessen werden kann. Sie sind der Körpergröße etwas schwieriger anzupassen, da sie nur anhand von oftmals vielen Schnallen zu verstellen sind. Komplettgurte besitzen meist eine seitliche Aufhängung der Beinschlaufen, die in der Regel zu einer physiologisch* ungünstigen Hängelage führt (im Gegensatz zum Hüftgurt mit Aufhängung auf den Oberschenkeln).

# Alpintechnische Ausrüstung

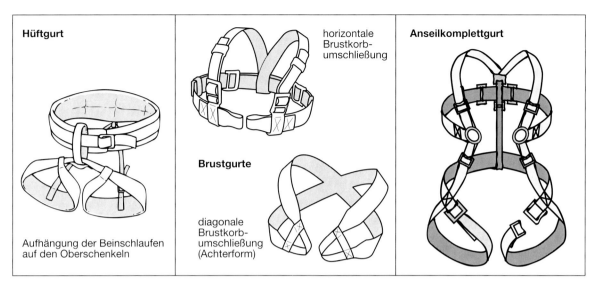

Die drei verschiedenen Arten von Anseilgurten

## Wichtige Normforderungen

Die Festigkeit wird mit einem Zerreißversuch an einer Holzpuppe geprüft.

### Die wichtigsten Forderungen sind:
- Bei aufrechter Position wird die Belastung von 16 kN (ca. 1600 kp), bei Kopfüberposition von 10 kN (ca. 1000 kp) zweimal hintereinander aufgebracht, ohne daß sich der Anseilgurt von der Puppe lösen darf.
- Alle Nähte müssen in Kontrastfarbe ausgeführt sein, um eine eventuelle Aufscheuerung oder sonstige Nahtbeschädigung besser sichtbar zu machen.

## Auswahl und Anpassen

Nur ein Hängetest am eigenen Körper kann zu einer sachgerechten Auswahl führen. Für alle vier Situationen in der Praxis – das Tragen, das Klettern, das Stürzen und das freie Hängen – gilt hinsichtlich Paßform, Gewicht und Komfort die Kombination eines Brustgurtes in Achterform mit einem Hüftgurt als die derzeit beste Anseilmethode.

Auch bei verstellbaren Anseilgurten ist richtiges Anpassen ebenfalls nur mit einem Hängetest möglich. Beim Kauf kann im Sporthaus ein Hängepunkt und ein Stück Seil oder Reepschnur erwartet werden. Hängedauer mehrere Minuten – erst danach läßt sich eine Aussage treffen.

Allen Anseilgurten liegt eine Gebrauchsanleitung bei, aus der hervorgeht, wie der betreffende Anseilgurt anzulegen, gegebenenfalls anzupassen und wie mit ihm anzuseilen ist.

### Darüber hinaus ist auf folgendes zu achten:
- Brustgurt beim Anprobieren (ohne Belastung) so wählen bzw. so einstellen, daß die beiden Anseilschlaufen vor der Brust etwa drei Fingerbreit voneinander entfernt sind. Länge der Schulterbänder so wählen bzw. so einstellen, daß das brustumschließende Band gut eine Handbreit unter den Achselhöhlen liegt und die Anseilschlaufen schräg

Mindestbreiten der Bänder von Anseilgurten

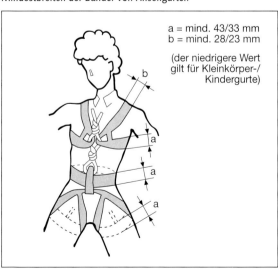

a = mind. 43/33 mm
b = mind. 28/23 mm

(der niedrigere Wert gilt für Kleinkörper-/Kindergurte)

# AUSRÜSTUNG

Hängetest im Sporthaus beim Kauf eines Anseilgurtes

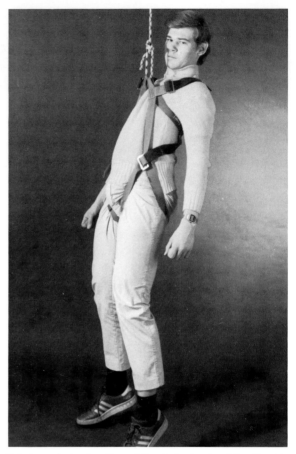

Falsch angelegter Anseilkomplettgurt. Brustgurt und Anseilpunkt sind zu hoch. Dadurch muß der Brustgurt den Großteil des Körpergewichts übertragen. Auf diese Weise entsteht beim Hängen das deutlich erkennbare, schmerzhafte Hohlkreuz und die noch schmerzhaftere lebensgefährliche Abschnürung unter den Armen. Der Hängende gerät schon nach kurzer Zeit in die Anfänge des orthostatischen* Schocks, was bei längerem Hängen zum Herz-Nieren-Versagen führt.

Bei entspanntem Hängen sollen sich die Oberschenkel in leicht abgewinkelter, sitzähnlicher Lage befinden.

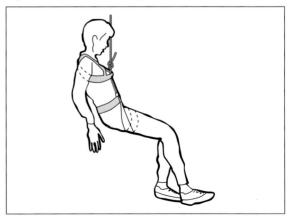

nach vorn herabführen, so daß sie sich im Bereich zwischen Bauchnabel und Brustbein (also unterhalb der Brustwarzen) treffen.
- Hüftgurt so wählen bzw. so einstellen, daß die Beinschlaufen beim Stehen (ohne Bewegung und ohne angelegtem Hüftstützband) von allein auf den Oberschenkeln halten.
- Beim Tragen sollen die Anseilgurte nicht beengen und Körperbewegungen nicht behindern; die Beinschlaufen dürfen nicht herabrutschen. Kletterbewegungen im Sporthaus simulieren (Beine heben, große Schritte, grätschen).
- Beim Hängeversuch sollen sich die Oberschenkel in leicht abgewinkelter, sitzähnlicher Lage befinden. Ober- und Unterschenkel müssen dabei abgewinkelt sein, die Oberschenkel dürfen nicht senkrecht herabhängen. Das Hängen soll nicht unangenehm sein.
- Die Oberschenkelschlingen dürfen keinen direkten Druck auf die Genitalien ausüben.

# Alpintechnische Ausrüstung

Anseilen nur mit einem Hüftgurt (ohne Brustgurt) birgt Gefahren bei unkontrollierten Stürzen; hierzu siehe unter Kapitel »Gefahren alternativer Anseilmethoden« S. 142 f.).

Sind Schmerzen unter den Achseln zu spüren, ist der Brustgurt zu eng und/oder zu hoch unter den Achseln angelegt.

Beginnen die Beine einzuschlafen oder taub zu werden, wird die sitzähnliche Position nicht erreicht, da die Beinschlaufen nicht die richtige Form und/oder Größe aufweisen (Beeinträchtigung des Blutkreislaufes).

## Anseilgurte für Frauen

Da der Anseilpunkt auch für Frauen im unteren Brustbereich liegt, können bei größerem Brustumfang mit allen Brustgurten durch Sturzbelastung Verletzungen im Brustbereich auftreten.

Die derzeit beste Lösung für größeren Brustumfang ist die Kombination eines Brustgurtes in Achterform mit einem Hüftgurt.

Sicherste und bequemste Anseilgurte auch für Frauen: Brustgurt in Achterform und Hüftgurt

## Anseilgurte für Kinder

Es gibt keine eigene Norm für Kinderanseilgurte, da Kinder teilweise Körpergrößen wie kleinere Erwachsene haben. Die Normen (EN 12277 und UIAA-Norm) sehen aber Anseilgurte für kleinere Körpergrößen, sogenannte Kleinkörpergurte (bis Körpergewicht 40 kg), und damit auch Kindergrößen vor.

Besonders vorteilhaft sind verstellbare Anseilgurte; sie können der sich ändernden Körpergröße angepaßt werden.

Auch für Kinder ist das Anseilen mit Brust- und Sitzgurt notwendig. Ein Brustgurt allein reicht nicht. Denn gerade Kinder greifen in Gefahrensituationen zuallererst nach oben, wo das Seil zum Erwachsenen führt (um sich daran festzuhalten), und können so aufgrund der noch schmalen und weichen Schultern aus dem Brustgurt rutschen.

Für den Vorstieg reicht ein Hüftgurt allein nicht. Denn gerade von einem Kind wird man nicht erwarten können, daß es einen Sturz immer wird kontrollieren können. Nur beim Toprope-Klettern (u.a. meist Schulsportklettern) kann ein Hüftgurt allein als ausreichend sicher angesehen werden.

## Gebrauchsdauer

Anseilgurte dienen bei Sturzbelastung nicht zur Aufnahme von Fallenergie. Sie besitzen außerdem eine große Sicherheitsreserve. Ihre Gebrauchsdauer ist deshalb bei weitem nicht so kritisch wie die von Seilen.

Sofern Bänder und Nähte nicht durch Scheuerung, Sturz oder andere mechanische oder durch chemische (säurehaltige) Einflüsse beschädigt sind, können normgerechte Anseilgurte auch beim größtmöglichen Sturz nicht reißen. Eine nennenswerte Schädigung durch UV-Strahleneinflüsse tritt nicht auf, da das verwendete Polyamid UV-stabilisiert ist.

Nach einem größeren Sturz müssen die Anseilschlaufen und alle tragenden Nähte auf mögliche Beschädigung überprüft werden. Bei Nahtanrissen müssen Anseilgurte ausgesondert werden. Anseilgurtpflege wie Seilpflege (siehe S. 49).

Es ist ratsam, die Materialschlaufen und deren Befestigung von Zeit zu Zeit zu überprüfen; verlorene Expreßschlingen, Klemmkeile und Klemmgeräte sind nicht nur eine Kostenfrage, ein Verlust kann eine Seilschaft in arge Schwierigkeiten bringen.

# AUSRÜSTUNG

## Karabiner

Aus Leichtmetall, mit Schnappverschluß, dienen sie als Verbindungsöse zur Seilsicherung.

**Es stehen zur Verfügung:**
- Normalkarabiner (kurz: Karabiner) für alle gewöhnlichen Bedarfsfälle
- Karabiner mit Verschlußsicherung (Schraub- oder selbsttätiger Dreh- und Schiebverschluß) für alle Bedarfsfälle, wo ein unbeabsichtigtes Öffnen des Schnappers Gefahr bedeutet
- Klettersteigkarabiner mit selbsttätiger Verschlußsicherung für die Sicherung auf Klettersteigen
- HMS-Karabiner für die Kameradensicherung mit HMS*

## Normalkarabiner

Zwei unterschiedliche Gewichtsklassen sind im Handel. Die meist etwas kleineren, »besonders leichten« Leichtkarabiner (Gewicht etwa 40 g) mit dünnerem Schenkelquerschnitt erreichen die genormten Festigkeitswerte gerade. Die etwas schwereren mit wenig dickerem Schenkelquerschnitt (Gewicht etwa 80 g) weisen meist einen höheren Festigkeitswert bei Belastung mit offenem Schnapper (siehe S. 61) auf.

Verschiedene Karabiner, jeweils von links nach rechts. Oben: drei Normalkarabiner, zwei weitere mit fixierter Expreßschlinge. Unten: Normalkarabiner mit Schraubverschluß, zwei HMS-Karabiner, zwei Klettersteigkarabiner.

## Karabiner mit Verschlußsicherung

Alle für die Praxis notwendigen Karabinerformen werden auch mit Verschlußsicherung angeboten.

**Die Verschlußsicherung kann sein:**
- ein Schraubverschluß (Schraubkarabiner), der von Hand auf- und zugeschraubt werden muß (umständlich)
- ein Schiebeverschluß, der durch Zurückschieben geöffnet wird und selbsttätig schließt
- ein Drehverschluß (Twistlock), der durch eine Vierteldrehung geöffnet wird und selbsttätig schließt
- ein kombinierter Dreh- und Schiebeverschluß, der selbsttätig schließt (sicherster Verschluß)

Alle Verschlußsicherungen können sich unter ungünstigen Bedingungen (Seilbelastung, Vibration) öffnen. Die sicherste ist der kombinierte Dreh- und Schiebeverschluß. Auf Klettersteigen eignen sich nur Karabiner mit selbsttätiger Verschlußsicherung. Die Betätigung eines Schraubverschlusses ist zu umständlich.

## HMS-Karabiner

Birnenförmiger Karabiner mit Verschlußsicherung zur Benutzung bei der HMS*. Die Birnenform bewirkt die freie Beweglichkeit der HMS-Bremsschlinge nach beiden Karabinerseiten.

## Klettersteigkarabiner

Dreieckförmiger Karabiner mit großer Schnappöffnung (mindestens 21 mm) und selbsttätiger Verschlußsicherung zur Selbstsicherung auf Klettersteigen, wo feste Sicherungen in Form von stabilen Metallösen, -bügeln, -leitern usw. eine größere Schnapperöffnung erforderlich machen.

## Wichtige Normforderungen

Praxisgerechte Karabiner müssen ausreichende Festigkeit und andere bestimmte Eigenschaften besitzen, die nach EN 12275 (bzw. UIAA-Norm) gemäß Grafik (S. 61 links) geprüft werden.
In Längsrichtung belastet und geschlossenen Schnapper vorausgesetzt, sind alle erhältlichen Karabiner jeder Sturzbelastung, die in der Praxis auftreten kann, gewachsen.

# Alpintechnische Ausrüstung

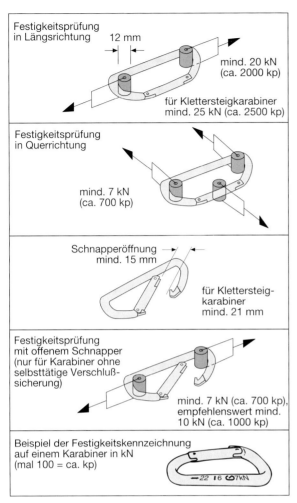

Normprüfung von Karabinern

## Karabinerplazierung

- Karabiner so plazieren, daß er quer zur Seilrichtung hängt, gegebenenfalls durch Hinzuhängen eines zweiten Karabiners oder einer Schlinge (Expreßschlinge); dadurch geringere Seilreibung.
- Karabiner so plazieren, daß er bei Seilbewegung und möglicher Sturzbelastung nicht mit dem Schnapper gegen den Fels gedrückt und dadurch geöffnet werden kann (Bruchgefahr schon bei einem Zwei-Meter-Sturz). Verlängerungsschlinge (Expreßschlinge) verwenden.

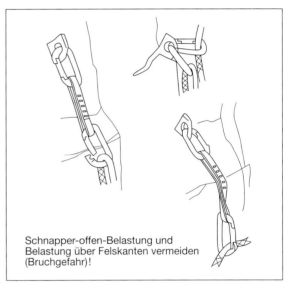

Karabinerplazierung

Bei offenem Schnapper (durch Felsanlage, Anschlag an Fels und Vibration) dagegen reicht ein Zwei-Meter-Sturz, und der Karabiner, insbesondere der »leichte« Leichtkarabiner, kann zu Bruch gehen.
Die Schnapper-offen-Bruchkraft ist deshalb das wichtigste Sicherheitskriterium für Karabiner; nach Möglichkeit sollten nur Karabiner mit mindestens 10 kN (ca. 1000 kp) Schnapper-offen-Bruchkraft verwendet werden.
Querbelastungen sind seltener; doch auch sie können Werte erreichen, bei denen jeder Karabiner bricht. Um Querbelastungen zu vermeiden, kann die Expreßschlinge mit Elastics im Karabiner befestigt werden (siehe S. 53).
Auch Karabiner mit fixierter (unverrückbarer) Expreßschlinge sind auf dem Markt.

- Kantenbelastung vermeiden, da alle Karabiner eine geringe Biegefestigkeit bei Belastung über ihre Breitseite aufweisen. Verlängerungsschlinge (Expreßschlinge) verwenden.

**Bei Ringhaken reicht ein einzelner Karabiner zum Einhängen (Reduzierung der Sturzhöhe).**

# AUSRÜSTUNG

## Klemmkeile

Sie werden in sich verengenden Felsrissen und Erosionslöchern plaziert und können so aufgrund ihrer Keilform einer Kraft in der dafür vorgesehenen Belastungsrichtung widerstehen.

### Formen, Größen

Klemmkeile sind in mindestens zwei unterschiedlichen Breiten (längs und quer) verwendbar und alle Sorten in verschiedenen Größen (numeriert) erhältlich. Die Numerierung ist je nach Fabrikat unterschiedlich und deshalb nicht vergleichbar. Einige Fabrikate besitzen zur leichteren Unterscheidung zusätzlich eine Farbmarkierung.
Alle kleineren Klemmkeile besitzen eine Drahtkabelschlinge zum leichteren Plazieren in engen Rissen. Größere Klemmkeile weisen Bohrungen für Reepschnur-, Band- oder Seilschlingen auf. Bandschlingen sind vernäht (vorteilhaft), Reepschnur- und Seilschlingen verknotet. Knoten vor erstmaliger Benutzung überprüfen! Mittlere und größere Klemmkeile werden auch ohne Schlinge angeboten. Auswahl und Anbringung der Schlinge obliegen dann dem Benutzer. Die Klemmkeilbohrungen sind so ausgelegt, daß ihr Durchmesser auf den richtigen Schlingenquerschnitt hinweist. Es muß stets der stärkste Querschnitt verwendet werden, der sich gerade noch durchfädeln läßt. Auf richtigen Knoten und ausreichend lange Enden achten.

Klemmkeile sind heute das bevorzugte Sicherungsmittel im Fels. Eine Vielzahl von Formen und Größen für unterschiedliche Rißbreiten und Rißformen sind im Handel. Die Festigkeitswerte sind sehr unterschiedlich. Nicht jeder Klemmkeil hält einem größeren Sturz stand.

### Normale Keilform

Doppelkonische Keilform (Urform des Klemmkeils) mit Drahtkabel-, Reepschnur-, Seil- oder eingenähter Bandschlinge je nach Fabrikat und Größe. Die kleinsten Größen nur mit den Breitseiten verklemmen.

### Halbmondform (Rock)

Bananenförmige, doppelkonische Keile; die Bananenform bewirkt ein besseres Klemmen im Riß (Dreipunktauflage) als die normale Keilform. Schlingen wie bei der normalen Keilform.

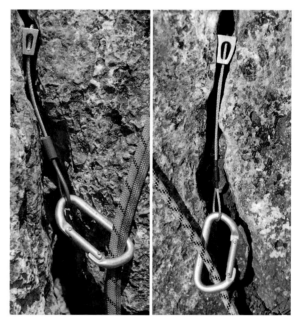

Links normale Keilform, rechts Halbmondform

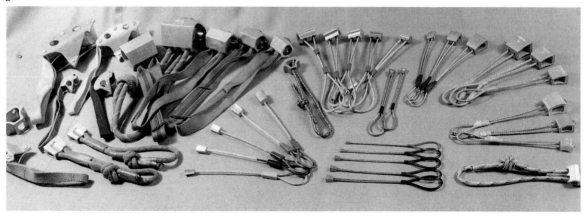

# Alpintechnische Ausrüstung

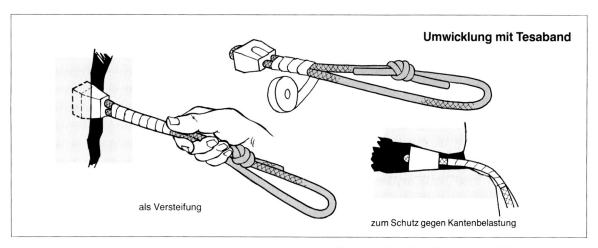

Umwicklung von Klemmkeilschlingen mit Klebeband

## Messingklemmkeile

Kleine Klemmkeile in Stopperform mit eingelöteter oder eingepreßter Drahtkabelschlinge. Die kleinsten besitzen nur sehr niedrige Bruchkraftwerte von etwa 2 kN (ca. 200 kp), die größten können Werte von etwa 7 kN (ca. 700 kp) erreichen. Die kleinsten Größen nur mit den Breitseiten verklemmen. Häufig werden sie bei Sturzbelastung herausgerissen; die kleinsten nur zur Fortbewegung verwenden.

## Hexentric

Unregelmäßige Sechseckform, die bei Belastung ein besseres Klemmen bewirken kann. Schlingen wie bei der normalen Keilform.

## Tricam

Segmentähnlicher Klemmkeil, gute Plazierungsmöglichkeit in Felslöchern und Rissen. Voraussetzung: Die Nase findet ausreichenden Halt an einer Loch- oder Rißwand. Tricams kräftig festziehen, größere mit dem Hammer festklopfen (sie können sich leicht lockern).

## Festigkeit, Bruchkraft

Klemmkeile sind genormt (EN 12270 und UIAA-Norm). Die Normen schreiben keine bestimmten Klemmkeilformen vor.

Hexentrics (abgekürzt Hex)

Tricams

# AUSRÜSTUNG

In großen Hexentrics läßt sich der Knoten im Inneren verstauen.

Einige Hersteller verwenden hochfeste Drahtkabel, die eine etwa um 25% höhere Bruchkraft als die hier angegebene besitzen. Dies läßt sich dem Drahtkabel von außen nicht ansehen (Herstellerangaben in der Gebrauchsanleitung beachten).

Klemmkeile mit Textilschlingen: Von der Größe des Klemmkeils und seiner Schlingenstärke kann nicht ohne weiteres auf seine Festigkeit geschlossen werden. Das Hohlprofil größerer Klemmkeile mit dünner Wandstärke knickt weit unterhalb der Schlingenbruchkraft ein. Die Schlingenstärke und die Klemmkeilgröße täuschen eine höhere Festigkeit vor. Folgende Tabelle verdeutlicht dies:

| Hexentric | Schlingen- durchmesser | Bruchkraft (ca.) |
|---|---|---|
| Größe 3 | 6 mm | 7 kN ( 700 kp) |
| Größe 4 | 7 mm | 13 kN (1300 kp) |
| Größe 5 | 8 mm | 10 kN (1000 kp) |
| Größe 6 bis 9 | 9 mm | 12 kN (1200 kp) |
| Größe 10 | 11 mm | 10 kN (1000 kp) |
| Größe 11 | 11 mm | 9 kN ( 900 kp) |

## Auswahl

Aus Gewichtsgründen können nicht alle Sortimente in sämtlichen Größen mitgeführt werden. Klemmkeilarten, -größen und -anzahl müssen deshalb sorgfältig ausgewählt werden. Begehungshäufigkeit und Art der Route sowie der zu erwartende Schwierigkeitsgrad im Verhältnis zur eigenen Leistungsgrenze sind ausschlaggebend.

**Folgende Hinweise können nützlich sein:**
- Klassische und häufig begangene Routen (vorhandene Haken) = weniger Klemmkeile. Selten begangene und moderne Führen (Freikletterrouten, wenn nicht eingebohrt) = mehr Klemmkeile.
- Einschätzung der eigenen körperlichen Verfassung und Abschätzung, wie nah und wie oft man sich an der Sturzgrenze bewegen wird. Dementsprechend empfiehlt sich die Mitnahme von mehr oder weniger Klemmkeilen.
- In der Führerliteratur werden oft Angaben über benötigte Art und Größe gemacht, z.B. »Stopper Größe 2 bis 6« oder »Hexentric (abgekürzt: Hex) Größe 7 bis 11«.

Die Mindestbruch- bzw. Ausziehkraft* beträgt 2 kN (ca. 200 kp) für die kleinsten Ausführungen, diese sind allerdings wegen der geringen Werte nur zur Fortbewegung geeignet.

Alle Klemmkeile müssen eine Festigkeitskennzeichnung in kN (mal 100 = ca. in kp) aufweisen, z.B. »7 kN« (= ca. 700 kp). Beim angegebenen Wert auf die kN-Angabe achten, um eine Verwechslung mit der Größenangabe zu vermeiden.

Bei Klemmkeilen, die ohne Schlinge angeboten werden, muß der Hersteller in der Gebrauchsanleitung, die jedem Klemmkeil beigegeben sein muß, Angaben zum Selbsteinknüpfen (Länge, Durchmesser bzw. Querschnitt, Knoten usw.) machen.

Da die Normen erst vor kurzem erschienen sind, greifen sie noch nicht. Es ist deshalb damit zu rechnen, daß die Mehrzahl aller im Handel und in Gebrauch befindlichen Klemmkeile noch keine Festigkeitskennzeichnung aufweist. Aus diesem Grund nachfolgend einige Hinweise.

Klemmkeile mit Drahtkabelschlinge: Bei einwandfreier Fertigung hängt die Festigkeit vom Drahtkabel ab. Folgende Angaben können nur als grobe Richtwerte gelten:

| Drahtkabel- durchmesser | Schlingenreißkraft (ca.) |
|---|---|
| 1,2 mm | 2 kN (200 kp) |
| 2 mm | 4 kN (400 kp) |
| 2,5 mm | 6 kN (600 kp) |
| 3 mm | 8–10 kN (800–1000 kp) |
| 4 mm | 12–14 kN (1200–1400 kp) |

# Alpintechnische Ausrüstung

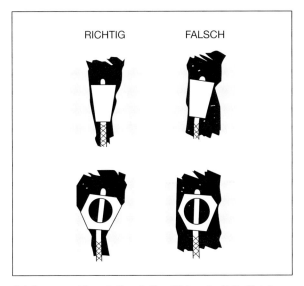

Anbringen von Klemmkeilen: Auflageflächen des Keils (links),
Auflagefläche der Schlinge, Gegenzugposition (rechts)

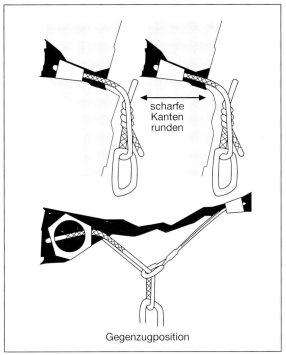

Gegenzugposition

## Anbringen von Klemmkeilen

Erst wenn der für die Belastung ausreichend stabile Klemmkeil richtig plaziert ist, kann sichere Haltekraft vom Klemmkeil im Fels erwartet werden.

**Zum sicheren Anbringen ist zu beachten:**
- Klemmkeile so plazieren, daß ein möglichst großer Teil der Klemmflächen den Fels berührt, wenigstens der mittlere Klemmflächenbereich.
- Klemmkeile dürfen nicht so plaziert werden, daß nur wenige Millimeter des oberen Klemmkeilrandes den Fels tangieren. Bei Belastung können sie durchschlupfen.
- Klemmkeile so plazieren, daß ihre Schlinge bei möglicher Sturzbelastung nicht über eine scharfe Felskante zu liegen kommt (Abschergefahr).

Beim Anbringen von Klemmkeilen müssen die Belastungsrichtung und die mögliche Sturzstrecke beachtet werden.

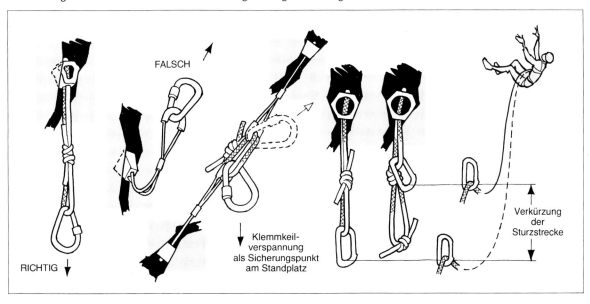

# AUSRÜSTUNG

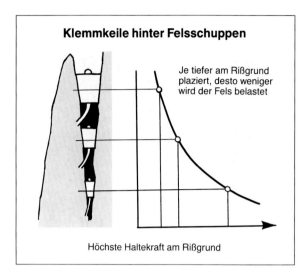

**Klemmkeile hinter Felsschuppen**

Je tiefer am Rißgrund plaziert, desto weniger wird der Fels belastet

Höchste Haltekraft am Rißgrund

Hebelarm). Schuppen erkennt man durch Anklopfen mit dem Hammer (oder Klemmkeil); hohler Klang = unsichere Festigkeit.

## Entfernen von Klemmkeilen

In engen, tiefen Rissen plazierte Klemmkeile lassen sich oft nur schwierig wieder entfernen. Einige Hersteller bieten entsprechende Hilfsgeräte (»Klemmkeilfieseler«) an. Auch durch Sturzbelastung fest verklemmte Keile lassen sich meist nur schwierig wieder entfernen. In der Regel muß man mit dem Hammer nachhelfen. Bei kleineren Klemmkeilen kann ein Haken zu Hilfe genommen werden, der wie ein Durchschlag zu benutzen ist.

- Nach Plazierung müssen die Klemmkeile in der vorgesehenen Belastungsrichtung kräftig festgezogen werden. Beim Seilnachziehen, das die Klemmkeilschlinge bewegt, dürfen sie sich nicht lockern und lösen können. Sofern Platz im Riß, können die Klemmkeile mit dem Hammer etwas festgeklopft werden.
- Zu lange Schlingen größerer Klemmkeile am besten durch Knoten (Sackstich, Achterknoten) kürzen. Unnötige Schlingenlänge vergrößert die mögliche Sturzhöhe (siehe Grafik S. 65 unten).

Klemmkeile sind nur in Richtung der Rißverengung belastbar. Bei Belastung in entgegengesetzter Richtung verlieren Klemmkeile ihren Halt und werden herausgerissen. Dies gilt es bei Einrichten des Standplatzes zu beachten, da die Kameradensicherung, wenn Zwischensicherungen vorhanden sind, nach oben oder auch in seitlicher Richtung belastet werden kann. Deshalb Klemmkeile am Standplatz in Gegenzugposition anordnen.

## Haltekraft im Fels

Unter der Voraussetzung, daß der Klemmkeil selbst ausreichende Festigkeit besitzt und einwandfrei plaziert ist, hängt seine Haltekraft im Fels noch von der den Klemmkeil umgebenden Gesteinsfestigkeit ab. Risse im kompakten Fels bieten ausreichende Festigkeit. Anders bei Rissen hinter Felsschuppen: Bei Belastung kann die Schuppe nachgeben oder ausbrechen. Je tiefer der Klemmkeil am Rißgrund plaziert wird, desto geringer die Belastung der Schuppe (kleinerer

**Klemmkeile, die einer Sturzbelastung ausgesetzt wurden, müssen einer Sichtkontrolle unterzogen werden; bei folgenden Veränderungen sind sie auszusondern (Bruchgefahr):**

- Beschädigung der Schlinge (Bandnaht angerissen, einzelne Drahtlitzen gerissen, Bandkante oder Reepschnur- bzw. Seilmantel beschädigt)

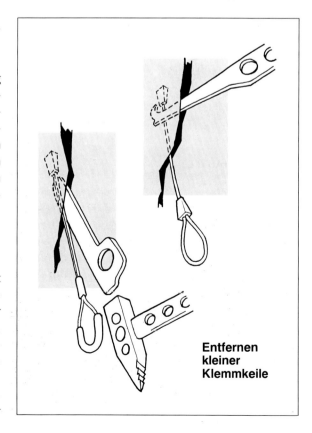

**Entfernen kleiner Klemmkeile**

# Alpintechnische Ausrüstung

- Klemmkeilkörper deformiert, angerissen oder gar eingeknickt
- Steg zwischen den Bohrungen merklich tiefer (Deformation)

Im Fels belassene Klemmkeile wurden von ihren Besitzern immer nur ungern zurückgelassen und deshalb mit Hammer und Haken meist schon arg malträtiert. Deshalb Vorsicht! Sofern der Klemmkeil noch in Ordnung ist und die Schlinge sicher genug erscheint, können sie verwendet werden. Bei Klemmkeilen mit Drahtkabelschlinge ist besondere Vorsicht geboten: Das Drahtkabel kann angerostet sein, insbesondere in der Verpressung.

**Sächsische Knotenschlinge**

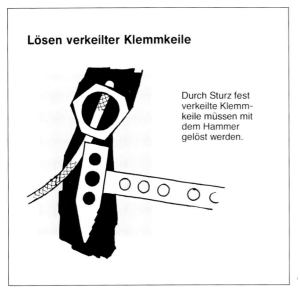

**Lösen verkeilter Klemmkeile**

Durch Sturz fest verkeilte Klemmkeile müssen mit dem Hammer gelöst werden.

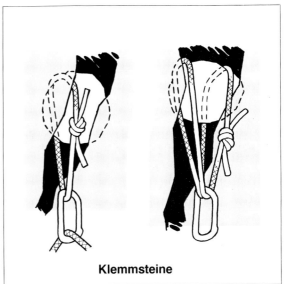

**Klemmsteine**

## Klemmkeilersatz

Die Knotenschlinge (Vorläuferin des Klemmkeils) kann als Ersatz dienen. Vorsicht: Bei Belastung verjüngt sich der Knoten und kann durch die Rißverengung schlüpfen! Sollte der Sackstich (andere Knoten eignen sich nicht!) zu klein ausfallen, läßt sich über den ersten ein zweiter knüpfen, gegebenenfalls auch ein dritter. Auch Bandmaterial eignet sich, vor allem für enge Risse (der Sackstich zieht sich bei Belastung nicht auf, da er zwischen den Rißflanken verklemmt wird). Sicher plazierte Knotenschlingen können Haltekräfte bis zur Knotenbruchkraft des verwendeten Schlingenmaterials erreichen.
Auch Klemmblöcke oder sicher im Riß verklemmte Steine können als Klemmkeilersatz dienen (mit einigen Hammerschlägen auf festen Sitz prüfen). Reepschnur bzw. Bandschlinge nicht zu schwach wählen (Felskanten!) und zwischen Klemmblock und Rißwand zur Anlage bringen (günstigste Belastung).

## Klemmgeräte

Sie passen sich unterschiedlichen Rißbreiten stufenlos an. Ein Federmechanismus bewirkt den Anpreßdruck an die Rißflanken. Klemmgeräte können auch an Rißstellen mit parallelen Flanken klemmen (der Riß muß

# AUSRÜSTUNG

sich nicht wie bei Klemmkeilen in Belastungsrichtung verengen). Voraussetzung ist ausreichende Haftreibung zwischen Fels und Klemmgerät.

**Derzeit sind zwei unterschiedliche Systeme auf dem Markt:**
- System Friend mit vier beweglichen Segmenten
- System Slider mit einem beweglichen, längsgeführten Keilpaar

## Formen und Größen

Alle Klemmgeräte werden in unterschiedlichen Größen angeboten. Einige Fabrikate weisen größenorientierte Farbmarkierungen der Schlingen auf, was das schnellere Auswählen am Anseilgurt erleichtert. Ist der Federmechanismus defekt, bieten die meisten Hersteller einen Reparaturservice über den Sportfachhandel an.
Klemmgeräte vom System Friend: Durch ihre vier beweglichen Segmente passen sie sich ungleichen Rißflanken an; sie finden Platz in breiten Fingerrissen, in Hand- und großen Faustrissen, und zwar für Rißbreiten je nach Fabrikat von 15 bis 190 mm. Gewicht je nach Größe und Fabrikat von etwa 100 bis 500 g. Klemmgeräte mit flexiblem Bügel sind solchen mit starrer Stange vorzuziehen, da universeller (auch in Horizontalrissen und Löchern) einzusetzen.

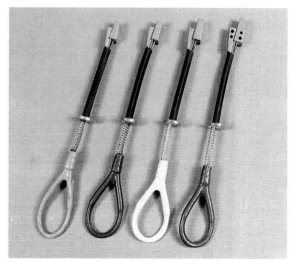

Klemmgeräte vom System Slider

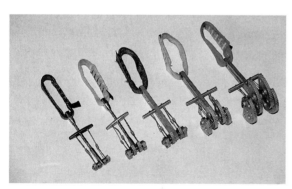

Klemmgeräte vom System Friend

Klemmgeräte vom System Slider: Sie finden Platz in sehr schmalen bis breiten Fingerrissen, und zwar in Rißbreiten von etwa 3 bis 30 mm. Durch die geringere Gerätetiefe eignen sie sich vor allem für weniger tiefe Risse, wie sie im Kalk häufiger vorkommen als im Urgestein. Gewicht je nach Größe und Fabrikat etwa 20 bis 80 g. Beim Plazieren gibt es weniger Fehlerquellen als bei Verwendung des Systems Friend.

## Festigkeit, Bruchkraft

Klemmgeräte sind genormt (EN 12276 und UIAA). Die Normen schreiben wie bei Klemmkeilen keine bestimmte Form vor.
Die Mindestbruch- bzw. Ausziehkraft* beträgt 5 kN (ca. 500 kp) für die kleinsten Ausführungen. Klemmgeräte müssen eine Festigkeitskennzeichnung in kN (mal 100 = ca. in kp) aufweisen, z. B. »10 kN« (= ca. 1000 kp).
Beim angegebenen Wert auf die kN-Angabe achten, um eine Verwechslung mit einer möglicherweise vorhandenen Größenangabe zu vermeiden.
Da die Normen erst vor kurzem erschienen sind, greifen sie noch nicht. Es ist deshalb wie bei Klemmkeilen damit zu rechnen, daß die Mehrzahl aller im Handel und in Gebrauch befindlichen Klemmgeräte noch keine Festigkeitskennzeichnung aufweist.

## Anbringung von Klemmgeräten

Die Haftreibung zwischen Klemmgerät und Rißflanken muß ausreichend groß sein, um die Klemmwirkung bei Sturzbelastung zu erreichen. Rauhe Rißflanken wie im Urgestein bieten immer mehr Haftreibung als die meist glatteren Risse im Kalk. Die Rißflanken sollen möglichst trocken sein; sie müssen immer frei sein von Sand, Erde, Algen und Flechten. Andernfalls erfahren die Haftflächen der Klemmgeräte nicht genügend Haftreibung, und das Klemmgerät fällt bei Belastung heraus.

# Alpintechnische Ausrüstung

Friend in einem Vertikalriß mit ungleichen Rißflanken

Maximaler Öffnungswinkel der Segmente für Friends der alten Generation (mit zu schwachen Segmentanschlägen)

Die beiden unterschiedlichen Klemmsysteme besitzen noch besondere Eigenschaften, die es beim Plazieren zu beachten gilt.

Friends sind die am schwierigsten sicher anzubringenden Klemmgeräte:

- Alle vier Segmente müssen an den Rißflanken anliegen. Ist das auch nur bei einem Segment nicht der Fall, wird der Friend bei Sturzbelastung herausgerissen.
- Die meisten Modelle dürfen nicht in der größten Stellung plaziert werden (da sie zu schwache Segmentanschläge besitzen, die schon bei geringer Belastung brechen und so zum Versagen des Klemmgerätes führen). Eine neue Generation (ab Sommer 1997) ist in diesem Punkt stabiler, so daß auch eine Plazierung mit vollem Öffnungswinkel möglich ist (auf Gebrauchsanleitung achten).
- Alle Segmente besitzen kleine Zähne. Die Vertiefung zwischen den Zähnen dient zur Erhöhung der Haftreibung am Fels. Durch häufiges Benutzen und durch Sturzbelastung werden die Zähne (Aluminium) deformiert und die Vertiefungen zugequetscht. Mit Schlüsselfeile nachfeilen, auf scharfe Kanten achten. Friends mit stark deformierten Zähnen aussondern (der abgebildete sollte nicht mehr nachgefeilt, sondern ausgesondert werden).

Deformierte Segmentzähne: Friend ist unbrauchbar, da die Haftreibung am Fels nicht mehr gewährleistet ist.

- Das Belastungselement (Stange, Kabel) muß in die voraussichtliche Belastungsrichtung zeigen, in der Regel nach unten. Zeigt das Belastungselement in

# AUSRÜSTUNG

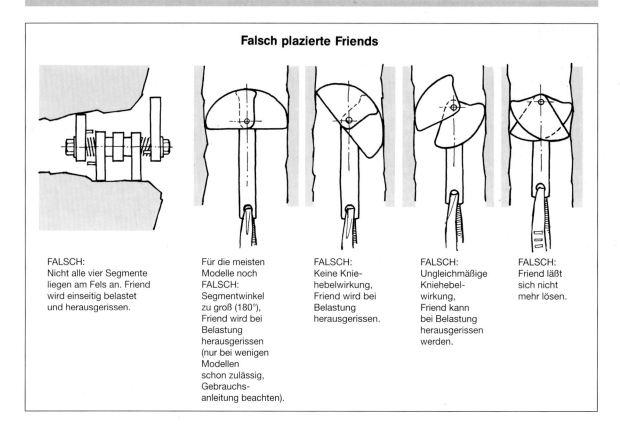

**Falsch plazierte Friends**

FALSCH:
Nicht alle vier Segmente liegen am Fels an. Friend wird einseitig belastet und herausgerissen.

Für die meisten Modelle noch FALSCH:
Segmentwinkel zu groß (180°), Friend wird bei Belastung herausgerissen (nur bei wenigen Modellen schon zulässig, Gebrauchsanleitung beachten).

FALSCH:
Keine Kniehebelwirkung, Friend wird bei Belastung herausgerissen.

FALSCH:
Ungleichmäßige Kniehebelwirkung, Friend kann bei Belastung herausgerissen werden.

FALSCH:
Friend läßt sich nicht mehr lösen.

eine andere Richtung, wird es bei Sturzbelastung in die Sturzzugrichtung gerissen. Dabei erfährt der Friend im Riß eine Drehung, die Segmente können ihren Halt verlieren, und der Friend kann herausgezogen werden (häufigste Ursache bei herausgerissenen Friends).
- Beim Seilnachziehen wandert der Friend in den Riß hinein. Weitet sich der Riß, verliert der Friend seinen Halt. Steht der Friend am Rißgrund an, läßt er sich nur sehr schwer entfernen, ohne Felszerstörung meist nicht.

**Flexibler Friend mit unter Belastung abgewinkeltem Kabel**

- In Horizontalrissen und in Felslöchern muß die Belastungsstange bis zur Schlinge am Fels aufliegen. Ein Abbinden ist bei Friends meist problematisch. Besser Friends mit flexiblem Belastungselement (Kabel, flexible Friends) verwenden (siehe Bild unten links).

Klemmgeräte vom System Slider: Es gelten die Voraussetzungen wie auf S. 69 aufgeführt: Felsbeschaffenheit, Reibung am Fels usw.

**Darüber hinaus ist auf folgendes zu achten:**
- Die Felsanlagefläche für die Seite mit dem beweglichen Teil soll möglichst rauh sein, damit die notwendige Haftreibung erreicht wird, vor allem bei parallelen Rissen.
- Klemmgerät ähnlich einer Injektionsspritze fassen, im Riß plazieren und kräftig festziehen.
- Die Schlinge muß, wie beim Friend, in die voraussichtliche Belastungsrichtung zeigen, andernfalls wird das Klemmgerät ungünstig belastet und kann herausgerissen werden. Abwinkelung der Drahtkabelschlinge an der Felskante (wie bei Friends) zulässig.

# Alpintechnische Ausrüstung

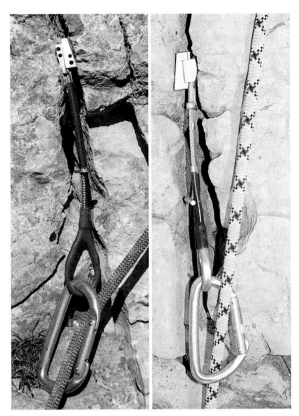

Zwei verschiedene Klemmgeräte vom System Slider, beide jeweils in einem Vertikalriß gelegt

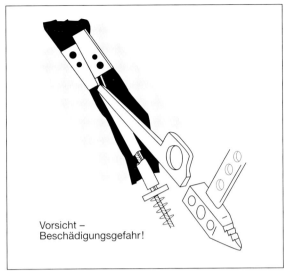

Lösen eines festsitzenden Sliders

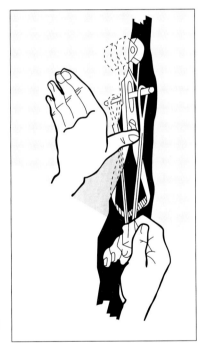

Lösen von Friends aus engen Rissen (in die Finger nicht hineinpassen)

## Lösen von Klemmgeräten

System Friend: Sie werden durch Zug mit zwei Fingern am Zuggriff bei gleichzeitigem Druck gegen das Belastungselement gelöst. Ist das Klemmgerät zu tief in den Riß gewandert, so daß der Zuggriff mit den Fingern nicht mehr erreichbar ist, Drahtschlingen zweier Klemmkeile oder den von einigen Herstellern eigens dazu entwickelten Remover (Nachteil: Mehrgewicht) zu Hilfe nehmen. Steht das Klemmgerät am Rißgrund an, kann ein leichter Hammerschlag gegen das Belastungselement bei gleichzeitig kräftigem Ruck am Zuggriff helfen. Es können durchaus Situationen auftreten, in denen ein Lösen ohne Felszerstörung und ohne Deformation des Klemmgeräts nicht möglich ist.

System Slider: Sie werden durch Zug am beweglichen Teil gelöst. Fest verkeilte Klemmgeräte müssen mit dem Hammer und einem Haken, der wie ein Durchschlag zu benutzen ist, gelöst werden. Vorsicht: Beschädigungsgefahr des Klemmgerätekörpers sowie der Kabel!

## Felshaken

Felshaken sind genormt (EN 569 und UIAA). Aufgrund des erst kurz zurückliegenden Erscheinungstermins greift die Norm noch nicht. Es muß deshalb davon ausgegangen werden, daß die Mehrzahl aller Haken, insbesondere die im Fels befindlichen, noch nicht normgerecht ist.

# AUSRÜSTUNG

## Hakenformen und -längen

**Unterschiedliche Rißformen im Fels machen unterschiedliche Hakenformen und -längen erforderlich:**

- Längs- und Querhaken sind Grundformen, wovon heute meist nur noch die Querhaken benutzt werden. Sie sind vielseitiger verwendbar, ihre Haltekraft im Fels ist höher, und sie lassen sich leichter wieder herausschlagen.
- Drehmomenthaken erreichen durch die »verdrehte« Hakenöse bei Belastung einen Verdreheffekt und dadurch eine höhere Haltekraft im Fels. Sie lassen sich jedoch nur schlecht aus dem Fels wieder herausschlagen. Ideal als Sicherungshaken, die belassen werden.
- Ringhaken sind als Stand- und Abseilhaken gedacht. Die Schweißnaht kann ein Sicherheitsrisiko sein. Ringhaken lassen sich nur schlecht wieder entfernen, der Ring stört beim Herausschlagen und wird dabei immer deformiert. Kaum mehr gebräuchlich.
- Spachtelhaken sind für sehr schmale, weniger tiefe Risse bestimmt. Geringe Haltekraft im Fels, nur zur Fortbewegung.
- Winkelhaken sind eine Sonderform des Querhakens. Sie besitzen am Übergang vom Kopf zum Schaft eine Schwachstelle, wo sich der Haken beim Eintreiben leicht verbiegt.
- Profilhaken werden in breiteren Rissen verwendet. U-Profil- und Z-Profilhaken eignen sich auch für weicheres Gestein wie Porphyr und Sandstein.
- Bong-Haken sind breite V-Profilhaken für entsprechend breite Risse, falls nicht Klemmkeile und Klemmgeräte Verwendung finden. Die Erleichterungsbohrungen dienen auch zum Durchfädeln von Reepschnur- oder Bandschlingen an solchen Rißstellen, wo sich der Haken nicht tief genug in den Felsriß eintreiben läßt.

Die meisten Hakenformen sind zur Plazierung in unterschiedlich tiefen Rissen in unterschiedlichen Län-

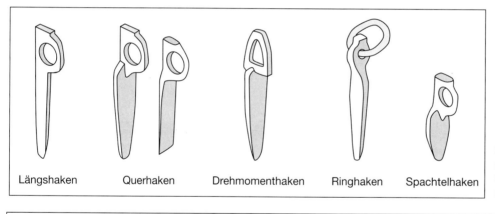

Felshaken gibt es in zahlreichen unterschiedlichen Formen und Längen.

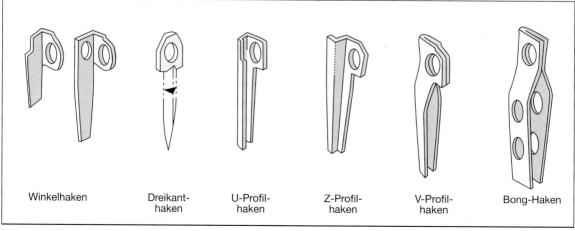

# Alpintechnische Ausrüstung

gen erhältlich. Die Normen sehen die Angabe der Nutzlänge in cm auf dem Hakenkopf vor.
Haken mit schlanker Schaftspitze lassen sich meist leichter eintreiben als solche mit runder oder breiter, da die Felsrisse (besonders im Kalk) häufig verwachsen sind.

## Hakenmaterial

Die unterschiedliche Gesteinsfestigkeit erfordert unterschiedlich harten Hakenstahl. Weiches Gestein verlangt häufig weichere Haken, die sich dem Rißverlauf besser anpassen. Härteres Gestein verträgt härtere Haken, die auch höhere Haltekräfte erreichen.

**Es werden deshalb Haken aus Weichstahl und aus Hartstahl gebraucht:**
- Weichstahl ist ein niedriglegierter, zähharter, aber doch noch etwas »weicher« Schmiedestahl.
- Hartstahl ist ein höherlegierter, sehr zähharter, vergüteter* Stahl mit höherer Festigkeit.

Aus den Angaben in Katalogen ist meist nicht ersichtlich, ob es sich um Weichstahl- oder Hartstahlhaken handelt. Häufig werden Legierungsbestandteile angegeben, die nur dem Fachmann verständlich sind. Da die Zahl der Legierungen in die Hunderte geht, lassen sich keine kurzen, übersichtlichen Angaben machen (beim Kauf erfragen). Eindeutige Hinweise auf Hartstahl sind noch Angaben wie »gehärtet« oder »vergütet«. Einige wenige Hersteller bieten Hart- und Weichstahlhaken in unterschiedlichen Farben an: Dunkel/Schwarz = Hartstahl; alle anderen Farben = Weichstahl (auf Katalogangaben achten).
Hartstahlhaken sind teurer als Weichstahlhaken. Die Verschleißfestigkeit bzw. Wiederverwendbarkeit von Hartstahlhaken ist größer als die von Weichstahlhaken. Sofern Hartstahlhaken nicht im Fels belassen werden oder verlorengehen, ist ihre Verwendung letztlich nicht teurer.

## Hakenfestigkeit

Felshaken sind genormt (EN 569 und UIAA); die Norm schreibt für zwei unterschiedliche Hakentypen Mindestbruchkraftwerte in allen drei Belastungsrichtungen (N, R, S, siehe Zeichnung) vor, unabhängig von Hakenform, Schaftlänge und Material (Hartstahl, Weichstahl).

- Sicherheitshaken: Haken mit hoher Bruchkraft, für Standplätze und zur Sicherung bei größerer Belastung. Kennzeichnung auf dem Hakenkopf mit einem »S« im Kreis (S = Sicherheit, Safety).

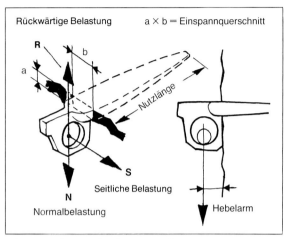

**Belastungsrichtungen bei der Normprüfung**

- Andere Haken: Haken mit niedriger Bruchkraft, zur Sicherung bei geringer Belastung und zur Fortbewegung. Keine Kennzeichnung.

Diese Bruchkraftwerte beziehen sich nur auf die Festigkeit des Hakens selbst, sie besagen noch nichts über dessen Haltekraft im Fels.

| | Mindestbruchkraft nach Norm in den Belastungsrichtungen | | |
|---|---|---|---|
| | N | R | S |
| Sicherheits-haken | 25,0 kN (ca. 2500 kp) | 10,0 kN (ca. 1000 kp) | 15,0 kN (ca. 1500 kp) |
| andere Haken | 12,5 kN (ca. 1250 kp) | 5,0 kN (ca. 500 kp) | 7,5 kN (ca. 750 kp) |

## Haltekraft im Fels

Das Sicherheitskriterium aller Felshaken ist ihre Plazierung im Fels.

**Folgende Angaben können dienlich sein:**
- Stahlfestigkeit: Je höher die Stahlfestigkeit, desto höher die mögliche Klemmwirkung. Hartstahl hat eine etwa doppelt so hohe Festigkeit wie Weichstahl.

# AUSRÜSTUNG

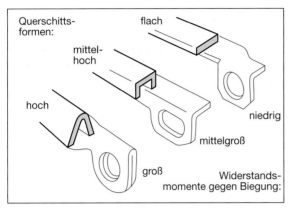

Zusammenhang von Querschnittsform und Widerstandskraft (-moment) gegen Biegung

- Widerstandskraft(-moment) gegen Biegung: Je größer die Widerstandskraft (siehe Grafik oben), desto größer ist die mögliche Klemmwirkung.
- Hebelarm: Je kleiner der Hebelarm (Grafik unten), desto weniger ungünstig ist die Belastung.
- Äußere Ösenform an der Felsanlage: Je weniger sich der Schaft bei Belastung am Übergang zum

Kopf verbiegen kann (siehe Grafik unten links), desto größer ist die Haltekraft.
- Gesteinsfestigkeit: Beim Hakeneinschlagen werden weichere Gesteine wie Sandstein usw. leichter verformt und bewirken deshalb eine niedrigere Klemmwirkung als härtere wie etwa Granit.
- Belastungsrichtung (siehe Grafik unten): Sie ist am günstigsten quer zur Schaftrichtung. So werden höhere Haltekräfte erzielt als bei Belastung in Schaftrichtung.

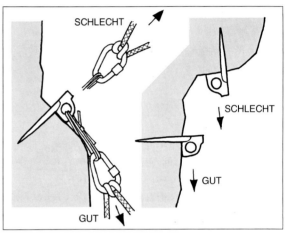

Belastungsrichtungen bei Haken

Eine Sonderstellung nimmt der Ringhaken ein. Alle Ringe sind geschweißt. Die Schweißung kann schlecht ausgeführt (»gepappt«) sein. Ringhaken am besten vermeiden (sie lassen sich sowieso schlecht setzen und entfernen).

Für die Haltekräfte im Fels können keine verläßlichen Angaben hinsichtlich der Ausreißkraft gemacht werden, da sie von zu vielen Faktoren abhängig ist. Die Praxis hat gezeigt, daß bei 80% aller im Fels befindlichen Haken die Festigkeit falsch beurteilt wird, insbesondere wenn sie schon vor längerer Zeit gesetzt wurden (Korrosion, Erosion).

## Hakenauswahl

Die Verwendung von Klemmkeilen als Sicherungsmittel reduziert die Anzahl mitzuführender Haken. An Standplätzen empfiehlt sich nach wie vor die Verwendung von Felshaken, da sie in mehrere Richtungen belastbar sind, im Gegensatz zu Klemmkeilen. Anzahl und Auswahl richten sich nach dem Gestein und nach Art und Länge der geplanten Kletterroute.

Hebelarm und Verbiegung verschiedener Ösenformen

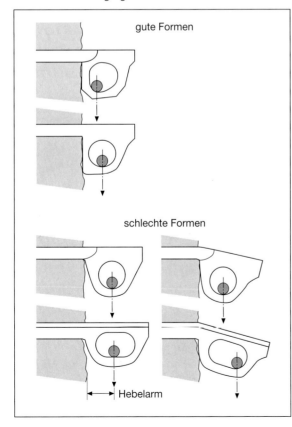

# Alpintechnische Ausrüstung

## Hakenform und -material

Beide sind abhängig von der Art des Gesteins. Weichere Gesteine verlangen mehr Weichstahlhaken und mehr Querhaken, härteres Gestein mehr Hartstahlhaken und mehr Profilhaken. Aufteilung etwa wie folgt:

| Gestein | Hakenmaterial | Hakenform |
|---|---|---|
| Kalk und andere weiche Gesteine wie Porphyr, Sandstein usw. | $2/3$ Weichstahlhaken $1/3$ Hartstahlhaken | $2/3$ Querhaken $1/3$ Profilhaken |
| Granit und andere harte Gesteine wie Quarzit, Basalt usw. | $1/3$ Weichstahlhaken $2/3$ Hartstahlhaken | $1/3$ Querhaken $2/3$ Profilhaken |

Nutzlänge im wesentlichen über 8 cm, nur wenige kürzere für Sonderfälle und zur Fortbewegung; zur Sicherung am Standplatz nicht unter 10 cm.
Werden Drehmomenthaken mitgeführt, muß man sich darauf einstellen, sie möglicherweise im Fels belassen zu müssen (sie sind nur schwierig wieder herauszuschlagen).
Winkelhaken werden selten benötigt, auf Längs- und Ringhaken kann ganz verzichtet werden.

## Hakenanzahl

Sie ist abhängig von Routenlänge und Begehungshäufigkeit. Manche Haken lassen sich nicht oder nur mit viel Mühe wieder entfernen (Zeitdruck), was im Verhältnis zur Routenlänge einkalkuliert werden muß. In Moderouten werden immer mehr Haken angetroffen als in selten begangenen Routen. Werden Klemmkeile bevorzugt, kann die Hakenanzahl auch kleiner gehalten werden. Nach Möglichkeit Erkundigung über vorhandene Sicherungsmöglichkeiten einholen (Kletterführer, Alpinzeitschriften). Andernfalls besser einige Haken und Klemmkeile mehr mitführen.

## Hakensetzen

Der Haken soll sich von Hand schon teilweise in den Riß stecken lassen. Nur so ist auch das einhändige Einschlagen möglich. Der Weichstahlhaken folgt dem Rißverlauf leichter als der Hartstahlhaken; weiches Gestein paßt sich eher dem Haken an als härteres.

**Die Stecktiefe richtet sich deshalb nach Hakenmaterial und Gestein:**
- bei Kalk und Weichstahlhaken: Stecktiefe etwa $1/3$ Schaftlänge
- bei Granit und Hartstahlhaken: Stecktiefe etwa $2/3$ Schaftlänge

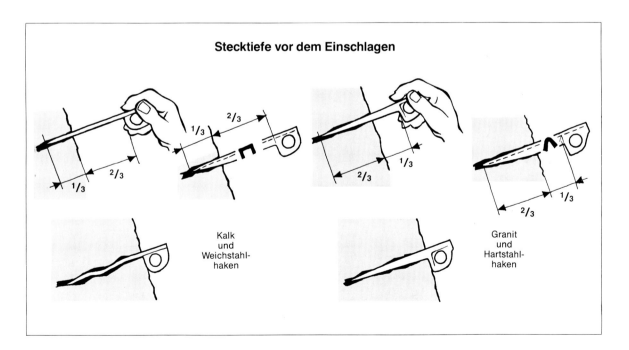

**Stecktiefe vor dem Einschlagen**

Kalk und Weichstahlhaken

Granit und Hartstahlhaken

# AUSRÜSTUNG

Die Rißtiefe und die innere Rißbreite können nur mit den ersten Hammerschlägen erfühlt werden. Zieht der Haken mit jedem Schlag zügig tiefer, beginnt er zu »singen« (hoher Ton), so ist der Haken hinsichtlich Schaftlänge und Schaftstärke offensichtlich richtig gewählt. Das restliche Einschlagen, bis die Öse aufsitzt, bewirkt dann meist ausreichenden Halt.

Je länger der Hakenschaft ist und je mehr Widerstand der Haken beim Einschlagen erfährt, desto höher ist seine Haltekraft bei Belastung. Nach dem Einschlagen muß geprüft werden, ob sich der Felsriß durch das Hakeneintreiben geweitet und so eine zuvor nicht erkennbare Schuppe gelockert hat. Leichte Hammerschläge auf den umgebenden Felsbereich verraten bei hohlem Klang eine solche Schuppe.

**Weitere Fehlerquellen sind:**
- Sitzt der Haken schon nach wenigen Hammerschlägen mit der Öse am Fels auf, ist er zu kurz oder im Querschnitt zu schwach. Ein längerer und im Schaftquerschnitt etwas stärkerer muß gewählt werden.
- Läßt sich der Haken auch mit kräftigen Hammerschlägen nicht weiter eintreiben, obwohl die Öse noch nicht am Fels aufsitzt, ist er zu lang oder im Querschnitt zu dick. Ein kürzerer und im Schaftquerschnitt schwächerer paßt dann besser.

Müssen Haken benutzt werden, die sich nicht bis zur Öse haben eintreiben lassen, muß der für Belastungen ungünstige Hebelarm verkürzt werden. Dünne

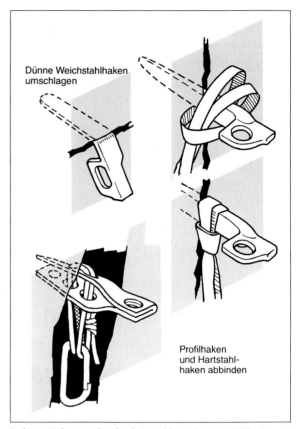

Zu lange Haken werden durch Umschlagen bzw. mit Hilfe einer Schlinge gekürzt.

Zwei sicher plazierte Felshaken: links ein Querhaken, rechts ein Drehmomenthaken

Weichstahlhaken können umgeschlagen werden, Hartstahlhaken werden mit einer kurzen Bandschlinge (Reepschnurschlinge) abgebunden.
Bongs, die sich nicht weit genug in den Fels eintreiben lassen, können mit einer Reepschnur- oder Bandschlinge, die durch die dem Fels am nächsten liegenden Erleichterungsbohrungen gefädelt wird, »abgebunden« werden.

## Im Fels vorgefundene Haken

Witterungseinflüsse reduzieren durch Korrosion* und Erosion* die Haltekraft im Fels belassener Haken. Die Haltekraft vorgefundener Haken wird deshalb häufig überschätzt.

**Einige leichte Hammerschläge verraten, wie es um einen vorgefundenen Haken steht:**
- Hoher, singender Ton läßt auf sicheren Sitz schließen.
- Weniger hoher, eher dumpfer Ton ist ein Zeichen für unsicheren Sitz.

Liegt die Öse noch nicht am Fels auf, so hilft oft ein Nachschlagen. Erscheint der vorgefundene Haken

# Alpintechnische Ausrüstung

trotzdem nicht sicher genug, muß er durch einen im Schaft etwas stärkeren oder längeren Haken (am besten aus Hartstahl) ersetzt werden.

An vorgefundenen Ringhaken die Schweißstelle in »3 Uhr«- oder »9 Uhr«-Position plazieren. So kann sich eine Belastung am wenigsten ungünstig auswirken.

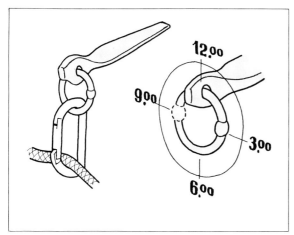

Die Schweißnaht von Ringhaken sollte auf eine der beiden Seiten gedreht werden.

## Entfernen von Haken

Das Herausschlagen von Haken ist oft mühsam und zieht den Fels immer in Mitleidenschaft. Sicher gesetzte Stand- und Sicherungshaken sollten deshalb nicht um jeden Preis wieder entfernt werden.

Das Lockern erfolgt durch seitliche Hammerschläge gegen die Öse, abwechselnd in beide Richtungen, bis sich der Haken herausziehen oder mit geeignetem Hammer heraushebeln läßt. Weichstahlhaken lockern sich mit jedem Hammerschlag etwas mehr, Hartstahlhaken können von einem Hammerschlag zum anderen aus dem Riß fallen. Allgemein lassen sich Hartstahlhaken leichter wieder entfernen als Weichstahlhaken.

## Hakenrichten

Weichstahlhaken verformen sich leichter als Hartstahlhaken, lassen sich folglich auch leichter wieder richten. Doch das Richten hat seine Grenzen. Nur dünnere und wenig verformte Weichstahlhaken lassen sich mit dem Hammer auf einer harten Unterlage geraderichten. Bei stärkerer Verformung ist dies nur mit Hilfe eines Schmiedefeuers möglich. Dies überläßt man besser dem Fachmann (Metallhandwerker). Gerichtete Haken gründlich auf mögliche Haarrisse an den Biegestellen untersuchen.

Hartstahlhaken lassen sich nur sehr wenig richten. Stark verformte Hartstahlhaken aussondern.

## Bohrhaken

Bohrhaken lassen sich an jeder beliebigen Stelle setzen, sofern der Fels ausreichend fest ist. Mit dem Bohrmeißel wird unter ständigem Drehen ein Loch in den Fels getrieben oder mit Akku-Bohrmaschine gebohrt; Lochrichtung senkrecht (90°) zum Fels. Bohrstaub entfernen. Bohrzeit von Hand im Kalk etwa 10 bis 15 Minuten, im Granit erheblich länger, mit Bohrmaschine nur Bruchteile von Minuten. Bohrerverschleiß im Granit größer.

**Bohrhaken sind genormt (EN 959 und UIAA); sie müssen aus korrosionsbeständigem Werkstoff gefertigt sein, das Verspreizen muß ohne Mitwirkung der Grundfläche des Bohrloches erfolgen, und sie müssen Mindestbruchkraftwerte wie folgt aufweisen:**
- **radial (Querzug) 25 kN (ca. 2500 kp)**
- **axial (Längszug) 15 kN (ca. 1500 kp)**

Die Mehrzahl der im Fels befindlichen Bohrhaken entspricht nicht den Normanforderungen.

Zwei in ihrer Setzweise unterschiedliche Hakenarten stehen zur Wahl, zwei weitere befinden sich noch vielfach im Fels.

### Bohrhaken mit Spreizkeil von außen

Dabei handelt es sich um eine normgerechte Form. Die Klemmwirkung erfolgt durch den von außen einzutreibenden Spreizkeil. Dadurch werden Fehler beim Setzen durch ein zu tiefes Bohrloch ausgeschaltet. Ideal für Erstbegehungen: Der Haken sitzt mit wenigen Schlägen fest.

### Klebebohrhaken

Die formschlüssige Verbindung mit dem Fels erfolgt durch Kleben mittels sogenanntem Verbundmittel auf Zweikomponentenbasis (bauaufsichtlich zugelassen,

# AUSRÜSTUNG

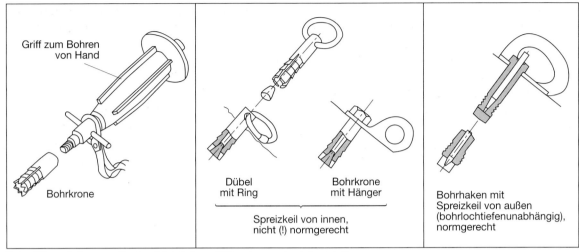

Bohrgriff zum Bohren von Hand und Bohrhaken mit Verankerung durch Spreizkeil

normgerecht). Das Bohrloch (ca. 2 mm größer als der Schaftdurchmesser) muß frei von Bohrstaub sein (ausblasen und ausputzen mit Flaschenhalsputzer oder Zahnbürste). Auf Abbindezeit und andere Hinweise in der Gebrauchsanleitung achten.

Zur formschlüssigen Verbindung bestimmter Haken (Bühlerhaken) mit dem Fels kann auch schnellabbindender Zement verwendet werden.

## Bohrhaken mit Spreizkeil von innen

Bei dieser Bohrhakenform entsteht die Klemmwirkung durch einen runden Spreizkeil im Bohrlochgrund. Achtung: nicht normgerecht! Von außen sind diese Bohrhaken nicht zu erkennen.

### Sie haben erhebliche Nachteile:

- Bei zu tiefem Bohrloch (Bohrmaschine) keine ausreichende Klemmwirkung.

- Die als Dübel verwendete Bohrkrone ist der Korrosion und Erosion ausgesetzt; dies gilt auch für die nichtrostende Schraube und den Hänger, da die Bohrkrone nicht aus rostfreiem Stahl gefertigt werden kann. Bei unterschiedlichen Metallen tritt darüber hinaus elektrolytische* Korrosion auf.

Die Bruchkraftwerte sind sehr niedrig. Von der Verwendung muß auf jeden Fall abgeraten werden. Auch eine Abdichtung des Bohrhakens löst das Korrosionsproblem nicht; die Feuchtigkeit sickert teilweise durch den Fels.

## Stiftbohrhaken

Bis Mitte/Ende der siebziger Jahre wurden Stiftbohrhaken (nicht normgerecht) verwendet, die noch vielfach im Fels angetroffen werden. Ihre Festigkeit und

Von links nach rechts: Drei Hängerhaken, Ringhaken, Doppelringhaken (zum Abseilen) und Toprope-Haken

# Alpintechnische Ausrüstung

Haltekraft können nicht abgeschätzt werden, da sie von der Schaftlänge und von der Klemmwirkung im Bohrloch abhängig sind (beides ist von außen nicht zu erkennen). Erosion und Korrosion können die Haltekraft erheblich reduziert haben. Außerdem ist der Schaftquerschnitt (6 × 6 mm) nach heutigen Gesichtspunkten zu schwach. Deshalb Vorsicht: Nicht als alleinigen Sicherungspunkt verwenden!

Links: einzementierter Bühlerhaken, rechts: Stiftbohrhaken

### Hinweis

Da die Normen (EN, UIAA) noch nicht überall greifen, ist damit zu rechnen, daß noch nicht normgerechte Bohrhaken angebracht werden, insbesondere auch selbstgefertigte, und daß noch weit mehr im Fels angetroffen werden. Ihre Festigkeit und Haltekraft im Fels lassen sich nicht abschätzen. Beides hängt vom Erosions- und Korrosionsgrad ab. Letzterer ist in etwa am äußeren Erscheinungsbild zu erkennen. Bei Sturzbelastung können Hakenbrüche auftreten!

## Felshammer, Klemmkeilhammer, Zubehör

Die Entwicklung der modernen Sicherungstechnik hat auch besonders gestaltete Hämmer und weiteres Zubehör notwendig gemacht.

### Felshammer

Zum Eintreiben und Entfernen von Felshaken dient der Felshammer mit gummi- oder kunststoffummanteltem Stahlschaft. Mit der einseitigen, möglichst schlanken Keilspitze können Klemmkeile leicht angeklopft werden (besserer Sitz). Die gezahnte Keilspitze erleichtert das Entfernen von Felshaken, die schon gelockert sind, sich aber noch nicht von Hand herausziehen lassen.

**Bei der Anschaffung beachten:**
- Gewicht zwischen 500 und 650 g, der schwerere Hammer hat mehr Zug. Eine gerade Finne (Schlagfläche) eignet sich besser als eine leicht gewölbte, da der Hammer beim Schlagen weniger oft vom Haken rutscht, man muß den Haken weniger genau treffen.
- Schaftlänge nicht unter 28 cm – mit kürzeren Hammerschäften werden die Fingerknöchel am scharfkantigen Fels sehr schnell in Mitleidenschaft gezogen (Verletzungsgefahr).

Am Schaftende besitzen alle Hämmer eine Öse oder eine Bohrung, an der eine dünne, etwa 1 m lange Reepschnur befestigt wird. Sie dient, am Anseilgurt befestigt, während des Kletterns zur Sicherung des Hammers gegen Verlust.

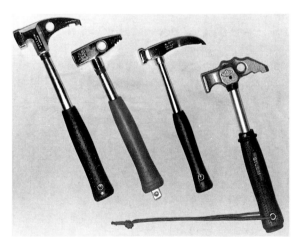

Verschiedene Felshämmer: Die Haue dient zum Anklopfen von Klemmkeilen und zum Herausheben von gelockerten Haken.

### Klemmkeilzieher – »Klemmkeilfieseler«

Aus Stahlblech gestanzter Griff (Gewicht etwa 50 g) mit Widerhaken zum leichteren Entfernen von Klemmkeilen aus Rissen. Die Bohrungen im Schaft (Gewichtsersparnis) dienen auch zum Entfernen von zu tief in Risse gerutschten Friends und anderen Klemmgeräten.

# AUSRÜSTUNG

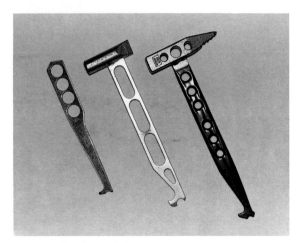

»Klemmkeilfieseler« und Klemmkeilhammer mit Griff als »Klemmkeilfieseler«; mit der rechten Ausführung lassen sich auch Haken schlagen.

## Klemmkeilhammer

Hammerartiges Gerät mit Griff in Form eines Klemmkeilziehers. Klemmkeile lassen sich damit »anklopfen« (besserer Sitz), der Griff dient zum leichteren Entfernen von Klemmkeilen.
Die kleine Ausführung (Gewicht etwa 220 g) eignet sich nur zum Plazieren und Entfernen von Klemmkeilen. Mit der größeren Ausführung, die einen kunststoffummantelten Griff aufweist, lassen sich unter günstigen Bedingungen auch noch Haken setzen und entfernen.

Die Anwendung von Klemmkeilhammer und Felshammer zum Lösen von Sicherungsmitteln

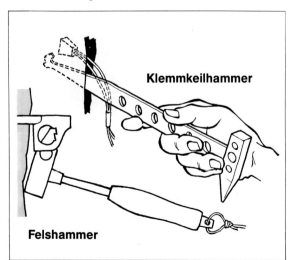

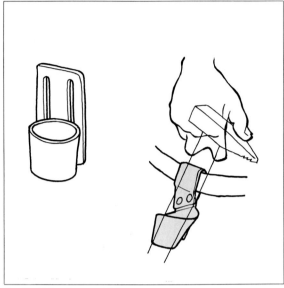

Gewöhnlicher Hammerköcher

## Hammerköcher

Hämmer (Felshämmer, Eishämmer) werden am besten im Hammerköcher (Gewicht etwa 50 g) untergebracht. Manche Sitzgurte besitzen eine Hammerschlaufe, die den gleichen Zweck erfüllt. Am zweckmäßigsten hat sich der Klippköcher herausgestellt. Jeden Köcher vor Beginn einer Kletterei ausprobieren. Umständliches Entnehmen und Verstauen des Hammers führt zu Kraft- und Nervenverschleiß, vor allem in exponierten Gleichgewichtssituationen.

Klippköcher zum leichteren Entnehmen und Verstauen des Hammers

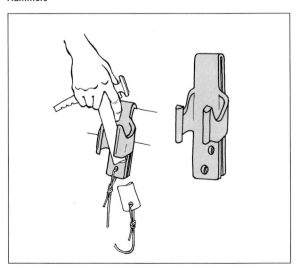

# Alpintechnische Ausrüstung

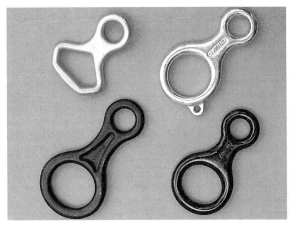

Verschiedene Achterformen

## Abseilachter

Sie sind noch nicht genormt, dafür aber überdimensioniert (mehr als die zehnfache Sicherheit), d.h., daß bei Belastungen, wie sie beim Abseilen und beim Sichern auftreten können, kein Bruch möglich ist. Materialfehler sind selten; es können Schmiedefalten auftreten, die an ihrer Rißform zu erkennen sind. Ist die Oberfläche ohne sichtbare Rißspuren, sind keine Schmiedefalten vorhanden.

Abseilachter mit großer Öse von mehr als 55 mm lichter Weite lassen sich ideal auch bei Seilverlängerung benützen: Der Knoten schlüpft durch.

Abgewinkelte Abseilachter bieten zwei unterschiedliche Bremsstufen für unterschiedlich dicke Seile: Halbseile, Zwillingsseile = großer Umschlingungswinkel (mehr Reibung); Einfachseile = kleiner Umschlingungswinkel (weniger Reibung).

Abseilen mit Abseilachter

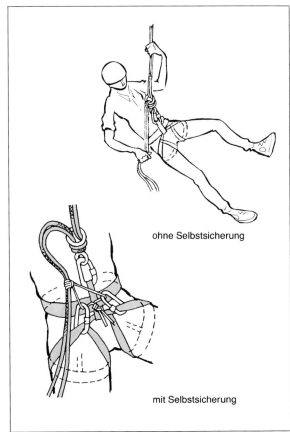

ohne Selbstsicherung

mit Selbstsicherung

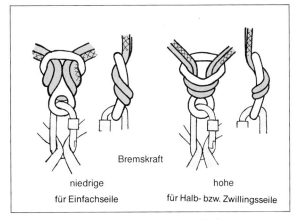

Der abgewinkelte Abseilachter hat zwei verschiedene Anwendungsformen mit unterschiedlicher Bremskraft.

## Seilrollen

Sie dienen zur Reduzierung der Seilreibung in Karabinern beim Aufziehen von Lasten mittels Flaschenzugtechnik (siehe Grafik S. 82).

**Drei unterschiedliche Typen werden angeboten:**
- Rolle, die in einen Karabiner eingehängt wird
- Plattenrolle mit beweglichen Seitenplatten zum Einhängen des Seiles
- Bügelrolle mit nicht lösbarem Bügel; für die behelfsmäßige Kameradenrettung nicht geeignet, da das Seil vom Ende her durchgefädelt werden muß

Seilrollen sind genormt (EN 12278 und UIAA), Mindestbruchkraft 12 kN (ca. 1200 kp). Die Bruchkraft sagt noch nichts über die zulässige Belastung, die niedriger ist. Wird sie überschritten, beginnt die Rolle zu klemmen. Mindestanforderung 2 kN (ca. 200 kp).

# AUSRÜSTUNG

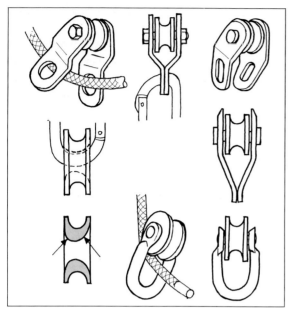

Verschiedene Formen von Seilrollen

## Cliffhänger – Skyhook

Aus Hartstahlblech gefertigter, flacher Haken (Gewicht ca. 50 g), der hinter winzige Felserhöhungen oder in kleine Felsvertiefungen gehakt wird und so Halt für das Körpergewicht* bieten kann.

Cliffhänger bzw. Skyhook zum Rasten und Bohren

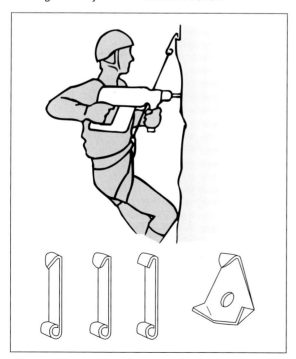

Ausführungen mit spitzer, gerundeter oder gerader Hakenkante sind in Gebrauch:
- spitz = besser für Felsvertiefungen
- rund = universeller Anwendungsbereich
- gerade = besser für Felserhöhungen

Belastung mit dem Körpergewicht (Ausruhen) über eine am Sitzgurt befestigte Schlinge. Vorsichtige Belastung, der Fels kann ausbrechen. Nicht für größere Belastung geeignet (Felsbruch oder Aufbiegen des Hakens, ab etwa 2 bis 3 kN, ca. 200–300 kp).

## Seilklemmen

Sie blockieren bei Belastung in einer Seilrichtung und lassen sich bei Entlastung in die andere Richtung verschieben. Sie dienen zum Aufstieg am fixierten Seil und als Rücklaufsperre bei Anwendung der Flaschenzug- und der Selbstsicherungstechnik am fixierten Seil. Der für die Anwendung zugelassene Seil- bzw. Reepschnurdurchmesser ist auf den Seilklemmen und in der Gebrauchsanleitung angegeben.

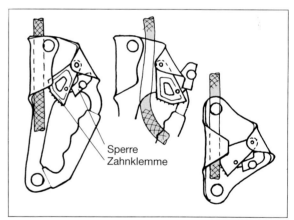

Seilklemmen mit und ohne Griff

- Seilklemmen für Einfachseilstrang: Die Klemmwirkung wird durch eine mit kleinen Metallzähnen oder zahnartigen Metallrippen versehene Zahnklemme bewirkt, die das Seil mit der Zeit schädigen (siehe S. 83).
- Seilklemme für Doppelseilstränge: Derzeit gibt es nur ein Modell, die Klemmwirkung wird durch zwei Bolzen (je einer für jeden Seilstrang) erreicht; nicht für alle Belastungssituationen geeignet (Gebrauchsanleitung beachten).

# Alpintechnische Ausrüstung

Jede Seilklemme (auch: Jümar) besitzt eine Sperre, die das unbeabsichtigte Aushängen des Seiles verhindert (Absturzgefahr). Zum Ein- und Aushängen des Seiles muß die Sperre gelöst werden.

Die Ausführungen mit Griff eignen sich mehr zum Aufstieg am fixierten Seil (Expeditionen), die kleineren Ausführungen ohne Griff mehr zum Selbstsichern beim Klettern am fixierten Seil, da sie handlicher sind. Gewicht zwischen 100 g und 250 g pro Stück.

## Festigkeit und Seilbeanspruchung

Seilklemmen werden nach Norm (EN 567 und UIAA) geprüft. Dabei werden sie praxisgerecht an ein Seil eingehängt und fünfmal mit 4 kN (ca. 400 kp) belastet. Es dürfen keine sicherheitsbedenklichen Verformungen auftreten.

**Die Belastungen in der Praxis liegen unter dieser Größenordnung:**

- beim Aufstieg am fixierten Seil bis zweifaches Körpergewicht*, bis 1,6 kN (ca. 160 kp)
- beim Selbstsichern am fixierten Seil bis zum dreifachen Körpergewicht, bis 2,5 kN (ca. 250 kp)

Die Benutzung von Seilklemmen schadet den Seilen mit der Zeit. Für das Aufsteigen mit Seilklemmen mit Zahnklemme wurde die Schädigung untersucht[1]:

[1] DAV-Sicherheitskreis

600mal jümaren reduziert die Anzahl ausgehaltener Stürze des Seiles um etwa drei.

Selbstsicherung mit Seilklemme am fixierten Seil mit gelegentlicher Belastung durch Überschreiten der Sturzgrenze schadet den Seilen nicht mehr als die übliche Belastung beim Klettern, Abseilen und bei Jo-Jo-Stürzen*.

## Klettersteigbremsen

Bei Sturz mit Selbstsicherung auf Klettersteigen können höhere Fangstoßkräfte auftreten als beim Klettern in der Seilschaft. Die Sturzhöhe kann ein Vielfaches der Selbstsicherungslänge betragen. Dadurch erreichen Sturzfaktor* und Fangstoßkraft* Werte, die ein Vielfaches über den für das Klettern in der Seilschaft geltenden Maximalwerten liegen (Sturzfaktor über 2, Fangstoß über 12 kN, über ca. 1200 kp).

Um das physiologisch* vertretbare Maß nicht zu überschreiten und um die Sicherungskette nicht zu stark zu belasten (möglicher Drahtseilbruch, Karabinerbruch, Seilriß), wird eine Klettersteigbremse mit dazu passendem Seilstück verwendet. Die Klettersteigbremse läßt bei Sturzbelastung das Seil unter einer bestimmten Bremskraft durchrutschen und reduziert so die hohe Fangstoßkraft und damit die Belastung der Sicherungskette.

**Anseilen mit Klettersteigbremse und Bandschlinge mit zwei entfernt voneinander angebrachten Bandschlingenknoten (zwecks Redundanz)**

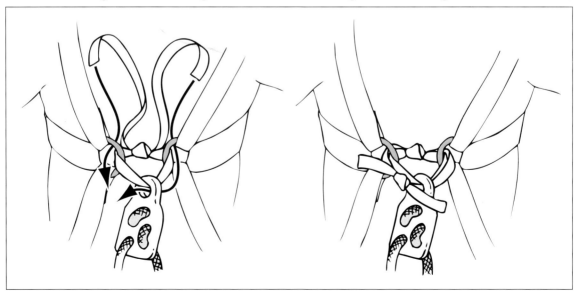

# AUSRÜSTUNG

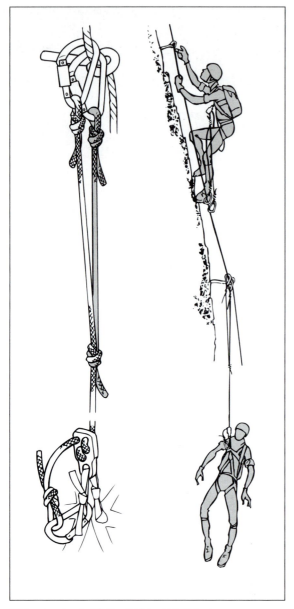

Wirkungsweise der Klettersteigbremse in V-Form: ohne Weiche, umständliche Handhabung, ungünstigere Belastung

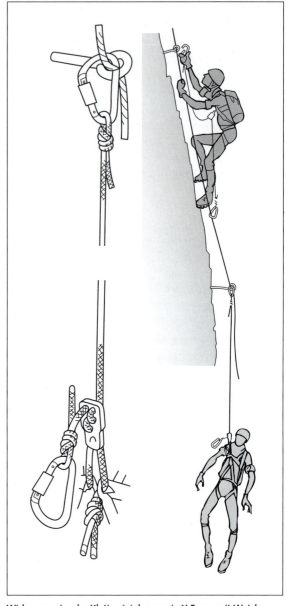

Wirkungsweise der Klettersteigbremse in Y-Form: mit Weiche, wesentlich einfachere Handhabung, günstigere Belastung, außerdem Redundanz

**Die wichtigsten Gütemerkmale nach Norm (EN 958 bzw. UIAA) sind:**
- Ein 5 m hoher Sturz eines 80 kg schweren Fallgewichts muß mit einem 1 m langen Seilstück dynamisch aufgefangen werden können.
- Die Fangstoßkraft darf dabei den Wert von 6 kN (ca. 600 kp) nicht überschreiten.
- Das Seilstück darf erst ab einer statischen Belastung von 1,2 kN (ca. 120 kp) durchrutschen.

## Angebot

Nach Norm dürfen Klettersteigbremsen nur mit vom Hersteller eingeschlauftem Seilstück angeboten werden (da Seil- und Bohrungsdurchmesser aufeinander abgestimmt sein müssen). Vor Selbstanfertigung in jeder Form muß gewarnt werden. Zu hohe oder zu niedrige Fangstöße mit zu geringem bzw. zu hohem Seildurchlauf können die Folge sein.

# Alpintechnische Ausrüstung

**Zwei unterschiedliche Typen sind auf dem Markt:**
- Klettersteigbremse ohne Weiche (V-Form): Einfachste Form, umständlich in der Handhabung, nur immer ein Karabiner darf eingehängt sein, ausgenommen beim kurzzeitigen Umhängen an Verankerungen (andernfalls bei Sturzbelastung Blockierung der Bremse).
- Klettersteigbremse mit Weiche (Y-Form): Wesentlich leichtere Handhabung, beide Stränge können jederzeit gleichzeitig eingehängt sein, Vorteil: Redundanz* bei Karabinerbelastung durch Sturz.

## Handhabung

Die Bremse mit einer mindestens 8 mm dicken Reepschnur oder einer Bandschlinge mit drei Kennfäden, Länge mindestens 2 m, im Anseilgurt zweimal mit dem Bandknoten einknüpfen (siehe Grafik S. 83 unten) und beide Knoten an allen vier Strängen einwandfrei festziehen (der zweite Knoten dient zur Redundanz*; zu oft schon hat sich ein Knoten selbsttätig geöffnet, was den Absturz bedeutet). Auf keinen Fall einen Karabiner zum Anseilen verwenden (Querbelastung und Bruch möglich!).
Nur Klettersteigkarabiner mit selbsttätiger Verschlußsicherung verwenden (andernfalls Gefahr eines Karabinerbruchs).
Nach einem Sturz mit dynamischer Wirkung der Klettersteigbremse das Seilstück genau kontrollieren. Bei Mantelbeschädigung Bremse über den Sporthandel ans Herstellerwerk einschicken und neues Seilstück einschlaufen lassen. Ist keine auffallende Beschädigung zu erkennen, Bremsplatte wieder an der ursprünglichen Stelle positionieren.

# Eispickel, Eisbeil, Eishammer

Sie werden als Eisgeräte (Sammelbegriff) bezeichnet (richtig: Eis-Handgeräte) und dienen zum Stufenschlagen und zur Fortbewegung im Steileis; Unterscheidung nach Kopfform und Schaftlänge:
- Eispickel: Kopf mit Haue und Schaufel, Schaft mit Spitze, Schaftlänge 45 bis 90 cm, Gewicht für mittlere Längen etwa 850 g
- Eisbeil (meist als Eisgerät bezeichnet): Kopf mit Haue und Hammerkopf oder Schaufel, Schaft mit Spitze, Schaftlänge 40 bis 55 cm, Gewicht für mittlere Längen etwa 750 g

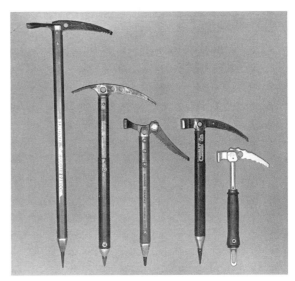

Größenvergleich von Eisgeräten mit längerem und kürzerem Schaft

- Eishammer: Kopf mit Haue und Hammerkopf, Schaft mit Bohrung, Schaftlänge 30 bis 45 cm, Gewicht für mittlere Längen etwa 700 g

Abstufung der Schaftlängen für Pickel und Eisbeile im Handel 5 cm. Schaftlänge bei Eishämmern je nach Fabrikat und Modell unterschiedlich, meist nur in einer Länge.
Unterscheidungsmerkmal für den Einsatzbereich ist die Hauenform. Ihr kommt entscheidende Bedeutung zu. Die Schaufelform und die Form des Hammerkopfes fallen weniger ins Gewicht.

## Hauenform

Sie hängt von fünf Kriterien ab – vom Setzwinkel, von der Hauenkrümmung, vom Hauenquerschnitt, von der Hauenschneide und von der Hauenzahnung –, die in ihrer Summe den Einsatzbereich bestimmen.
Setzwinkel: Wichtigstes Kriterium der Haue, entscheidet primär über den Einsatzbereich. Unter Setzwinkel der Haue versteht man den Winkel, unter dem die Haue ins Eis trifft. Er ist der Winkel zwischen der Eiswand und der Hauenunterkante des vorderen Hauendrittels bei Anlage des Schaftendes an die Eiswand. Der Setzwinkel kann positiv sein (größer als 90°) oder negativ (kleiner als 90°) oder ein rechter Winkel (= 90°). Zur Ermittlung hält man das Eisgerät einfachheitshalber an eine senkrechte Wand (Zimmerwand) und vergleicht den Setzwinkel mit einem rechten Winkel (z. B. Buch, Katalog usw.).

# AUSRÜSTUNG

- Positiver Setzwinkel (größer als 90°): Die Haue erfährt nach dem Einschlagen bei Belastung eine »positive« Kraftkomponente, die sie ins Eis noch hineinzieht. Je größer der Setzwinkel, desto größer ist diese Kraftkomponente und damit also der Halt im Eis, desto besser eignet sich das Gerät zur Anwendung der Zugpickeltechnik* (auch Ankertechnik genannt). Eisgeräte mit positivem Setzwinkel werden deshalb als Zugpickel- (oder Anker-) geräte bezeichnet. Sie eignen sich zum Stufenschlagen um so schlechter, je größer der Setzwinkel ist.
- Negativer Setzwinkel (kleiner als 90°): Die Haue erfährt nach dem Einschlagen bei Belastung eine »negative« Kraftkomponente, die die Haue dazu tendieren läßt, aus dem Eis herauszurutschen. Schlechte Eignung als Zugpickel, um so besser geeignet zum Stufenschlagen. Deshalb werden Eisgeräte mit negativem Setzwinkel als Pickelgeräte bezeichnet oder als Führerpickel, da sie überwiegend zum Führen verwendet werden (häufiges Stufenschlagen).
- Rechter Setzwinkel (90°): Die Haue erfährt nach dem Einschlagen bei Belastung keine Kraftkomponente, weder ins Eis hinein noch aus dem Eis heraus. Hauen mit diesem Setzwinkel, sogenannte Universalhauen, eignen sich sowohl zum Stufenschlagen als auch zur Anwendung der Zugpickeltechnik, wenn auch in beiden Einsatzbereichen nicht optimal.

Hauenkrümmung: Sie wird leicht verwechselt mit dem Setzwinkel, steht aber mit diesem nicht in einem direkten Zusammenhang.

Die Hauenkrümmung kann drei mehr oder weniger stark ausgebildete Grundformen aufweisen:
- Konkave (sogenannte gekrümmte) Hauen: Ihre Schlagwucht läßt sich besser ausnützen, da die Hauenkrümmung dem Schlagradius entgegenkommt.
- Konvexe (sogenannte bananenförmige) Hauen: Sie lassen sich nach dem Setzen leichter lösen.
- Abgewinkelte (nicht gekrümmte) Hauen: Sie ähneln in ihrem Anwendungsbereich eher den konvexen als den konkaven Hauen.

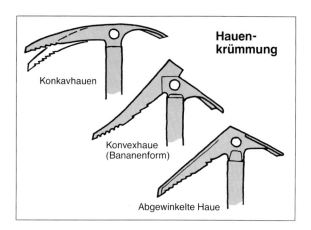

Verschiedene Formen des Hauenquerschnitts weisen verschiedene Vorteile auf:
- Rechteckform: Universalform, für die meisten Einsatzbereiche; mit abgeschrägten Oberkanten besseres Eindringen ins Eis, leichteres Lösen.
- T-Form: Eignung ähnlich Rechteckform.
- Halbrohrform: vorteilhaft in weichem Eis (Softeis), bietet mehr Halt als die Rechteckform.

Setzwinkel von Eisgeräten (= Winkel zwischen Hauenunterkante und Eiswand)

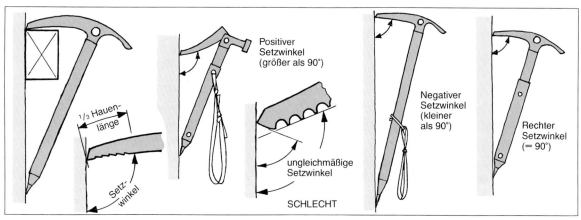

# Alpintechnische Ausrüstung

- Rohrform: geringste Sprengwirkung, Verdrängung des Eises ins Rohrinnere (wie bei Rohreishaken), in weichem Eis (Softeis) noch vorteilhafter als die Halbrohrform.
- Keilform: vorteilhaft zum Stufenschlagen (Führerpickel).

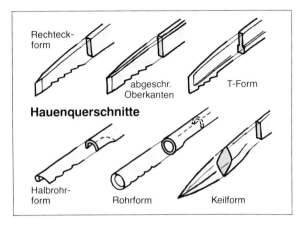

**Hauenquerschnitte**

Hauenschneide: kann unterschiedliche Schnitt- und Keilwinkel aufweisen, die Vor- und Nachteile haben.

**Zur Beurteilung des Schnittwinkels wird die Haue an eine senkrechte Wand (Zimmerwand) gehalten, mit dem Schaft parallel zur Wand.**
- Positiver Schnittwinkel: geringe Sprengwirkung, gut geeignet als Zugpickel und zur Anwendung des Pickelrettungsgriffs, da die Haue bei Belastung eine Kraftkomponente ins Eis hinein erfährt.
- Negativer Schnittwinkel: größere Sprengwirkung, gut geeignet als Führerpickel, dagegen weniger gute Eignung zur Anwendung des Pickelrettungsgriffs, da die Haue eine Kraftkomponente in Richtung aus dem Eis heraus erfährt.

**Zur Beurteilung des Keilwinkels wird die Haue von oben betrachtet:**
- Schlanker Keilwinkel: geringe Sprengwirkung, »beißt« gut ins Eis, Form für Zugpickelgeräte.
- Stumpfer Keilwinkel: größere Sprengwirkung, gut geeignet als Führerpickel.

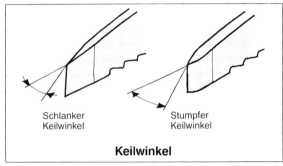

**Keilwinkel**

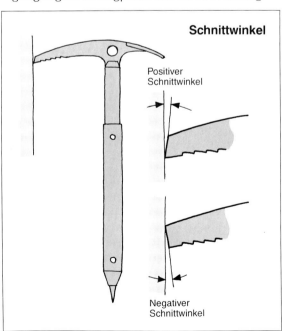

**Schnittwinkel**

**Die Hauenzahnung kann fein- oder grobzahnig und in unterschiedlichen Längen ausgeführt sein:**
- Feinzahnung: Sie ist vorteilhaft für hartes Eis.
- Grobzahnung: Sie ist vorteilhaft für weiches Eis (Softeis).
- Unterschiedliche Zahnung: Sie wird in Schaftrichtung gröber und ist besonders vorteilhaft (im harten Kerneis feine Zahnung, im weniger harten Oberflächeneis grobe Zahnung).
- Länge der Zahnung: $1/2$ bis $2/3$ Hauenlänge für die Anwendung der Zugpickeltechnik, wobei mit

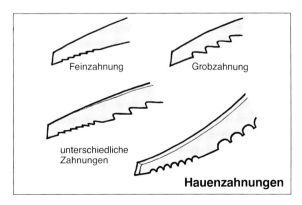

**Hauenzahnungen**

# AUSRÜSTUNG

größer werdendem Setzwinkel die Zahnung kürzer werden kann (bis $^1/_3$ Hauenlänge), da die Haue durch den größeren Setzwinkel schon ausreichend Halt im Eis erfährt.

Die Hauenoberfläche kann leicht rauh oder geschliffen und poliert sein. Die geschliffene, polierte Haue hat Vorteile: Sie läßt sich leichter im Eis plazieren (»beißt« besser) und leichter wieder entfernen als die leicht rauhe Haue. Letztere kann auch – je nach Herstellungsverfahren der Oberfläche – die Kerbwirkung (Hauenbruch) begünstigen.

## Schaufelform

**Drei unterschiedliche Grundformen dienen unterschiedlichen Zwecken:**
- Normalschaufel: flache oder leicht gewölbte Schaufel für alle normalen Einsatzbereiche, zum Stufenschlagen in Firn und Eis.
- Extremschaufel: breitere, stärker gewölbte, mit Schlitzen oder Bohrungen versehene, auffallend nach unten abgewinkelte Schaufel, für extremen Einsatz, zur Anwendung der Zugpickeltechnik in Firn.
- Rohrschaufel: Schaufel in Rohrform, für extremen Einsatz wie die Extremschaufel geeignet, weit weniger zum Stufenschlagen, Sprengwirkung minimal, da die Eisverdrängung ins Rohrinnere erfolgt (wie bei Rohrhauen und Rohreishaken).

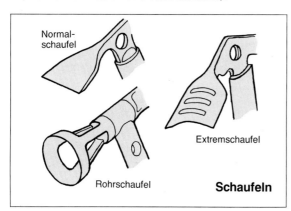

Schaufeln

## Form des Hammerkopfes

Die gerade Finne (Schlagfläche) eignet sich (wie bei Felshämmern) besser als die leicht gewölbte, da man den Haken weniger genau treffen muß und deshalb weniger oft vom Haken abrutscht. Auch die etwas größere Schlagfläche (a × b = mindestens 3 × 3 cm = 9 cm$^2$) erleichtert das Schlagen. Beides ist von Vorteil. Kleinere Schlagflächen (2 × 3 cm = 6 cm$^2$) erschweren das Schlagen (Treffen) dagegen deutlich.

Die Größe der Finne (Hammerschlagfläche a × b) darf nicht zu klein sein, da sie die Treffsicherheit beeinflußt.

## Schlagwucht, Leichtpickel, Zusatzgewichte

Jedes Eisgerät muß eine bestimmte Schlagwucht besitzen, damit die Eisarbeit nicht zu kraftraubend wird. Die Schlagwucht hängt von der Lage des Massenschwerpunkts ab. Den Massenschwerpunkt findet man durch Ausbalancieren des Eisgeräts auf einem Finger. Der Massenschwerpunkt muß sich im oberen Schaftdrittel befinden; je höher er ist, desto größer ist die Schlagwucht. Befindet sich der Massenschwerpunkt im mittleren Schaftdrittel, ist die Schlagwucht für längere Eisarbeit zu gering.

Neben der Ermittlung des Massenschwerpunkts lassen sich auch schlagtypische Bewegungen ausführen, die bei etwas Einfühlungsvermögen die unterschiedliche Schlagwucht erkennen lassen.

Sogenannte »Leichtpickel« (Haue und Schaufel aus Aluminium oder Titan, Festigkeitsklassifizierung »B« = Basispickel) sind wesentlich leichter als solche aus Stahl, dafür liegt der Massenschwerpunkt im mittleren Schaftdrittel. Diesen Geräten fehlt deshalb eine für die normale Eisarbeit notwendige Schlagwucht. Sie besitzen wenig »Zug«. Was beim Tragen an Gewicht gespart wird, muß an größerem Kraftaufwand bei der Eisarbeit geleistet werden. Sie sind eher für das Skibergsteigen geeignet, wo man weniger auf Eis, sondern auf harten Firn trifft.

# Alpintechnische Ausrüstung

Um die Schlagwucht von Eisgeräten aus Stahl noch zu erhöhen, bieten einige Hersteller kleine Zusatzgewichte an, die mittels mitgelieferter Schraube am Gerätekopf befestigt werden können.

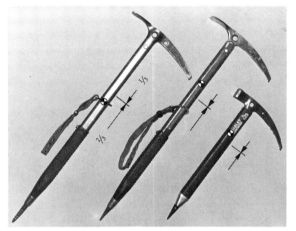

Lage des Massenschwerpunktes (✲); links: Leichtpickel mit für extreme Eisarbeit zu tiefem Schwerpunkt, Mitte und rechts: Schwerpunkt richtig (im oberen Drittel)

Eisgerät mit Zusatzgewichten zur Erhöhung der Schlagwucht

## Wechselsystemgeräte

Da unterschiedliche Einsatzbereiche unterschiedliche Gerätehauen notwendig machen und um nicht für jeden Einsatzbereich ein eigenes Eisgerät anschaffen und mittragen zu müssen, werden Wechselsystemgeräte angeboten, die ein Wechseln von Haue und Schaufel bzw. Hammerteil ermöglichen. Auch im Hinblick auf einen möglichen Hauenbruch sind diese anzuraten. Gleiches gilt für die Kursausleihe.

Zum Wechseln ist bei den meisten Geräten Werkzeug notwendig; im Gelände können Schrauben, Muttern, Unterlegscheiben und das Werkzeug verloren werden. Deshalb sind solche Systeme empfehlenswert, die weder Werkzeug erfordern noch Schrauben oder Muttern besitzen (derzeit nur zwei Systeme).

Typisches Wechselsystemgerät

## Normforderungen, Festigkeit, Bruchgefahr

Form, Größe und Material sind nicht genormt. Die Normforderungen betreffen derzeit lediglich die Schaftfestigkeit.

**Diese wird nach EN 13089 und UIAA-Norm geprüft; dabei wird zwischen zwei Festigkeitsklassen unterschieden:**

- Basisgeräte, gekennzeichnet mit »B« (für »Basis«, »basic«) und mit niedrigeren Festigkeitswerten, für die Verwendung bei Gletscherbegehungen, beim Skibergsteigen und bei anderer weniger extremer Eisarbeit. Diese Geräte sind in der Regel etwas leichter, sie können einen Kopf aus Aluminium oder Titan (mit geringerer Schlagwucht) aufweisen (siehe S. 88). Basisgeräte mit einem Kopf aus Stahl eignen sich aber durchaus auch zum Stufenschlagen.

# AUSRÜSTUNG

- Technikgeräte, gekennzeichnet mit »T« (für »Technik«, »technic«) und mit höheren Festigkeitswerten, sind für jede Verwendung im Eis, insbesondere für die »technische« Eisarbeit geeignet, also für das Eisklettern in jeder Form.

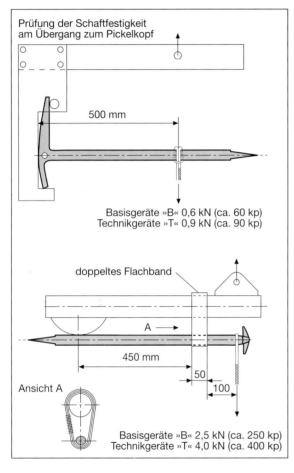

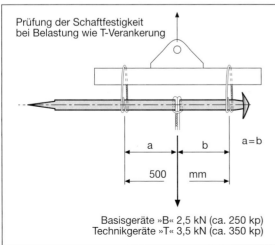

## Hauenfestigkeit

Ein besonderes Sicherheitskriterium ist die Festigkeit der Haue, die noch nicht genormt ist (man arbeitet am Entwurf, es kommt nur eine sehr kostenaufwendige Dauerbiegewechselfestigkeitsprüfung in Frage). Für die Hauenfestigkeit spielt die Kerbwirkung* eine entscheidende Rolle. Jede noch so winzige Kerbe im Zahngrund kann sich festigkeitsmindernd auswirken und zum Ermüdungsbruch führen (Bruch bei häufiger Belastung). Solche Kerben können Bearbeitungsriefen sein, die erst bei genauerem Hinsehen – oft auch nur mit der Lupe – zu erkennen sind. Diese Bearbeitungsriefen werden an den seitlichen Kanten des Zahngrundes zu Scharten, von wo der Anriß beginnt, der dann zum Bruch führt. Das folgende Bild zeigt solche Bearbeitungsriefen im Zahngrund.

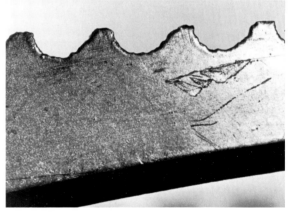

Zähne mit Bearbeitungsriefen, insbesondere am Zahngrund

Um der Bruchgefahr vorzubeugen, sollten möglichst nur Hauen verwendet werden, deren Zahngrund fein geschliffen und nach Möglichkeit poliert ist. Dies gilt insbesondere für die Kanten des Zahngrunds, also für jenen Bereich, wo der Zahngrund seitlich in die Flanken der Haue übergeht. Diese Kanten sollen zudem gerundet sein. Man kann die Zahngrundkanten auch selbst nachbearbeiten, entweder mit einem Abziehstein* (Metallhandwerker) oder mit feinem Schleifpapier, 400er Körnung. Achtung: Nicht die Zahnschneiden bearbeiten, diese müssen scharfkantig bleiben (von Zahnschneiden kann kein Riß ausgehen)! Mit dieser nachträglichen Oberflächenbearbeitung läßt sich die Dauerstandfestigkeit wesentlich erhöhen.

Links: Normprüfung der Schaftfestigkeit

# Alpintechnische Ausrüstung

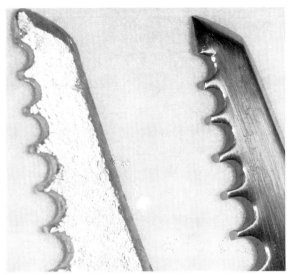

Zwei Hauen; links: Originalzustand, rechts: nachbearbeitet, um die Dauerstandfestigkeit zu erhöhen

Praxisbruch einer Haue

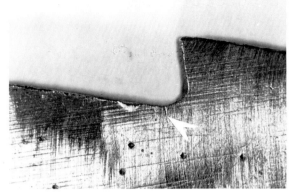

Oben und Mitte: zwei Anrisse, jeweils vom Zahngrund ausgehend, die kurz vor der nächsten Eistour entdeckt wurden

Nach jeder Eistour den Zahngrundbereich der Hauen genau auf mögliche Anrisse inspizieren, am besten mit einer Lupe. Sind Anrisse zu erkennen – siehe Abb. oben rechts –, Haue auswechseln oder Eisgerät aussondern (kann im Sporthaus reklamiert werden).

## Handschlaufen

**Verschiedene Ausführungen werden angeboten, der Einsatzbereich des Eisgerätes bestimmt die Wahl:**
- Handschlaufe mit Gleitring: für Gletscherpickel.
- Handschlaufe mit selbsttätig fixierendem Klemmgleitring: für Gletscherpickel und Steileisgeräte.
- Verstellbare Handschlaufe: für alle Steileisgeräte und Pickel. Die Handschlaufe muß einen Schieber besitzen, mit dem sich die Schlaufengröße nach dem Anlegen auf die Handgelenkgröße reduzieren läßt, um so ein Abgleiten vom Handgelenk zu verhindern (siehe Grafik S. 92 oben).

**Auch die Selbstanfertigung einer Sicherungsschlinge und einer Handschlaufe ist möglich; hier bestimmt ebenso der Einsatzbereich die Wahl:**
- Schmale Bandschlinge (notfalls Reepschnurschlinge) als Handschlaufe, befestigt in einer Bohrung am Gerätekopf, besser im oberen Schaftteil.
- Reepschnur- oder schmale Bandschlinge, 60 bis 80 cm lang, befestigt am Pickelkopf und am Anseilgurt, dient zur Sicherung gegen Entgleiten bei überwiegender Anwendung des Eisgeräts als Stützpickel. Häufiges Wechseln von einer Hand in die andere, z. B. bei kehrenreichem Auf- oder Abstieg, ist so leichter und schneller möglich als mit einer Handschlaufe (siehe Grafik S. 92 oben).

Länge der verstellbaren oder selbstangefertigten Handschlaufe so, daß sich das Eisgerät mit Hand-

# AUSRÜSTUNG

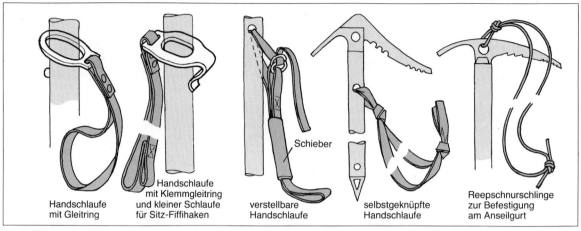

Handschlaufen: drei im Handel erhältliche Formen (links), zwei Möglichkeiten des Selbstknüpfens (rechts)

schuh zum Stufenschlagen am Schaftende und zum Einrammen am Gerätekopf greifen läßt.
Die meisten Eisgeräte werden heute wegen der Vielfalt individueller Wünsche ohne Handschlaufe angeboten.
Einige Hersteller bieten einen besonders gepolsterten Handschutz für das Klettern im Steileis an, der sich am Schaft festschnallen läßt.

## Wahl der Eisgeräte

**Die Grobauswahl richtet sich nach dem Verwendungszweck:**
- Pickelgerät zum Führen und Stufenschlagen (Führerpickel), mit guter Sprengwirkung und nahezu gerader (kaum gekrümmter oder abgewinkelter) Haue (negativer Setzwinkel, kleiner als 90°)
- Zugpickelgerät zur überwiegenden Anwendung der Zugpickeltechnik im Steileis, mit gutem »Biß« und stark gekrümmter oder abgewinkelter Haue (positiver Setzwinkel, größer als 90°)

**Die Anforderungen an die beiden Eisgeräte sind genau gegenteilig – als Kompromiß zwischen beiden Extremlösungen dient das**
- Eisgerät mit Universalhaue für Gletschertouren, mäßige Eigenschaft sowohl zum Stufenschlagen als auch zur Anwendung der Zugpickeltechnik (Setzwinkel = 90°).

Länge für Pickelgeräte: Bei aufrechter Körperhaltung soll der Schaft, den Pickelkopf bei annähernd gestrecktem Arm in der Hand haltend, bis zum Boden reichen; kürzere Schäfte sind für häufiges Sondieren (Spalten) ermüdend (gebeugter Rücken).
Länge für Zugpickelgeräte: 40 bis 55 cm, mit Hammerkopf eher die etwas kürzere Schaftlänge (Schlagwucht größer), mit Schaufel eher die etwas längere.
Länge für Geräte mit Universalhaue: Je nachdem welcher Anwendungsbereich überwiegt, eher die Länge für Pickelgeräte oder die für Zugpickelgeräte, in der Regel jedoch nicht unter 55 cm.
Für Steileisklettern (Wasserfalleis) Geräte mit Bohrung oder Loch am Schaftende zur Benutzung eines Sitz-Fiffihakens. Loch möglichst so groß, daß sich der Fiffihaken direkt einhängen läßt. Jeweils zwei Geräte mit gleichen oder annähernd gleichen Hauen verwenden. So läßt sich die Eisarbeit gleichmäßiger durchführen, so werden hinsichtlich Schlagwucht, Schlaggenauigkeit und Lösen der Geräte aus dem Eis keine unterschiedlichen Fertigkeiten verlangt.
Da Hauen immer noch brechen können und dies im Steileis fatale Folgen haben kann, entweder ein drittes Eisgerät, am besten einen Eishammer, mitführen oder, bei Wechselsystemen, ein bis zwei Ersatzhauen (auf Werkzeug zum Wechseln achten, zuvor ausprobieren).

## Anwendung der Eisgeräte

Für die Eisarbeit beim Begehen von Gletschern erfolgt das Anlegen der Handschlaufe wie bei der Skistockschlaufe.

**Für das Steileis (= anstrengender) stehen zwei Möglichkeiten zur Wahl:**

# Alpintechnische Ausrüstung

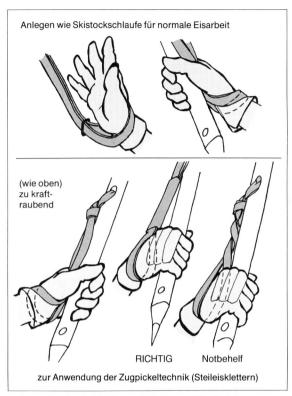

Anlegen der Handschlaufe am Gletscher und im Steileis

Bei Verwendung von Hauen in Rohrform lassen sich Rohreishaken und Rohreisschrauben einhändig setzen. Mit der Rohrhaue wird ein Loch ins Eis gestanzt, in dem der Rohreishaken bzw. die Rohreisschraube Halt finden, bis sie vollends ins Eis eingeschlagen bzw. eingeschraubt werden.

Links: Zwei sicher plazierte Eisgeräte halten ein Mehrfaches des Körpergewichts.

Unten: Unterschiedliche Hauenformen erfordern unterschiedliches Einschlagen ins Eis.

- Anlegen wie Skistockschlaufe – auf Dauer jedoch kraftraubend, da die Hand bei jeder Zugbelastung zusätzliche Muskelarbeit leisten muß.
- Anlegen nur ums Handgelenk – kraftsparender, jedoch anfangs ungewohnt. Damit die Schlaufe nicht vom Handgelenk gleiten kann, muß sie einen Schieber aufweisen, um ihre Größe auf die des Handgelenks reduzieren zu können. Eine andere Möglichkeit besteht darin, mehrere Windungen in die Handschlaufe zu drehen, um so die Schlaufengröße zu verkleinern (Achtung: dadurch auch Verkürzung der Schlaufenlänge!).

**Unterschiedliche Hauenformen verlangen unterschiedliches Einschlagen ins Eis:**
- Die gekrümmte Haue wird auf einer annähernden Kreisbahn mit Drehpunkt im Ellbogen und im Handgelenk eingeschlagen.
- Abgewinkelte und bananenförmige Hauen werden im Prinzip ähnlich eingeschlagen (anders ist die Schlagwucht nicht zu erbringen). Nur im Augenblick, da die Haue ins Eis trifft, muß sie in Hauenrichtung herabgezogen werden. Übung ist notwendig.

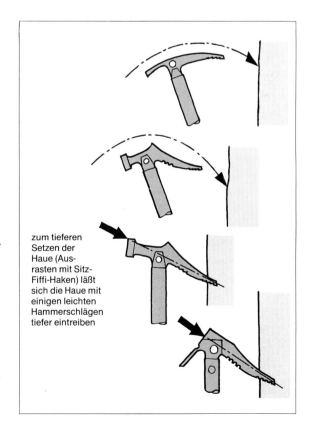

zum tieferen Setzen der Haue (Ausrasten mit Sitz-Fiffi-Haken) läßt sich die Haue mit einigen leichten Hammerschlägen tiefer eintreiben

# AUSRÜSTUNG

Das Lösen der Haue aus dem Eis ist, wenn sie gut »gebissen« hat, immer nur mit einem gewissen Kraftaufwand möglich und erfolgt in zwei Phasen:
- Zuerst muß die Haue etwas gelockert werden (je besser sie »gebissen« hat, desto mühsamer): bei Flachhauen durch leichte Pendelbewegungen mit dem Schaft zum Eis und von diesem weg, bei Rundhauen nach rechts und links; keine Anwendung von roher Kraft (Bruch- bzw. Anrißgefahr!).
- Sodann wird die gekrümmte Haue auf dem ungefähren Schlagradius rückwärts herausgenommen, die abgewinkelte und die bananenförmige Haue durch leichten Druck nach oben herausgeschoben.

## Nachschärfen

Haue und Schaufel werden mit der Zeit stumpf, wenn sie mit Fels in Berührung kommen. Aber auch im Eis verlieren sie an Schärfe. Ein Nachschärfen der Schneiden ist möglich.

**Wichtige Punkte sind dabei zu beachten:**
- Nachschärfen mit einer feingezahnten Feile. Benutzung einer Schleifscheibe nur sehr vorsichtig (wie bei Steigeisen, siehe S. 99).
- Schnitt- und Keilwinkel nicht verändern, Form soweit wie möglich beibehalten.
- Rohrhauen, Halbrohrhauen und Rohrschaufeln nur auf der Innenseite nachschärfen (wie Rohreishaken), Halbrundfeile verwenden.

Links: Leichtsteigeisen (aus Aluminium oder Titan) für Gipfelanstiege auf Skitouren und einfache Gletscheranstiege; rechts: Steigeisen für alle Anwendungsbereiche, einschließlich Steileisklettern

- Keine weiteren Veränderungen vornehmen, z. B. nicht die Oberkanten der Haue abschrägen oder die Abschrägung vergrößern. Der Materialverlust bedeutet gleichzeitig einen Festigkeitsverlust, da Hauen vielfach nur oberflächlich gehärtet sind (der Kern muß wegen der notwendigen Elastizität zäh bleiben).

## Steigeisen

Unterschiedliche Anwendungsbereiche und unterschiedlich steiles Eis machen unterschiedlich geformte Zacken im Frontalbereich notwendig.

### Frontalzacken

Es können zwei (parallele) Zacken sein, aber auch nur ein (längerer) sogenannter Monozacken (deutlicher Unterschied in der Anwendung). Die Zacken können in gebogener oder abgewinkelter Form gestaltet sein (kein Unterschied in der Anwendung).

**Wichtig ist:**
- Der Abstand der beiden Frontalzacken voneinander soll im Steileis größer sein als für kombiniertes Gelände; im Steileis etwa 50 mm (je größer, desto besseres Standvermögen), im kombinierten Gelände etwa 35 mm (je größer, desto ungünstigere Hebelwirkung im Fels).
- Für Steileis können die beiden Frontalzacken etwas stärker gekrümmt bzw. abgewinkelt sein als für kombiniertes Gelände. Für letzteres sollen die Zackenspitzen nicht zu weit hinabreichen, sie sollen fast auf Sohlenhöhe liegen (besserer Halt am Fels).

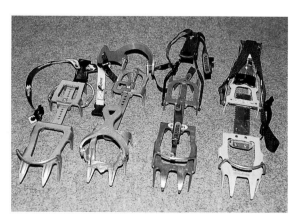
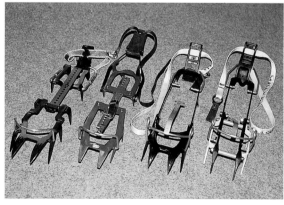

# Alpintechnische Ausrüstung

- Für Steileis können die beiden Frontalzacken etwas weiter vorstehen als für kombiniertes Gelände; im Steileis etwa 35 mm, im kombinierten Gelände etwa 25 mm.
- Der (längere) Monozacken bietet sowohl im Fels wie im Steileis Vorteile, konnte sich aber noch nicht ganz durchsetzen. Besonders ist er geeignet für extremes Klettern an gefrorenen Wasserfällen; für kombiniertes Gelände eher einen etwas kürzeren Zacken wählen. Im Fels wie im extremen Steileis hat man mit Monozacken insofern besseren Halt, weil nicht einer der beiden Frontalzacken ausbrechen kann, dies insbesondere beim Spreizen, wo man bei Verwendung eines Zackenpaares sowieso überwiegend nur einen Zacken belastet.

## Zweites Zackenpaar

Das zweite Zackenpaar können entweder Vertikal- oder Diagonalzacken sein.

### Die Unterschiede sind wie folgt:
- Vertikalzacken eignen sich für alle leichteren Anwendungsfälle im Eis und im kombinierten Gelän-

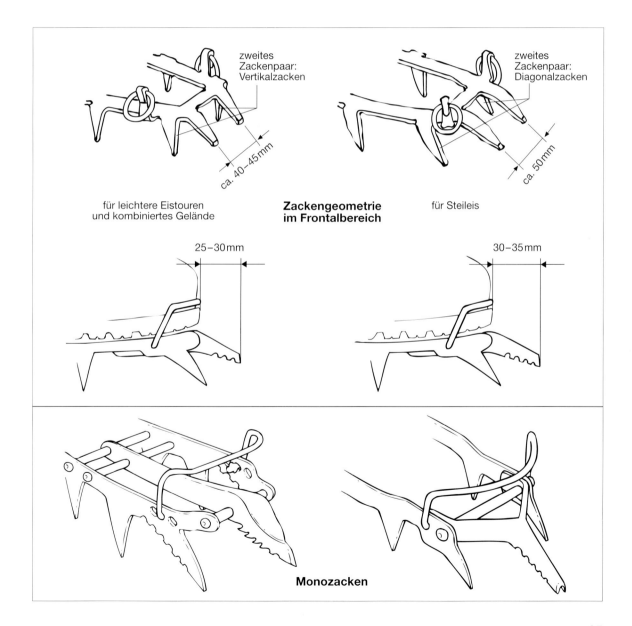

# AUSRÜSTUNG

de gleich gut. Vorteilhaft sind eine senkrechte Vorderkante und eine schräge Hinterkante. Dadurch drückt sich das Steigeisen bei Belastung besser ins Steileis.
- Wenig nach vorn gerichtete Diagonalzacken bieten im Steileis etwas besseren Halt und sind auch im kombinierten Gelände noch relativ gut brauchbar.
- Stark nach vorn gerichtete Diagonalzacken bieten ausgezeichneten Halt im Steileis, um so besseren, je größer der Abstand voneinander ist (größere Standstabilität). Sie eignen sich jedoch nur schlecht für kombiniertes Gelände (die Hebelwirkung am Fels ist zu groß).

## Vertikalzacken

Ihre Länge beträgt je nach Modell 35 bis 40 mm. Die längeren Zacken bieten keine Vorteile. Sie werden aufgrund des längeren Hebelarms stärker belastet und sind deshalb meist etwas stabiler ausgeführt (stärkeres Material, etwas schwerer).

Die kürzeren Vertikalzacken sind für alle auftretenden Bedarfsfälle geeignet, auch für kombiniertes Gelände, wo die längeren in Kletterpassagen eher etwas hinderlich sind.

## Größen, Material, Konstruktion und Gewicht

Alle Steigeisenmodelle werden in verstellbarer Ausführung angeboten. Am leichtesten lassen sich Steigeisen mit Kipphebelbindung anpassen. Das Gewicht pro Paar mit Bindung oder Beriemung beträgt etwa 850 bis 1000 g.

Die meisten Steigeisen sind aus Stahl gefertigt, im Zuge der Gewichtseinsparung werden aber auch solche aus Leichtmetall (Titan und Aluminium) angeboten. Titan kann (je nach Legierung) die Härte und Festigkeit von gehärtetem Stahl erreichen (deshalb für alle Einsatzfälle empfehlenswert), Aluminium jedoch nicht. So müssen die Zacken von Aluminiumsteigeisen im Querschnitt stärker sein; in Verbindung mit der geringeren Härte werden sie erheblich schnel-

Anwendung der Vertikalzackentechnik: Alle Vertikalzacken werden ins Eis eingesetzt.

Frontalzackentechnik: Mit zunehmender Steilheit werden nur die Frontalzacken und das zweite Zackenpaar eingesetzt.

Alpintechnische Ausrüstung

ler stumpf. Steigeisen aus Aluminium sind deshalb nur für einfache Anwendungsfälle gedacht, also für harten Firn und zum Skibergsteigen (ähnlich den »Leichtpickeln« aus Titan oder Aluminium statt aus Stahl, siehe S. 89).

Einige Hersteller bieten auswechselbare Frontalzacken (Zackenpaar/Monozacken) an. Die Verbindung mit dem Rahmen ist noch nicht bei allen Fabrikaten und Modellen genügend ausgereift. Deshalb ist mit Lockerung und auch mit Bruch zu rechnen (Vorsicht bei einem Alleingang).

- für leichtere Firn- und Gletscherauf- und -abstiege, auch an Leichtbergschuhen und über kurze Strecken an Reibungskletterschuhen zu tragen
- für Auf- und Abstieg vom und zum Skidepot, an Skitourenstiefel anpaßbar

Grödel mit vier bis sechs Vertikalzacken sind immer eine schlechte Lösung, da sie nur Halt unterhalb der Fußhöhlung (zwischen Absatz und Sohle) bieten. Der Fuß braucht den Halt in Eis und Firn unter dem Ballen und unter dem Absatz, wie ihn Halbsteigeisen bieten.

### Festigkeit, Bruchgefahr

Eine Norm für Steigeisen existiert noch nicht (man arbeitet am Entwurf). Da die Praxisbrüche durch immer wiederkehrende Belastungen auftreten, sind Dauerbiegewechselfestigkeitsprüfungen vorgesehen, sowohl für die Frontalzackenbelastung als auch für die Vertikalzackenbelastung. Die ersten Steigeisen haben die umfangreichen Prüfungen bestanden. Sie sind mit dem GS-Zeichen* des TÜV gekennzeichnet, das der Hersteller verwenden darf, nachdem seine Steigeisen die Prüfungen bestanden haben. Da die meisten Steigeisen noch nicht den umfangreichen Prüfungen unterzogen wurden, ist noch mit Steigeisenbrüchen zu rechnen (deshalb Vorsicht bei einem Alleingang). Nach jeder Benutzung alle Steigeisenteile auf mögliche Anrisse genau inspizieren, am besten mit einer Lupe. Solche Anrisse können insbesondere an den Biegekanten des Rahmens sowie dort auftreten, wo sich der Rahmenquerschnitt ändert, ebenso wie an all jenen Stellen, wo der Rahmen durch Bohrungen geschwächt ist. Vom Hersteller aufgebrachte Farblackierungen behindern die Sichtkontrolle.

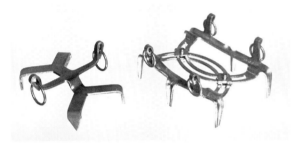

Grödeln in verstellbarer und nicht verstellbarer Ausführung. Sie sind für einfachste Bedarfsfälle wie Aufstiege über Firnflecken, Querungen schmaler Firnrinnen usw. geeignet.

## Halbsteigeisen

Das sind sogenannte Leichtsteigeisen (Gewicht etwa 500 bis 700 g einschließlich Beriemung) mit sechs bis acht Vertikalzacken.

**Sie sind für all jene Bedarfsfälle geeignet, wo Gewichtsersparnis im Vordergrund steht, die Anwendung der Vertikalzackentechnik ausreicht und Vollsteigeisen noch nicht benötigt werden:**

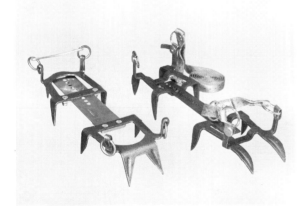

Halbsteigeisen, sogenannte Leichtsteigeisen, für einfachere Bedarfsfälle

**Typischer Riß in einem wenig benutzten Steigeisen**

# AUSRÜSTUNG

## Anpassen

Mit dem Anpassen vorn beginnen. Die Frontalzacken müssen – entsprechend dem Verwendungszweck – im richtigen Maß über den Sohlenrand hinausragen (siehe S. 95).
Bei Kipphebelbindungen die Verstellmöglichkeiten so einstellen, daß sich der Kipphebel nur mit sanfter Gewalt gegen den Schuh schließen läßt.
Bei Riemenbindung alle Verstellmöglichkeiten so einstellen (alle Schrauben gut festziehen), daß sich das Steigeisen nur mit leichtem Druck auf den Schuh zwängen läßt. Steigeisen mit Riemenbindung sind dann richtig angepaßt, wenn sie ohne angelegte Riemen bei kräftigem Schleudern des Fußes nicht vom Schuh fallen.
Häufiges Verstellen schadet den Schrauben. Bei Gebrauch können sich die Schrauben lockern. Passende Schraubenzieher und/oder Schraubenschlüssel mitführen.
Die Schrauben lassen sich auch mit einigen leichten Hammerschlägen vernieten, sind danach aber nicht mehr wieder zu lösen.

## Befestigung am Schuh

**Zwei unterschiedliche Befestigungsarten stehen zur Wahl, die Beriemung und die Kipphebelbindung:**
- Die althergebrachte Beriemung ist nachteilig. Die fest angezogenen Riemen beeinträchtigen die Blutzirkulation (Erfrierungsgefahr). Umständliches An- und Ablegen.
- Die Kipphebelbindung vermeidet dies. Die Steigeisen lassen sich auch wesentlich leichter und schneller an- und ablegen.

Beriemung: Nur stabile Perlon- oder Neoprengurte verwenden.
Dornenschnallen sind anzuraten, da sie sich nicht lockern können. Den festen Halt anderer Schnallen durch Anlegen der Steigeisen und kräftiges »Naggeln« prüfen. Auch auf stabile Schnallen achten. Manche Schnallen sind zu schwach. Belastungsprobe durch kräftigen Handzug durchführen. Verformen sich die Schnallen oder brechen sie gar, sind sie nicht geeignet.
Bindung: Der Kipphebel muß eine Verstellmöglichkeit besitzen, um die richtige Spannung einstellen zu können. Um einem unbeabsichtigten Verlieren generell vorzubeugen, müssen alle Bindungen mit einem Fangriemen zu sichern sein, der gleichzeitig das Lösen des Kipphebels verhindert, so daß es erst gar nicht zum Öffnen der Bindung kommen kann.

## Stollenbildung

Einige Hersteller versehen ihre Steigeisen mit einem speziellen Antihaftbelag, der das Anstollen jedoch nicht immer ganz verhindern kann und aufgrund des starken Abriebs auch nur kurze Zeit wirksam ist. Um dem Anstollen vorzubeugen, kann man eine Plastiktüte über die Steigeisen ziehen. Die rauhe Behandlung läßt sie jedoch recht schnell in Fetzen gehen (nicht wegwerfen – Umweltschutz!).

Steigeisenberiemung mit Neoprengurten und Dornenschnalle

Steigeisen mit Kipphebelbindung und Fangriemen

# Alpintechnische Ausrüstung

Besser sind Antistollplatten aus verschleißfestem Gummi, die unterhalb der Steigeisenrahmen angebracht werden. Nur wenige Hersteller bieten dieses Zubehör an. Leider paßt es meist nur auf Steigeisen des gleichen Fabrikats.

Links: typische Stollenbildung bei Naßschnee; rechts: Antistollplatte, die das Anstollen weitgehend verhindert

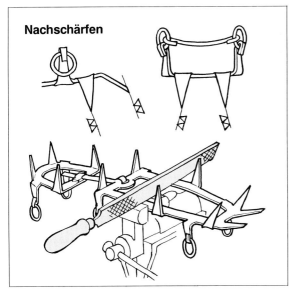

## Nachschärfen

Steigeisen werden mit der Zeit stumpf – je häufiger sie mit Eis, insbesondere mit Fels in Berührung kommen, desto schneller. Ein Nachschärfen ist möglich.

### Wichtige Punkte sind dabei zu beachten:
- Nachschärfen mit einer feingezahnten Feile. Frontalzacken nur an der Oberseite, das vorderste Vertikalzackenpaar an den Hinterkanten, Absatzzacken an den einander gegenüberliegenden Kanten (Zeichnung). Andere Zacken an der Kante, die die größere Schräge aufweist, bei gleicher Schräge nach Belieben.
- Nachschärfen mit einer Schleifscheibe nur sehr vorsichtig (geringer Anpreßdruck), zwischendurch kühlen (in Wasser tauchen). Die Spitzen können sehr schnell zu heiß werden, ausglühen und dadurch weich werden (laufen sie blau an, sind sie bereits ausgeglüht und weich).
- Beim Nachschärfen behutsam vorgehen, nicht unnötig viel Material abtragen. Die Spitzen werden durch das Nachschärfen kürzer.
- Beim Transport zum Schutz der Spitzen und vor Verletzungen einen geeigneten Zackenschutz verwenden.

## Eisschrauben, Eishaken

Eisschrauben und Eishaken dienen, ins Eis eingeschraubt bzw. eingeschlagen, als Sicherungspunkte.

### Verschiedene Gütemerkmale sind wichtig:
- Leichte Setzbarkeit: Eisschrauben sollen sich leicht (möglichst von Hand) ins Eis schrauben lassen. Eishaken sollen dem Einschlagen keinen allzu großen Widerstand entgegensetzen.
- Geringe Sprengwirkung: Beim Setzen soll möglichst wenig Druck im Eis entstehen, um die Festigkeit des spröden, nicht allzu festen Mediums Eis nicht noch zu reduzieren.
- Ausreichende Haltekraft im Eis: bei radialer Zugbelastung mindestens 10 kN (ca. 1000 kp, Normwert), möglichst jedoch 15 kN (ca. 1500 kp).

Eisschrauben und Eishaken werden nach EN 568 und UIAA geprüft. Die Prüfung der genannten drei Gütemerkmale erfolgt im Eis (aus Reproduzierbarkeitsgründen in einem dem Gletschereis nachempfundenen Laboreis).

## Längen, Angebot

Einige Hersteller geben die Gesamtlänge an, andere die Einschraub- bzw. Einschlaglänge (= Nutzlänge). Nur die Nutzlänge ist von Bedeutung, da mit ausschlaggebend für die Haltekraft im Eis.

# AUSRÜSTUNG

Unterschiedlich scharfe Zähne: links stumpfe Zähne (nicht brauchbar, Schraube müßte tief eingeschlagen werden, bis das Gewinde greift), rechts zwei Eisschrauben mit scharfen Zähnen (lassen sich von Hand einschrauben, nur für die letzten Umdrehungen Benützung eines Eisgerätes notwendig)

Bei Eisschrauben können die Bohrkronen sehr unterschiedlich sein. Einige besitzen scharfe Zähne, andere stumpfe, die tief eingeschlagen werden müssen, bevor das Gewinde greift. Je schärfer die Zahnung, desto weniger Widerstand beim Einschrauben, desto eher läßt sich die Eisschraube von Hand setzen.

## Festigkeit, Haltekraft im Eis

### Die Haltekraft im Eis wird im wesentlichen von drei Faktoren beeinflußt:
- Eisdichte* und Eishärte (= Eisfestigkeit)
- Schrauben- bzw. Hakenform
- Schaftlänge der Eisschraube bzw. des Eishakens

Eisdichte und Eishärte: Sie können im Gletscher- wie im Wasserfalleis sehr unterschiedlich sein. Die Dichte hängt von der Menge der Luftporen ab, die Härte von der Temperatur und ihrem zeitlichen Verlauf beim Entstehen des Eises. Dichte und Härte zusammen ergeben die Eisfestigkeit. Wie ausgedehnte Belastungsversuche im Eis gezeigt haben, traut man dem Eis in der Regel weniger Festigkeit zu, als das Sicherungsmittel schließlich bei Belastung hält.

Schrauben- bzw. Hakenform: Nur die Rohrform besitzt eine geringe, für die Sprödigkeit des Eises noch vertretbare Sprengwirkung und eine ausreichend niedrige Flächenpressung. Je dicker der Rohrdurchmesser, desto höher die Haltekraft im Eis.

Alle Formen mit Vollquerschnitt besitzen dagegen zu große Sprengwirkung und zu niedrige Haltekräfte. Die genormte Mindesthaltekraft von 10 kN (ca. 1000 kp) kann aufgrund physikalischer Gesetzmäßigkeiten von ihnen nicht erreicht werden.

Schaftlänge: Mit ihr nimmt die Haltekraft im Eis zu.

**Da die Gewindetiefe von Rohreisschrauben und Rohreishaken unterschiedlich ist, sind unterschiedliche Mindestschaftlängen erforderlich, um die Mindesthaltekraft von 10 kN (ca. 1000 kp) zu erreichen (geringere Gewindetiefe verlangt etwas größere Schaftlänge):**
- Rohreisschrauben: Nutzlänge mindestens 15 cm
- Rohreishaken: Nutzlänge mindestens 18 cm

Mit kürzeren Schaftlängen können die Haltekräfte unter den geforderten 10 kN (unter ca. 1000 kp) liegen. Je kürzer der Schaft und je weniger hart das Eis, desto niedriger die Haltekraft. Kürzere Schaftlängen als die angegebenen Mindestnutzlängen sind für Fortbewegungszwecke und für dünne Eisauflagen gedacht, wo längere Eisschrauben und Eishaken am Fels aufsitzen.

Zusammenwirkung von Eis und Eissicherungsmitteln bei der Normprüfung (10 kN)

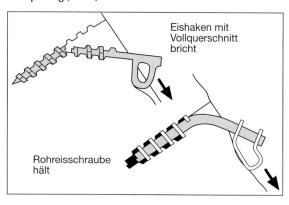

# Alpintechnische Ausrüstung

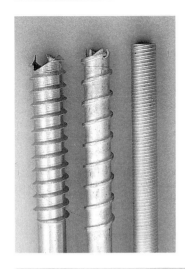

Unterschiedliche Gewindearten: links und Mitte Gewinde von Eisschrauben, rechts Gewinde eines Rohreishakens

Größerer Sturzbelastung sind sie nicht gewachsen. Zu lange Eisschrauben und Eishaken abbinden oder Eisschrauben verwenden, deren Einschraublänge der Eisdicke angepaßt werden kann. (siehe Bild unten links). Rohreisschrauben mit Nutzlängen über 25 cm sind nicht erforderlich. Morsches Oberflächeneis, wofür Nutzlängen über 25 cm gedacht sein mögen, muß grundsätzlich weggehackt werden; das darunter befindliche Kerneis bietet für Nutzlängen unter 25 cm aureichenden Halt.

Normprüfung: Eisschrauben und Eishaken sind genormt (EN 568 bzw. UIAA). Die Normen schreiben keine bestimmte Form oder Länge vor, sondern nur Mindesthaltekraftwerte im Eis. Eisschrauben und Eishaken werden deshalb in ein dem Gletschereis nachempfundenes Laboreis gesetzt und ruckartig (100 mm/s) belastet, bis sie brechen oder herausgerissen werden. Dabei müssen sie eine Mindesthaltekraft von 10 kN (ca. 1000 kp) erreichen. Eisschrauben und Eishaken, die Werte weit über dem Normwert aufweisen, sind vorzuziehen. Nach den bekannten physikalischen Gesetzmäßigkeiten gilt: je größer der Rohrdurchmesser, desto höher die Haltekraft im Eis.

Bei Eisschrauben wird zusätzlich die Einschraubfähigkeit mit einem Einschraubversuch geprüft, und zwar in hartem Wassereis. Nur Schrauben mit scharfem Fräskopf bestehen diese Prüfung.

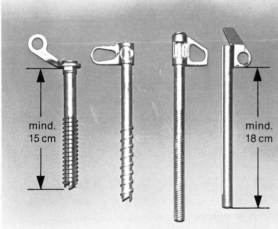

Aufgrund der unterschiedlichen Gewindetiefe von Rohreisschrauben und Rohreishaken sind unterschiedliche Mindestnutzlängen erforderlich.

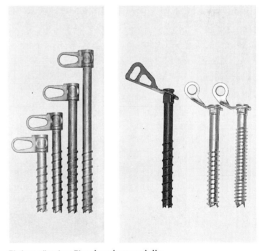

Einige gängige Eisschraubenmodelle

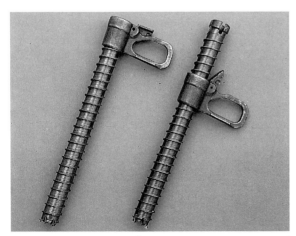

Eisschraube mit verstellbarer Öse, um die Schaftlänge an die Einschraubtiefe anpassen zu können

Bei Eishaken wird zusätzlich die Dauerfestigkeit des Eishakenkopfes durch hundertmaliges Einschlagen in hartes Wassereis geprüft. Dabei dürfen keinerlei Risse oder andere sicherheitstechnisch bedenklichen Verformungen am Hakenkopf auftreten.

# AUSRÜSTUNG

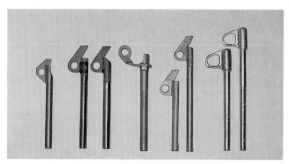

Einige gängige Eishakenmodelle

## Auswahl

Rohreisschrauben sind Rohreishaken vorzuziehen, da sie weniger Schlagbeanspruchung unterzogen werden müssen und deshalb länger zu benutzen sind. Rohreishaken werden nur im extremen Steileis zur schnellen Anbringung einer Sicherung gebraucht, sei es als Zwischensicherung oder zur Bereitung des Standplatzes.

**Anzahl und Auswahl der Eisschrauben und Eishaken richten sich nach der Schwierigkeit der Eistour; folgende Hinweise können nützlich sein:**

- Für Gletschertouren: pro Seilpartner eine Eisschraube für Notfälle.
- Für Eiswände bis etwa 60° Steilheit: pro Seilschaft zwei Eisschrauben und zwei Eishaken für die Standplatzbereitung. Ferner ein bis zwei weitere Eisschrauben für Zwischensicherungen und/oder ein bis zwei Eishaken für Notfälle (schnelle Zwischensicherung).
- Für extremes Steileis: pro Seilschaft wie für Eiswände; je nach Steilheit mehr oder weniger zusätzliche Eisschrauben bzw. -haken. Für kombinierte Routen auch kürzere oder mit verstellbarer Öse für dünnere Eisauflage und einige Felshaken.
- Aus Gewichtsgründen empfiehlt sich, wenigstens einen Teil der Eissicherungsmittel aus Leichtmetall (Titan oder Titanal) zu wählen (nur etwa halbes Gewicht gegenüber Stahl).

## Setzen von Eisschrauben und Eishaken

Sicheren Halt bieten Eisschrauben und Eishaken nur in gesundem Kerneis.

**Beim Setzen auf folgendes achten:**

- Das morsche Oberflächeneis großflächig so wegpickeln, daß eine hangparallele Fläche des Kerneises freigelegt wird (keine enge, tiefe Mulde).
- Der Setzwinkel für Eisschrauben und Eishaken beträgt rund 100° bzw. etwas mehr als der rechte Winkel (Zeichnung).
- Nur am Standplatz im senkrechten Steileis, wo der Sichernde an Eisschrauben oder Eishaken hängt, soll der Setzwinkel etwas größer sein, etwa 120°. So wird der durch die Belastung mit dem Körpergewicht hervorgerufenen Druckschmelzung vorgebeugt.

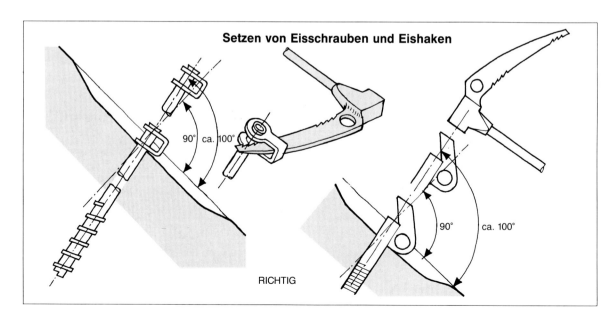

Setzen von Eisschrauben und Eishaken

# Alpintechnische Ausrüstung

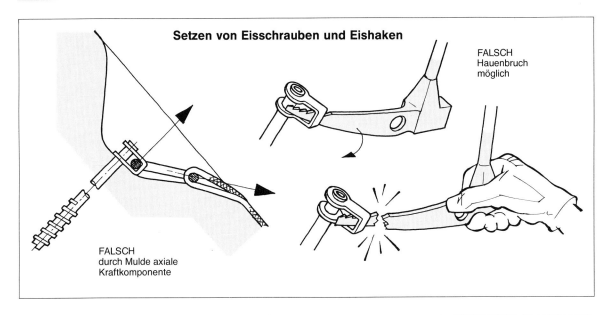

- Die Eisschraube wird so weit eingedreht, bis die Öse fest auf dem Kerneis aufsitzt und nach unten zeigt.
- Eishaken werden mit dem Eisgerät eingetrieben, bis die Öse ebenfalls fest aufsitzt. Dabei kann der unterste Ösenteil im Eis verschwinden (besserer Sitz). Nur der lichte Teil der Öse muß herausschauen, um den Karabiner einhängen zu können.
- Bei starker Sonneneinstrahlung Eisschrauben- bzw. Eishakenkopf mit einer Handvoll Firn abdecken, um der Ausschmelzung vorzubeugen. Besonders ratsam bei allen Rohreishaken, ihrer geringen Gewindetiefe wegen.

## Entfernen von Eisschrauben und Eishaken

Für die ersten Umdrehungen muß ein Eisgerät zu Hilfe genommen werden. Sind Eisschrauben bzw. Eishaken genügend gelockert, lassen sie sich von Hand herausdrehen.

Nach Entfernung aus dem Eis bleibt im Rohr häufig ein Eispfropf zurück, der das nächste Setzen erschweren kann. Bei Sonnenschein und wenn es nicht allzu kalt ist, fällt er nach kurzer Zeit von selbst heraus (Ausschmelzung) bzw. man löst ihn durch kräftiges Schleudern. Bei tiefen Temperaturen mit der Hand kurz anwärmen oder ins Rohr hauchen (Vorsicht, Lippen können anfrieren!) bzw. Eispfropf mit der Haue des Eisgeräts im Längsschlitz lösen. Nur Rohreishaken mit Eisaustritt am Kopf lassen sich auch mit Eispfropf setzen.

Links: Rohreisschraube im Gletschereis, bei Belastung mit 14 kN ohne Bruch oder Lockerung; rechts: Rohreishaken, unter 100° im Steileis gesetzt

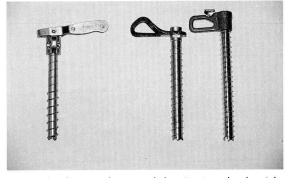

Rohreisschrauben aus Aluminium, links mit entsprechend gestalteter Öse zum leichteren Ein- und Herausschrauben

# AUSRÜSTUNG

## Eisschraubensetzer

Einige Hersteller bieten Eisschrauben mit integriertem Drehgriff (Eisschraubensetzer) zum leichteren Ein- und Herausschrauben an. Andere Fabrikate haben eine entsprechend gestaltete Öse, die beim Ein- und Herausschrauben besser in der hohlen Hand liegt. Grundsätzlich lassen sich längere Ösen (wegen des größeren Hebelarms) leichter setzen und auch wieder entfernen.

Separate, dem Ratschenschlüssel nachempfundene Eisschraubensetzer sind weniger empfehlenswert, da sie meist nur auf ein bestimmtes Fabrikat passen.

## Schlagbeanspruchung des Hakenkopfes

Die Schlagbeanspruchung beim Setzen führt immer zu Deformationen am Hakenkopf. Je nach Fabrikat und Konstruktion können solche Deformationen bereits nach zehn- bis zwanzigmaligem Setzen auftreten. Es entstehen mit der Zeit kleine Risse, die bei Sturzbelastung zum Ösenbruch führen können. Deshalb den Ösenbereich nach mehrmaligem Setzen auf mögliche Anrisse überprüfen, am besten mit einer Lupe.

Da alle Rohreishaken mehr oder weniger anfällig sind, empfiehlt sich ihre Verwendung nur in sehr steilem Eis, wo schnell eine Sicherung angebracht werden muß und das Setzen von Rohreisschrauben zu langwierig wäre. Überall dort, wo das Standvermögen im Eis das Eindrehen von Eisschrauben erlaubt, besser Eisschrauben verwenden. Sie müssen nicht eingeschlagen werden und sind deshalb weit häufiger als Rohreishaken verwendbar.

## Nachschärfen und Richten

Eisschrauben und Eishaken werden stumpf, wenn sie beim Setzen häufig auf Fels oder ins Eis eingelagerte Steine treffen.

**Nachschärfen mit einfachen Mitteln ist in beschränktem Umfang möglich:**
- Rohreisschrauben mit einer Dreikantfeile nachschärfen; auf richtige Winkel (Schnittwinkel, Spanwinkel) achten.
- Rohreishaken mit einer Halbrundfeile nur innen nachschärfen. Außen dürfen Rohreishaken nicht angeschrägt werden.

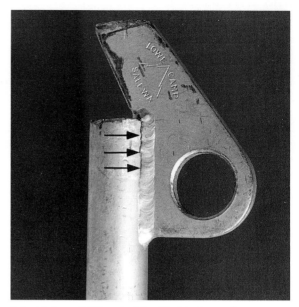

Rohreishaken mit Riß an der Schweißnaht schon nach 30maligem (!) Setzen

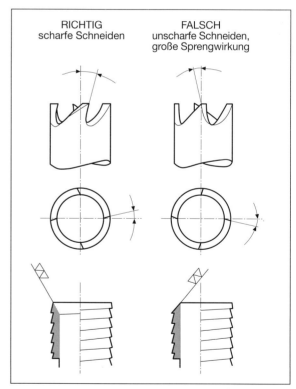

Nachschärfen von Rohreisschrauben und Rohreishaken

Vom Richten verbogener Eisschrauben und Eishaken muß abgeraten werden, da dies immer mit Deformation der Rohrform und Bruchgefahr verbunden ist.

# Alpintechnische Ausrüstung

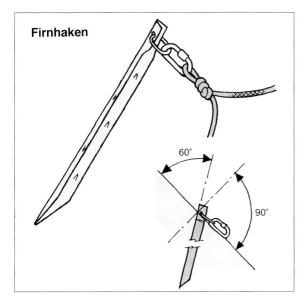

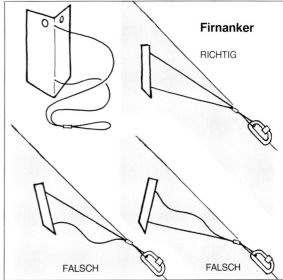

## Firnhaken

Firn ist eine wesentlich weniger dichte Materie als Eis. Will man Sicherungspunkte schaffen, muß die Auflagefläche in Belastungsrichtung erheblich größer sein als im Eis. Daraus leitet sich die Größe (Profil und Länge) von Firnhaken ab.

Firnhaken sind aus Leichtmetallprofil, das zur Erhöhung der Haltekraft bei axialer Belastung mit kleinen Widerhaken versehen ist. Längen 60 bis 80 cm (Gewicht etwa 300 bis 400 g). Sie dienen zur Verankerung von Fixseilen (Expeditionen). Mehrfaches Einschlagen führt zur Deformation des Hakenkopfes. Bei Verwendung als T-Anker (höhere Haltekraft) Gefahr der Reepschnurscheuerung (Metallkanten). Firnhaken müssen zum Entfernen völlig ausgepickelt werden.

## Firnanker

Ihre Funktionsweise ist umstritten. Sie sind aus einem abgewinkelten Aluminiumblech hergestellt und mit einem unter bestimmtem Winkel fixierten Stahlkabel versehen (Gewicht ca. 200 g).

Der Firnanker wird mit dem Hammer (Eisgerät) in den Firn eingetrieben. Bei Sturzbelastung soll sich der Firnanker noch tiefer in den Firn graben. Ausgedehnte Versuche haben aber gezeigt, daß dies meist nicht sicher funktioniert und der Firnanker unter Belastung herausgerissen wird. Im Firn besser den T-Anker verwenden.

## T-Anker

Die sicherste Verankerung im Firn, ebenso in morschem Eis, wo Eisschrauben keinen sicheren Halt mehr finden. Als Anker dient in der Regel ein Eisgerät. Aber auch Ski (Stahlkanten an der Reepschnurstelle abdecken), Skistöcke (paarweise), ein Rucksack (möglichst leer) oder Kleidungsstücke wie Anorak (nicht aus Perlon), Pullover und lange Walkfäustlinge können als Anker Verwendung finden (siehe Grafik S. 106).

Die Eingrabtiefe (Ankertiefe) hängt von der Firndichte und der Ankergröße ab. Normale Ankertiefe nicht unter 30 cm, in weicherem Firn und bei kleinerem Anker auch tiefer. Reepschnur nicht unter 6 mm Durchmesser (je größer die mögliche Belastung, um so dicker die Reepschnur; Feuchtigkeit und Kälte reduzieren die Festigkeit). Schlingenlänge wenigstens 1,5 m. Befestigung am Anker mittels Prusikknoten oder (besser) mittels Mastwurf am Eisgeräteschaft an der ausbalancierten Stelle (Körperschwerpunkt etwa gleich Flächenschwerpunkt).

Mit etwas Übung läßt sich ein T-Anker in ein bis zwei Minuten anbringen. Firn auf dem Anker und dem Reepschnurkanal gut verfestigen.

**Je nach Firndichte und Ankertiefe wurden folgende Haltekräfte ermittelt:**
- Eispickel, Eisbeil: 3 bis 5 kN (ca. 300 bis 500 kp)
- leerer Rucksack: 5 bis 7 kN (ca. 500 bis 700 kp)

# AUSRÜSTUNG

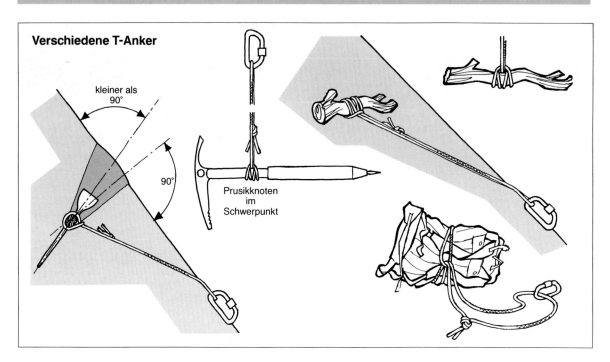

Eispickel mit Reepschnur als T-Anker vor dem Bedecken mit Firn

- Anorak, Pullover: 3 bis 5 kN (ca. 300 bis 500 kp)
- Walkhandschuhe (ineinander gestopft): 1 bis 2 kN (ca. 100 bis 200 kp)

In feuchtem Firn ergeben sich höhere Werte als in trockenem.

In außereuropäischen Gebirgen finden zweckmäßigerweise kleinere Holzstämme oder kräftige Äste Verwendung, die man sich auf dem Anmarsch beschaffen kann. Grünes Holz eignet sich noch besser als abgetrocknetes, da es besser im Firn festfriert. Mit Urin oder anderen Flüssigkeiten läßt sich der Firn auf dem Anker gut verfestigen.

Die Anbringung einer Eissanduhr im Falle eines Rückzugs im Eis ist im Glossar auf S. 149 ausführlich beschrieben.

## Helme

**Der Helm (richtig: Bergsteigerschutzhelm) soll Kopf und Halswirbelsäule vor Gewalteinwirkung schützen, die verschiedene Ursachen haben kann:**
- **Steinschlag/Eisschlag und herabfallende Ausrüstungsstücke von Voransteigenden**
- **Sturz und unkontrollierte Kletterbewegungen**

Helme sind genormt (EN 12492 und UIAA). Die wichtigsten Normanforderungen betreffen das Energieaufnahmevermögen. Helme müssen ein Mindestenergieaufnahmevermögen besitzen, d. h. einen bestimmten Stoß aufnehmen können, ohne die physiologisch* zulässige Belastung von Kopf und Halswirbelsäule zu überschreiten. Die Mediziner haben nach Untersuchungen eine für Bruchteile von Sekunden gerade noch zulässige Kraft von 10 kN (ca. 1000 kp) ermittelt.

Die Fallenergie, die bei Prüfung des vertikalen Energieaufnahmevermögens auf den Helm trifft, beträgt 100 J (ca. 10 kpm). Dies entspricht einem 5 kg schweren Stein aus 2 m Höhe (Normprüfung) oder einem 2 kg schweren Stein aus 5 m Höhe oder auch einem 1 kg schweren Stein aus 10 m Höhe usw.

Die Fallenergie bei frontaler, lateraler (seitlicher) und dorsaler (rückwärtiger) Prüfbelastung ist erheblich geringer. Sie beträgt lediglich 25 J (ca. 2,5 kpm = 25 %

# Alpintechnische Ausrüstung

Verschiedene Helmmodelle, rechts mit seitlich herabgezogener Helmschale

des vertikalen Energieaufnahmevermögens). Technisch ist mehr noch nicht möglich.

Der Schutz vor scharfkantiger Gewalteinwirkung wird mit einem spitzen Fallkörper geprüft. Um genügend Durchdringungsfestigkeit zu besitzen, muß die Helmschale aus einem Kunststoff mit hoher Schlagzähigkeit bestehen.

## Technische Grenzen

Das Energieaufnahmevermögen der Helme kann material- und konstruktionsbedingt nicht jedem beliebig großen Stein- oder Eisschlag angepaßt sein. Das gleiche gilt für Stoßbeanspruchung bei Sturz. Material und Konstruktion haben ihre Grenzen. Deshalb ist jeder Helm notwendigerweise nicht vollkommen.

---

[1] Eine Prüfung zur Ermittlung des Energieaufnahmevermögens würde etwa die dreifachen Kosten der Normprüfung betragen; so hat sich der Normenausschuß für die kostengünstigere Lösung mit der Messung des Fangstoßes entschieden.

## Material, Verarbeitung, Angebot

**Die Güte eines Helmes zu beurteilen ist sehr schwierig; das wichtigste ist das Energieaufnahmevermögen, doch auch weitere Gütemerkmale sind zu beachten:**

- Da die Hersteller das Energieaufnahmevermögen nicht angeben (weil es nicht direkt bei der Prüfung ermittelt wird[1]), kann dieses in 1. Näherung nur

Die Seitenstabilität ist kein Prüfkriterium. Ein Helm kann bei Gebrauch praktisch nie von beiden Seiten gleichzeitig belastet werden. Bei seitlichem Steinschlag (Querschläger) oder bei Sturz mit dem Kopf seitlich gegen den Fels wird der Helm entsprechend der Prüfung des frontalen, lateralen und dorsalen Energieaufnahmevermögens belastet.

Normprüfung von Helmen

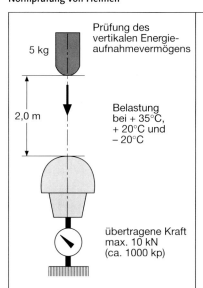 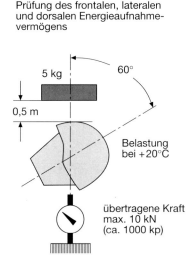 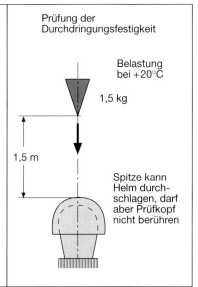

# AUSRÜSTUNG

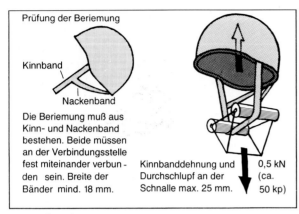

Normprüfung der Beriemung

anhand der übertragenen Kraft (Fangstoß) beurteilt werden: Das höchste Energieaufnahmevermögen weist der Helm auf, der den niedrigsten Fangstoß aufweist (doch nicht alle Hersteller geben diesen Wert an).

- Helmschalen aus GFK*, teilweise verstärkt durch CFK*, besitzen eine hohe Alterungsbeständigkeit. Erkennungsmerkmal kann die Faserstruktur auf der Innenseite der Helmschale sein (CFK ist grau oder schwarz). Jedem Helm muß eine Gebrauchsanleitung beigegeben sein, aus der auch die Lebensdauer hervorgeht (wann aussondern?).
- Helmschale und Tragebänder müssen mit stabilen Nieten oder anderen sicheren Befestigungselementen fest miteinander verbunden sein. Schlechte Nieten oder Tragebänder, die nicht mittig genietet sind (nicht jeder einzelne Helm wird geprüft), können bei Stoßeinwirkung ausreißen und reduzieren so das Energieaufnahmevermögen beträchtlich. Bei Kauf Sichtkontrolle.
- Die Beriemung muß geeignet sein, den Helm bei einem unkontrollierbaren Sturz sicher auf dem Kopf zu halten. Dies läßt sich wie folgt prüfen: Helm aufsetzen, Kinnband schließen. Der Helm darf sich nicht nach vorn oder nach hinten vom Kopf schieben lassen (siehe Grafik unten).
- Hervorstehende Teile auf der Helminnenseite wie Nieten usw. müssen zur Vermeidung von Verletzungen mit einer stoßdämpfenden Polsterung abgedeckt sein. Bei Kauf Sichtkontrolle.

## Normunabhängige Eigenschaften :

- Seitlich und im Nackenbereich herabgezogene Helmschalen bieten mehr Schutz, sind dafür aber etwas schwerer. Ein kleiner seitlicher Rand rundherum ist bei Regen vorteilhaft, vor allem für Brillenträger.
- Auch die Möglichkeit zur Sicherung einer Stirnlampe gegen Herabrutschen ist empfehlenswert.
- Helle Helme mit glänzender Oberfläche sind anzuraten, da sie die Sonnenstrahlen besser reflektieren und so einem Hitzestau vorbeugen.
- Eine Belüftung ist notwendig, jedoch von den Normen (EN und UIAA) nicht vorgeschrieben (man überläßt dies dem Markt). Größere Belüftungsöffnungen sind einerseits vorteilhaft, andererseits aber auch nachteilig bei Steinschlag, wenn Querschläger auftreten. So sind mittelgroße Belüftungsöffnungen ein brauchbarer Kompromiß (Auswahl im Sporthaus).

**Test des Helmsitzes**

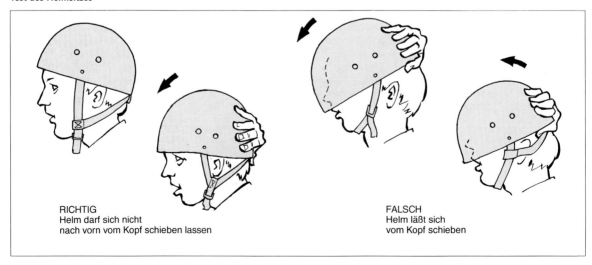

# Alpintechnische Ausrüstung

Die Mehrzahl aller Helmmodelle wird in verstellbarer Ausführung angeboten. Dies ist vorteilhaft, da bei Kälteeinwirkung gern eine Wollmütze oder Sturmhaube unterm Helm getragen wird.

## Veränderungen an Helmen

Aufkleber und Farbeinwirkungen können bestimmte Kunststoffe verändern. Es empfiehlt sich deshalb nicht, Helmschalen zu bemustern. Auch von anderen Veränderungen wie Anbringen zusätzlicher Lüftungsbohrungen und ähnlichem muß abgeraten werden, da die Helmeigenschaften, insbesondere das Energieaufnahmevermögen, beeinträchtigt werden können.

## Gebrauchte Helme

Schweiß fördert den Rost. Die Haltbarkeit der Nieten läßt deshalb mit der Zeit nach. Nieten von Zeit zu Zeit überprüfen. Helme mit stark verrosteten Nieten aussondern. Sie können bei Stoßbelastung ausreißen.

Auch Helme, die durch Steinschlag oder Sturz starker Stoßbelastung ausgesetzt wurden, sind auszusondern. Man erkennt dies an der deformierten Schale und/oder an den gedehnten oder ausgerissenen Tragebändern. Das Energieaufnahmevermögen hat nachgelassen oder ist aufgebraucht (Knautschzone kleiner oder gar nicht mehr vorhanden).

**Die Nieten müssen von Zeit zu Zeit auf Rosteinwirkung überprüft werden.**

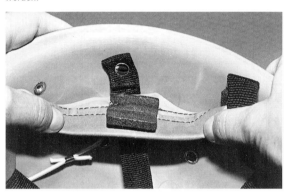

**Auch im Klettergarten sollte ein Helm getragen werden – es haben sich schon mehrere Unfälle ereignet.**

109

# Sicherung

# SICHERUNG

## SICHERUNGSTHEORIE

## Physikalische Zusammenhänge

Im Sturzfall und bei jeder anderen Seilbelastung überträgt das Seil Kräfte vom einen Seilende in Richtung des anderen. Dabei wird die Sicherungskette belastet. Ein Teil der Sicherungskette ist das Seil. Weitere Teile sind: Anseilgurt – Anseilknoten – Karabiner – Klemmkeile – Felshaken – Expreßschlingen – Reepschnur- und Bandschlingen – Sanduhren in Fels und Eis – die Kameradensicherung und damit in Zusammenhang stehende Ausrüstung wie HMS*-Karabiner, Achter, Bremsgerät, Seilklemme usw. Die Belastung der Sicherungskette folgt physikalischen Gesetzen, deren Kenntnis die Beurteilung notwendiger Sicherungsmaßnahmen wesentlich erleichtert.

### Fallenergie – Fangstoßkraft

Wenn ein Bergsteiger, Fels- oder Eiskletterer bergauf steigt oder klettert, speichert er in seinem Körper Energie (Lageenergie), sogenannte potentielle* Energie. Sie ist vom Körpergewicht* abhängig und nimmt mit der Höhe, die er herabfallen kann, linear* zu.

Stürzt der Bergsteiger, Fels- oder Eiskletterer, wird aus der potentiellen Energie Fallenergie, sogenannte kinetische* Energie. Die Fallenergie wird um so größer, je weiter bzw. je schneller der Bergsteiger, Fels- oder Eiskletterer stürzt. Sie nimmt mit dem Quadrat der Fallgeschwindigkeit zu und entspricht quantitativ* der potentiellen Energie.

Die Fallenergie muß vom Seil durch Dehnung und meist Reibung in Zwischensicherungen und der Kameradensicherung (Sicherungsmethode) aufgenommen werden. Die Seildehnung erzeugt im Seil eine Kraft, die sogenannte Fangstoßkraft*, die ihren Maximalwert im Augenblick der größten Seildehnung erreicht, nämlich dann, wenn die gesamte Fallenergie aufgenommen worden ist. In diesem Augenblick ist der Sturz abgefangen.

### Fangstoßkraft, Bremskraft, Bremswirkung

Bei ungünstiger Sturzsituation – also bei großer Fallenergie (hoher Sturz) und wenig Seil, das die Fallenergie aufnehmen muß – könnte die Fangstoßkraft die Größenordnung von 10 bis 12 kN (ca. 1000 bis 1200 kp) erreichen. Einer solchen Belastung kann die Mehrzahl aller Sicherungspunkte in Fels und Eis nicht standhalten. Bruch eines oder mehrerer Sicherungspunkte und dadurch größere Sturzhöhe oder gar Absturz der ganzen Seilschaft wären mögliche Folgen. Der Sturz wird deshalb mit dem Seil nicht grundsätzlich durch Blockieren des Seiles statisch gehalten, sondern unter einer bestimmten Bremskraft und einem daraus folgenden Seildurchlauf durch die Bremsvorrichtung (Kameradensicherung, Sicherungsmethode) dynamisch abgefangen. Auf diese Weise wird die hohe Fangstoßkraft statisch wirkender Sicherungsmethoden abgebaut und die gesamte Sicherungskette weniger stark belastet.

## Seildurchlauf und Sturzstreckenverlängerung

Dynamisches Sichern bedingt als Folge des Seildurchlaufs durch die Bremsvorrichtung eine etwas größere Sturzhöhe als bei statischer Sicherung, also eine gewisse Sturzstreckenverlängerung. Diese Verlängerung der Sturzhöhe ist jedoch nicht proportional*, d.h.,

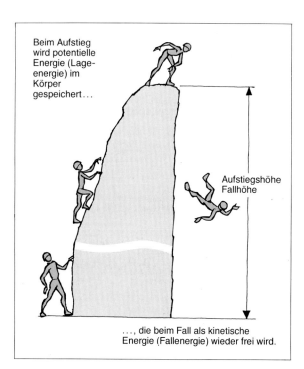

Beim Aufstieg wird potentielle Energie (Lageenergie) im Körper gespeichert...

Aufstiegshöhe Fallhöhe

..., die beim Fall als kinetische Energie (Fallenergie) wieder frei wird.

# Sicherungstheorie

eine Bremskrafthalbierung hat nicht unbedingt eine Verdoppelung der Bremsstrecke zur Folge, da die Seildehnung mit in die Sturzstreckenverlängerung eingeht und mit der Bremskraftreduzierung abnimmt.

In der Praxis wird die theoretische Sturzstreckenverlängerung durch Seilreibung in Zwischensicherungen und an Fels- bzw. Eiskanten weiter reduziert, so daß sie nicht das theoretische Ausmaß erreicht, sondern ein wesentlich geringeres.

Im Hinblick auf die notwendige Bremskraftreduzierung (um die Sicherungskette nicht zu stark zu belasten) ist die Sturzstreckenverlängerung, sofern sie ein vertretbares Ausmaß nicht überschreitet, gerechtfertigt. Es muß zwischen Bremskraftreduzierung (im Prinzip gut) und Sturzstreckenverlängerung (im Prinzip schlecht) optimiert* werden.

## Optimierte Sicherung

Die Kameradensicherung am Standplatz wird nur mit der einfachen Fangstoßkraft belastet (weil nur ein belasteter Seilstrang); die Zwischensicherung wird in 1. Näherung* dagegen mit dem doppelten Fangstoß[1] belastet (weil zwei belastete Seilstränge). Aus dieser Tatsache folgt die Forderung, daß die Bremskraft bei Belastung von Zwischensicherungen (Sturzzug an der Bremse nach oben) niedriger sein soll als bei Belastung ohne Zwischensicherung (Sturzzug an der Bremse nach unten). Die als Folge der kleineren Bremskraft auftretende größere Sturzstreckenverlängerung wird durch die Seilreibung in der Zwischensicherung wieder auf das vertretbare Maß reduziert.

### Eine optimierte Kameradensicherung soll folgende Forderungen erfüllen:

- Bremskraft bei Sturzzugbelastung nach oben und nach unten ohne Manipulieren unterschiedlich groß, und zwar nach oben eine niedrigere Bremskraft als nach unten
- Bremskraftwerte in den günstigen Bremskraftbereichen, und zwar bei Sturzzug nach oben (Zwischensicherung) 2 bis 2,5 kN (ca. 200 bis 250 kp) und bei Sturzzug nach unten (ohne Zwischensicherung) 2,5 bis 3 kN (ca. 250 bis 300 kp)

---
[1] genau: mit der vektoriellen* Summe der beiden Fangstoßkräfte unter Berücksichtigung der im Karabiner auftretenden Seilreibung, siehe Seite 125

Diese Forderungen erfüllen derzeit nur die Halbmastwurfsicherung (HMS). Beide Bremskraftwerte stellen sich automatisch durch die unterschiedliche Sturzzugrichtung nach oben oder unten ein, ohne Manipulieren an der Sicherung selbst.

Falldiagramm für den Vergleich von statischer und dynamischer Sicherung

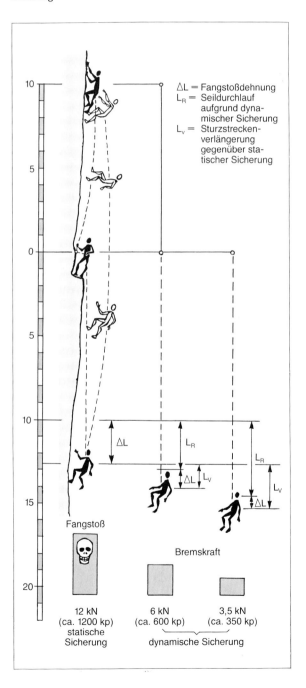

$\Delta L$ = Fangstoßdehnung
$L_R$ = Seildurchlauf aufgrund dynamischer Sicherung
$L_v$ = Sturzstreckenverlängerung gegenüber statischer Sicherung

# SICHERUNG

## SICHERUNGSFORMEN

### Halbmastwurfsicherung (HMS)

Das Seil wird in Form einer Bremsschlinge in einen HMS-Karabiner eingehängt (andere Karabiner eignen sich nicht). Mit je einer Hand am Seil rechts und links des Karabiners wird das Seil ausgegeben und eingeholt.

**Die Hände haben dabei unterschiedliche Funktionen:**

- Hand am Seil, das zum Kameraden führt: Sie ist die Führungshand, mit der das Seil beim Ausgeben und Einholen geführt wird.
- Hand am Bremsseil (loses Seil): Sie ist die Bremshand, mit der im Belastungsfall gebremst und der Sturz abgefangen wird. Während des Seilausgebens und -einholens dient die Bremshand auch als Führungshand.

Ein Sturz kann nur mit der Bremshand gehalten werden. Die Führungshand kann praktisch keinerlei Bremswirkung erbringen. Bei Sturzbelastung wird das Seil der Führungshand auch meist entrissen.
Der HMS-Karabiner muß in allen möglicherweise auftretenden Sturzugrichtungen frei beweglich sein. Dies wird mit einer Reepschnur- oder Bandschlinge erreicht. Reepschnurdurchmesser mindestens 6 mm, bei Bandschlinge mindestens drei Festigkeitskennstreifen. Auch zur Verbindung zweier oder mehrerer Sicherungspunkte zum Kräftedreieck (Ausgleichsverankerung*) wird eine Schlinge dieses Mindestquerschnitts (entsprechend länger) verwendet.

**Einhängen der Halbmastwurf-Bremsschlinge**

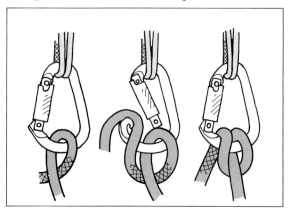

### Einrichten und Handhabung der HMS

Die Kameradensicherung erfolgt an der Wand an Sicherungspunkten (Ausnahmen siehe Seite 119 f. und 140 f.). Als Sicherungspunkte können verwendet werden: Felshaken, Klemmkeile, Sanduhren, Felsköpfel, Eisschrauben oder Eishaken. Die Sicherungspunkte müssen für eine Sturzbelastung ausreichend dimensioniert und sicher plaziert sein, sowohl hinsichtlich möglicher Belastungskraft als auch möglicher Belastungsrichtung.

**Nicht alle Sicherungspunkte können in jeder Richtung belastet werden:**

- Bohrhaken, sofern sie ausreichend sicher sind (normgerecht), in allen Richtungen
- Normalhaken nur in radialer* und annähernd radialer Richtung (also quer zum Schaft)
- Klemmkeile nur in Richtung der Rißverengung
- Felsköpfel nur nach unten
- Sanduhren, sofern stabil, in alle Richtungen
- Eisschrauben und Eishaken nur in radialer* und annähernd radialer Richtung (wie Normalhaken)

Klemmgeräte eignen sich nur sehr bedingt zur Standplatzabsicherung, da ihre sichere Plazierung schwierig abzuschätzen ist.
Die Kameradensicherung kann an einem Sicherungspunkt erfolgen, sofern dieser sicher genug ist. Die Beurteilung ist schwierig (Erfahrung, Augenmaß). Stabi-

**Handhaltung beim Bedienen der HMS**

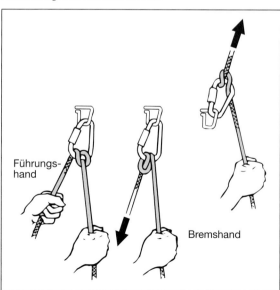

# Sicherungsformen

le, nicht angerostete Bohrhaken und sicher plazierte Hartstahlhaken können in der Regel als ausreichend fest angesehen werden.

Erscheint ein Sicherungspunkt nicht sicher genug, muß ein zweiter, gegebenenfalls ein dritter geschaffen werden.

**Die Plazierung des HMS-Karabiners erfolgt je nach Anzahl der Sicherungspunkte:**

- Ein Sicherungspunkt (sicherer Bohrhaken): Ist die Öse groß genug (Bühlerhaken, Ringhaken), daß sich der HMS-Karabiner in alle Richtungen frei bewegen kann, wird er direkt in die Öse eingehängt. Ist die Öse zu klein bzw. könnte sich der Karabiner verklemmen, wird er mit einer kurzen Reepschnur- oder Bandschlinge (Nutzlänge etwa 20 cm) eingehängt, bei Sicherungspunkten mit Schlinge (Klemmkeil, Sanduhrschlinge usw.) direkt in diese.
- Zwei Sicherungspunkte: Sie werden mit einer ausreichend langen Reepschnur- oder Bandschlinge (in der Regel etwa 120 cm lang) und dem Kräftedreieck (Ausgleichsverankerung*) zu einem zentralen Sicherungspunkt zusammengefaßt. Dabei soll der Winkel zwischen den beiden Strängen den Wert von 60° nicht wesentlich überschreiten (60° = gleichseitiges Dreieck, alle drei Seiten des Dreiecks sind gleich lang). Je kleiner der Winkel, desto günstiger. Im Eis werden die Sicherungspunkte deshalb mit geringem seitlichen Abstand übereinander gesetzt.
- Drei Sicherungspunkte: Sie werden nach der Methode des Kräftedreiecks ebenfalls zu einem zentralen Sicherungspunkt zusammengefaßt. Die Schlinge muß dann entsprechend länger sein.

Schlingenknoten immer in unmittelbarer Nähe eines Sicherungspunktes plazieren. Schraubkarabiner sind empfehlenswert, da das Kräftedreieck bei Sturzbelastung in Zwischensicherungen nach oben umschlägt und Normalkarabiner sich dabei öffnen und aushängen können; alternativ kann die Schlinge direkt durch den Haken gefädelt werden.

Durch das Umschlagen des Kräftedreiecks nach oben ergibt sich eine Sturzstreckenverlängerung von mindestens dem zweifachen Maß a (siehe Grafik S. 116). Deshalb das Kräftedreieck möglichst klein wählen (geringer Abstand zwischen den Sicherungspunkten) oder bei möglicher Sturzzugbelastung nach oben Kräftedreieck nach unten absichern, z. B. durch knappes Einhängen der eigenen Selbstsicherung.

Die Hände üben die Funktion als Führungs- bzw. Bremshand aus. Bei durchschnittlich aufmerksamem Sichern erfolgt das Bremsen mit der Bremshand bei Sturzbelastung reflexartig. Der HMS-Karabiner wird in die Sturzzugrichtung gerissen. Dies kann seitlich, diagonal, nach oben, praktisch in alle Richtungen erfolgen. Deshalb soll die Führungshand das Seil sofort loslassen. Dies ist keine Reflexbewegung, weshalb es zu kleineren Handverletzungen kommen kann (Verbrennungen).

Zur dynamischen Wirkung der HMS ist ein bestimmter Seildurchlauf erforderlich. Deshalb muß gegen Ende des Seilausgebens auf eine Mindestseilreserve (Bremsreserve) von 5 m geachtet werden.

Das Kräftedreieck als Ausgleichsverankerung sollte möglichst die Form eines gleichseitigen Dreiecks haben.

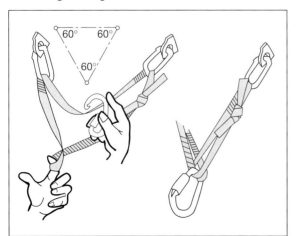

Mit einer entsprechend langen Schlinge läßt sich die Ausgleichsverankerung auch an drei Fixpunkten aufbauen.

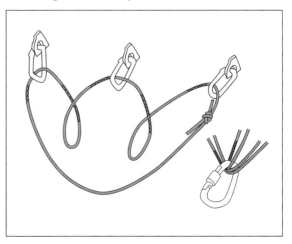

# SICHERUNG

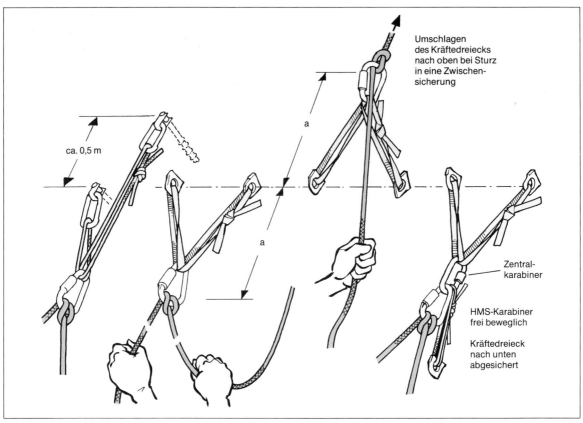

Möglichkeiten der Anwendung des Kräftedreiecks (Ausgleichsverankerung) bei unterschiedlichen Sturzzugrichtungen

Danach soll der nächste Standplatz erreicht sein. Besteht Notwendigkeit, auch die Bremsreserve auszugehen, dann muß eine Zwischensicherung angebracht werden (siehe Grafik S. 117 unten links).

## Seildurchlauf an der Kameradensicherung

Bei Benutzung einer dynamischen Sicherung kann bei Sturzbelastung Seildurchlauf durch die Bremsvorrichtung und die Bremshand und damit Reibungswärme an den Bremsflächen entstehen.
Bei geringer Fallenergie (geringe Sturzhöhe, geringes Körpergewicht*) und bei niedrigem Sturzfaktor* sowie bei viel Seilreibung in der Sicherungskette, z. B. in Zwischensicherungen und an Felskanten, wirkt die HMS (und andere dynamisch wirkende Sicherungen) statisch (ohne Seildurchlauf). Bei größerer Fallenergie und größerem Sturzfaktor* sowie bei wenig Seilreibung in der Sicherungskette tritt Seildurchlauf auf.
Bis zu einem Seildurchlauf von etwa 25 cm besteht für nicht besonders zarte Hände noch keine wesentliche Gefahr. Bei größerem Seildurchlauf können die Handflächen Verbrennungen davontragen. Mit entsprechenden Handschuhen läßt sich dies vermeiden; doch konnten sich diese bis jetzt nicht durchsetzen (größere Stürze mit hohem Sturzfaktor kommen nicht allzu häufig vor).

## Selbstsicherung

Sie erfolgt als erste Sicherungsmaßnahme am Standplatz und verhindert den Sturz vom Standplatz, ausgelöst durch ungeschicktes Stehen, Stolpern oder sonstigem Zu-Fall-Kommen.
Länge der Selbstsicherung so kurz wie möglich und so lang wie nötig, in der Regel etwa 0,5 bis 1 m. Die Selbstsicherung soll beim Hantieren am Standplatz nicht hinderlich sein.
Befestigung mit Sackstich oder Mastwurf (läßt sich leichter verlängern oder verkürzen) am Sicherungspunkt, bei Anwendung des Kräftedreiecks am Zentralkarabiner.

# Sicherungsformen

## Zwischensicherungen

Sie reduzieren die mögliche Sturzhöhe und damit die Belastung der Sicherungskette.

**Um die Anzahl der Zwischensicherungen in einem günstigen Verhältnis zum erforderlichen Zeitaufwand zu halten, gilt:**

- Solange man sich nicht in der Nähe der Sturzgrenze bewegt und auch keine anderen Gründe einen Sturz erwarten lassen, kann die Anzahl der Zwischensicherungen auf ein Minimum reduziert werden. Im Fels sind zwei bis drei gleichmäßig verteilte Zwischensicherungen innerhalb einer Seillänge immer anzuraten. Im Eis muß wenigstens nach etwa 25 m (= halbe Seillänge) eine Zwischensicherung angebracht werden.
- Die Sturzhöhe ist immer erheblich größer, als man vom Standpunkt oberhalb der letzten Zwischensicherung annehmen würde. Empirisch* ermittelte Werte führten zu der Erkenntnis, daß die gesamte Fallhöhe nicht die zweifache Entfernung von der letzten Zwischensicherung beträgt (wie theoretisch vermutet), sondern die dreifache. Dies ist u.a. auf die Seildehnung, den Seildurchlauf, insbesondere aber auf Schlappseil zurückzuführen, da das Seil im Vorstieg vom Sichernden nie stramm gehalten werden darf. Erfolgt der Sturz gerade beim Versuch, das Seil in die nächste Zwischensicherung einzuhängen, ist die Sturzhöhe noch größer. Dies gilt es überall dort zu beachten, wo bei Sturz ein Aufprall möglich ist, insbesondere im Einstiegsbereich.
- Mit zunehmender Annäherung an die Sturzgrenze empfiehlt sich, die Anzahl der Zwischensicherungen zu erhöhen, und zwar vor Annäherung an die Sturzgrenze (Abschätzung der Kletterschwierigkeiten bzw. der Eissteilheit im voraus).

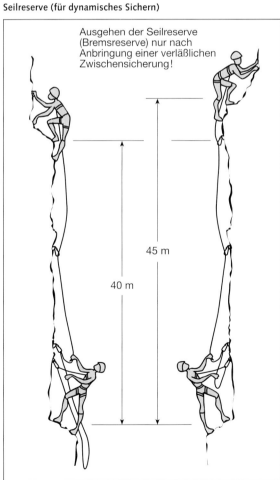

Seilreserve (für dynamisches Sichern)

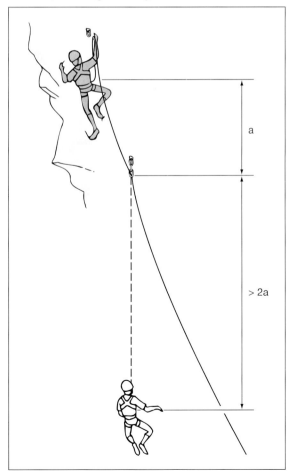

Sturzhöhe, maßstabsgerecht dargestellt

# SICHERUNG

- Eine Annäherung an die Sturzgrenze soll nur in der Nähe einer zuverlässigen Zwischensicherung erfolgen.
- Soll zum Erreichen eines günstigen Standplatzes auch die 5 m lange Seilreserve (Bremsreserve) ausgegangen werden, muß zu Beginn der auszugehenden Seilreserve eine verläßliche Zwischensicherung angebracht werden. Dadurch wird die Sturzhöhe so reduziert, daß die auftretende Fallenergie allein durch Seildehnung aufgenommen werden kann, ein Seildurchlauf an der HMS also nicht erfolgt und somit eine Seilreserve nicht notwendig ist.

Jede Zwischensicherung erhöht die Seilreibung beim Klettern – um so mehr, je stärker das Seil umgelenkt wird. Um die Seilreibung zu reduzieren, werden die Zwischensicherungen mit Reepschnur- oder Expreßschlingen verlängert. Diese Verlängerung hat im Sturzfall auch eine Sturzstreckenverlängerung zur Folge. Die Schlingen dürfen deshalb nicht zu lang, aufgrund der Seilreibung aber auch nicht zu kurz sein. Die Schlingenlänge muß optimiert werden (siehe S. 121).

## Sicherung mit Zwillingsseil

**Die Verwendung von Zwillingsseil (2 × 8 mm oder 2 × 9 mm) in Verbindung mit der HMS gilt als die bestmögliche Seilsicherung; Vorteile sind:**

- Seilredundanz*: Reißt ein Seil bei Sturzbelastung, ist ein zweites vorhanden, das die Restfallenergie aufnehmen kann.
- Höheres Kantenarbeitsvermögen: Zwillingsseile können mehr Fallenergie bei Belastung über Felskanten aufnehmen als jedes Einfachseil (noch ist kein kompletter Seilriß eines Zwillingsseils bekanntgeworden).
- Abseilen: Es kann über die volle Seillänge abgeseilt werden.

Die beiden Seile werden parallel gehandhabt (wie ein Seil): Es wird mit einer gemeinsamen HMS-Schlinge gesichert, und beide Seile werden gemeinsam in alle Zwischensicherungen eingehängt. Die Selbstsicherung kann mit beiden Seilen erfolgen, aber auch mit nur einem. Leichtes Verdrehen der Seile miteinander ist nicht hinderlich. Es fördert die Parallelführung zwischen den Sicherungspunkten.
Bei Hakenpassagen (Hakenleitern*) kann die Seilreibung zu groß werden. Die Zwillingsseile können dann getrennt eingehängt werden, sofern sie nicht miteinander verdreht sind. Die mögliche Sturzhöhe und damit die auftretende Fallenergie wird immer nur gering sein, so daß sie allein von der Seildehnung und der Seilreibung in den Karabinern der Zwischensicherungen und an Fels- bzw. Eiskanten aufgenommen werden kann, ohne daß es an der HMS zum Seildurchlauf eines Seils und damit zur Beschädigung (Schmelzverbrennung) des anderen kommen kann. Folgt der Hakenleiter Freikletterei, müssen in die letzte zuverlässige Zwischensicherung wieder beide Seile eingehängt werden.

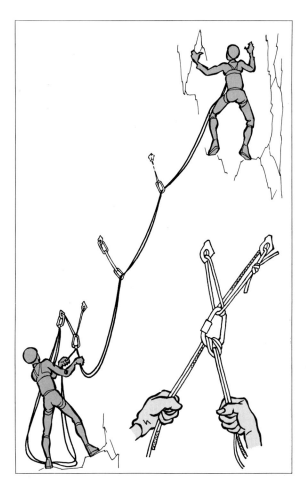

Links: Handhabung der Sicherung mit Zwillingsseil

# Sicherungsformen

## Sicherung der Dreierseilschaft

Es werden im Fels wie im Eis zwei Seile benutzt. Der Seilerste ist an beiden Seilen angeseilt, die beiden Nachsteiger je an einem. Einrichten des Standplatzes und der Selbstsicherung wie bei der Zweierseilschaft.

**Die Kameradensicherung geht folgendermaßen vor sich:**

- Der Seilerste steigt, an beiden Seilen gesichert, voran und hängt beide Seile (als Zwillingsseil) in alle Zwischensicherungen ein.
- Kameradensicherung des Seilersten nur durch einen der beiden Nachsteiger (sichert jeder der beiden an einem Seil, ergibt sich im Sturzfall die doppelte Bremskraft und damit eine um 100 % höhere Belastung der Sicherungskette).
- Beide Nachsteiger kommen, je an einem Seil gesichert, in etwa gleichem Tempo nach; Abstand etwa 4 bis 5 m. Gegen Ende der Seillänge kann der Abstand etwas geringer sein, da die Seildehnung (Sturz) mit abnehmender Seillänge sinkt.
- Der Seilerste sichert beide Nachkommenden mit der Sicherungsplatte (Magic Plate) nach, die bei Sturzbelastung das Seil, gegebenenfalls auch beide Seile selbsttätig blockiert.

Gleichzeitiges Nachsichern der beiden Nachsteiger an je einem eigenen Seilstrang

Sicherung der Dreierseilschaft mit HMS und Magic Plate

## Weitere Sicherungsmethoden

Neben der HMS gibt es weitere Sicherungsmethoden, die in Gebrauch sind, sich jedoch nur für bestimmte Sicherungssituationen eignen.

### Stichtsicherung

Dynamisch wirkend, läßt sich die Stichtsicherung (siehe Grafik S. 120 oben) nur am Körper handhaben – mit allen Vor- und Nachteilen der Körpersicherung. Nur für Sturzzugrichtung nach oben brauchbar und nur bei ausreichender Anzahl an Zwischensicherungen (da die Bremskraft etwas zu niedrig ist, muß diese durch die Seilreibung in mehr Zwischensicherungen erhöht werden). Nicht für Sturzzugrichtung nach unten (Vorstieg ohne Zwischensicherung und Nachstieg); andernfalls erhöhter Seildurchlauf, Sturzstreckenverlängerung und Handverbrennungen. Da die Bremskraft etwas niedriger ist als bei der HMS (siehe oben), besonders empfehlenswert bei häufigen Stürzen im Vorstieg (Sportklettern an der Sturzgrenze, niedrigerer Fangstoß).

Da das Patent auslief, gibt es inzwischen eine ganze Reihe von Nachbauten, so z. B. den ATC (Air Traffic Controller), VC (Variable Controller) und den Tuber (mit den gleichen Vor- und Nachteilen).

# SICHERUNG

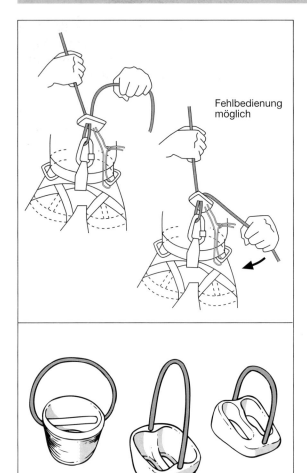

## Achtersicherung
### (Sicherung mit Abseilachter)

Dynamisch wirkend, läßt sich nur am Körper handhaben, nur für Sturzzugrichtung nach oben brauchbar und nur bei ausreichender Anzahl an Zwischensicherungen (da die Bremskraft etwas zu niedrig ist). Nicht für Sturzzugrichtung nach unten (Vorstieg ohne Zwischensicherung und Nachstieg); andernfalls erhöhter Seildurchlauf, Sturzstreckenverlängerung und Handverbrennungen. Die Bremskraft ist etwas niedriger als bei der HMS, deshalb ist die Achtersicherung bei häufigen Stürzen im Vorstieg (Sportklettern an der Sturzgrenze) besonders empfehlenswert (niedrigerer Fangstoß). Im Prinzip wie die Stichtsicherung.

## Sonderformen

Zu diesen zählt das Grigri. Es wirkt durch einen im Gerät integrierten Blockierungsmechanismus (ähnlich den Sicherungsgurten in Autos) statisch und läßt sich nur am Körper handhaben. Es ist nur für Sturzzugrichtung nach oben brauchbar und nur bei ausreichender Anzahl an zuverlässigen Zwischensicherungen und bei kleineren Sturzhöhen (weil statisch wirkend, muß die Fallenergie allein durch die Seildehnung aufgenommen werden); andernfalls zu hoher Fangstoß.
Durch einen herausklappbaren Hebel läßt sich der Blockierungsmechanismus nach Sturzbelastung wieder lösen.
Obwohl das Gerät den Eindruck eines automatisch wirkenden Sicherungsgerätes macht, ist es ein solches – auch laut Gebrauchsanleitung – nicht. Die Bremshand muß das Bremsseil immer umschließen, ganz besonders fest beim Ablassen (die Bremswirkung muß mit der Bremshand erfolgen). Gebrauchsanleitung unbedingt beachten, mehrmaliges Üben der Anwendung dringend empfohlen.
Weitere Sicherungsgeräte sind vereinzelt auf dem Markt, die alle Nachbauten bereits vorhandener Geräte mit geringen Abweichungen sind. Gebrauchsanleitung beachten. Funktion, insbesondere bei Sturzbelastung, zunächst nur knapp über dem sicheren Boden erproben.

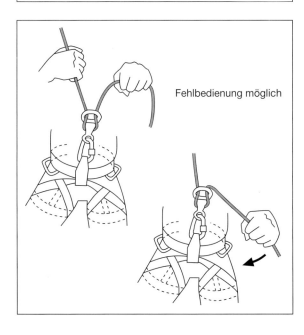

Oben: Stichtsicherung und Sticht-Nachbauten;
unten: Achtersicherung

# Seilführung

Da von der Seilführung die Seilreibung und der Sturzverlauf abhängig sind, außerdem bei einer Belastung über Felskanten die Gefahr eines Seilrisses auftritt, kommt der bewußten Seilführung eine besondere Bedeutung zu.

## Seilführung im Vorstieg

An Zwischensicherungen entsteht Seilreibung. Sie nimmt mit der Anzahl der Zwischensicherungen zu und wird um so größer, je öfter und je stärker die Seilführung innerhalb einer Seillänge von der Geraden abweicht. Gleiches gilt für die Seilführung um Fels- (und Eis-)kanten. Dies kann die Fortbewegung stark beeinträchtigen und am Fels ein Freiklettern* unmöglich machen.

Durch Verlängerung der Sicherungspunkte mittels Reepschnur-, Band- oder Expreßschlingen kann die Seilumlenkung und damit die Seilreibung verringert werden. Jede Verlängerung einer Zwischensicherung hat aber im Sturzfall auch eine Sturzstreckenverlängerung zur Folge. Sie beträgt mindestens das Zweifache der Verlängerungsschlinge (siehe S. 53).

**Deshalb sollen die Schlingen nicht zu lang, aber auch nicht zu kurz sein, ihre Länge muß optimiert werden:**

- geradliniger Seilverlauf – keine Verlängerung notwendig
- wenig abgewinkelter Seilverlauf – kurze Verlängerungsschlingen (10 bis 15 cm)
- nur an Stellen stark abgewinkelten Seilverlaufs längere Schlingen

## Seilführung an Felskanten

**Seile können bei Sturzbelastung über scharfe Felskanten reißen, d.h. abgeschert werden (siehe S. 45 ff.); einem Seilriß kann durch verschiedene Maßnahmen vorgebeugt werden:**

- Sturzgrenze meiden, indem man immer etwas unterhalb der Leistungsgrenze klettert.
- Zuverlässige Zwischensicherungen anbringen, um die mögliche Sturzhöhe und damit die auftretende Fallenergie und den daraus resultierenden Fangstoß zu reduzieren.
- Den Gang an der Sturzgrenze nur in Nähe einer zuverlässigen Zwischensicherung wagen. Zwischensicherung zuvor gründlich prüfen (Erfahrung, Abschätzung, Augenmaß).
- Seilführung so wählen, unter anderem durch entsprechend plazierte Zwischensicherungen, daß das Seil bei einer möglichen Sturzbelastung nicht auf einer scharfen Felskante zu liegen kommt oder über eine solche umgelenkt werden kann.
- Kantenfeste Seile, Multisturzseile oder am besten Zwillingsseile verwenden. Sie können mehr Fallenergie über scharfe Felskanten aufnehmen als ein Normsturzseil.

## Führung fixierter Seile

Auch geringe Seilbelastung über Felskanten kann zum Abscheren führen, wenn die Belastung vielfach und immer an der gleichen Stelle erfolgt. Beim mehrfachen Auf- und Abstieg mit Seilklemmen (oder Prusikschlingen) am fixierten Seil kann das Seil an Felskanten (sie müssen nicht einmal besonders scharfkantig sein) durchgescheuert werden.

Größere Verlängerungsschlingen sollten nur an Sicherungspunkten mit stärker abgewinkeltem Seilverlauf zur Anwendung kommen.

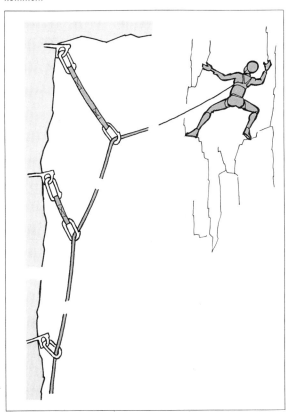

# SICHERUNG

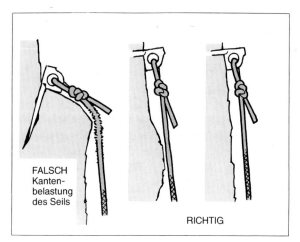

Führung fixierter Seile

Richtige Seilführung: vom Anseilpunkt seitlich hinab zur letzten Zwischensicherung. So entsteht bei Fangstoßeinwirkung keine physiologisch ungünstige Belastung.

Falsche Seilführung: zwischen den Beinen (im Schritt). Bei Fangstoßeinwirkung entsteht eine physiologisch äußerst gefährliche Belastung mit erheblicher Verletzungsgefahr.

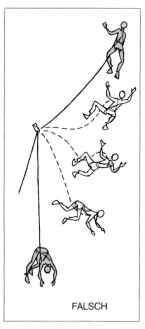

**Einem solchen Seilriß kann vorgebeugt werden:**
- Seilfixierung so wählen, daß das Seil unter Belastung möglichst nicht über Felskanten führt.
- Läßt sich Felskantenbelastung nicht vermeiden, dann die Felskanten mit dem Hammer großflächig runden.
- Seilführung in jedem Fall so wählen, daß das Seil an Felskanten keine größere Umlenkung erfährt.

## Seilführung am Körper

**Im Vorstieg soll das Seil so geführt werden, daß sich der Seilerste bei einem eventuellen Sturz nicht mit den Beinen im Seil verfangen kann:**
- Seil vom Anseilpunkt vor dem Körper seitlich nach rechts oder links hinabführen, je nachdem, wo sich der letzte Sicherungspunkt befindet.
- Seilführung vom Anseilpunkt nur dann senkrecht hinab, wenn sich der letzte Sicherungspunkt auch wirklich senkrecht unter dem Kletterer befindet.
- Seil nicht zwischen den Beinen (im Schritt) führen.

Hat der Seilerste das Seil beim Sturz im Schritt oder verfängt er sich während des Sturzes mit den Beinen im Seil, wird der Oberkörper bei Fangstoßeinwirkung nach unten gerissen. Dies endet immer mit Verletzungen, weil es zu einer unsanften Bremsung im Schrittbereich kommt. Durch den Schleudersturz kann es bei Felsberührung zu noch ernsteren Verletzungen kommen.
In vielen Kletterrouten sind die vorgefundenen Sicherungspunkte, insbesondere in Querungen mit anschließendem Aufstieg, oft ungünstig plaziert, so daß sich die richtige Seilführung nicht immer realisieren läßt. Es ist dann nicht verkehrt, den Sicherungspunkt durch eine mobile Zwischensicherung (Klemmkeil, Klemmgerät, Schlinge) an einer besseren Stelle (falls möglich) zu ersetzen. Bei einem bewußten Gang an der Sturzgrenze (Sportklettern) empfiehlt es sich, den vorraussichtlichen Sturzablauf gedanklich durchzuspielen.

# Sicherungsformen

## Belastung der Sicherungskette in Fels und Steileis

Bei Fortbewegung mittels Seilhilfe und bei Sturz ins Seil wird die Sicherungskette belastet – alle Glieder mehr oder weniger stark, je nach Art der Belastung und je nach Plazierung innerhalb der Sicherungskette. Da die Sicherungskette nur so stark ist wie ihr schwächstes Glied und nicht alle Glieder der Sicherungskette jeder Belastung standhalten können, ist die Abschätzung der Belastung für die Entscheidung, mehr oder weniger Sicherungspunkte zu verwenden, näher oder weniger nah an die Sturzgrenze zu gehen, von besonderer Bedeutung.

Die Abschätzung kann nur sehr grob erfolgen. Eine genaue Berechnung ist zu komplex und wäre im Gelände auch gar nicht durchführbar. Die folgenden Angaben reichen für eine Abschätzung in Form einer überschlägigen Berechnung in Größenordnungen aus. Für weitergehende Berechnungen werden kurze Hinweise gegeben.

### Zentralpunkt der Sicherungskette

Der zentrale Punkt der gesamten Sicherungskette ist die Kameradensicherung am Standplatz. Der Sicherungspunkt bzw. die Sicherungspunkte werden mit dem einfachen Fangstoß belastet, weil nur ein Seil angreift (im Gegensatz zur Zwischensicherung, die immer mit einem Mehrfachen des Fangstoßes belastet wird, weil zwei Seilkräfte angreifen, siehe S. 125). Jede bekannte Sicherungsmethode besitzt eine ihr eigene Bremskraft; wird diese bei Sturzbelastung überschritten, wirkt die Sicherung dynamisch, wird sie unterschritten, wirkt sie statisch (so kann jede als dynamisch wirkend bekannte Sicherungsmethode statisch wirken).

**Demzufolge wird die gesamte Sicherungskette von seiten der Kameradensicherung aus in zwei Größenordnungen belastet:**
- bei dynamischer Wirkung der Kameradensicherung mit einer Fangstoßkraft in der Größe der Bremskraft der verwendeten Sicherungsmethode
- bei statischer Wirkung der Kameradensicherung mit einer Fangstoßkraft in der Größe unterhalb der Bremskraft der verwendeten Sicherungsmethode

Die dynamische Wirkung der Kameradensicherung begrenzt die Belastung der gesamten Sicherungskette, Bremskraftwerte siehe S. 113.

### Sturzfaktor

Für die Belastung der Sicherungskette hat der Sturzfaktor nur insofern eine Aussagekraft, als der höhere Sturzfaktor auf eine höhere Belastung der Sicherungskette schließen läßt (genauere Berechnungen anhand des Sturzfaktors sind solange nicht möglich, solange nicht die Seilkenndaten und deren Abhängigkeit vom Sturzfaktor bekannt sind). Da der Begriff des Sturzfaktors jedoch vielfach verwendet wird, soll er nachfolgend erläutert werden.

Das Verhältnis zwischen Fallhöhe (h) und ausgegebener Seillänge (l) nennt man Sturzfaktor f:

$$\text{Sturzfaktor } f = \frac{\text{Fallhöhe } h}{\text{ausgegebene Seillänge } l} \quad \text{(dimensionslos)}$$

Beispielsweise ist der Begriff »Faktor-2-Sturz« gebräuchlich (= Sturz ohne Zwischensicherung, »direkt in den Stand«).

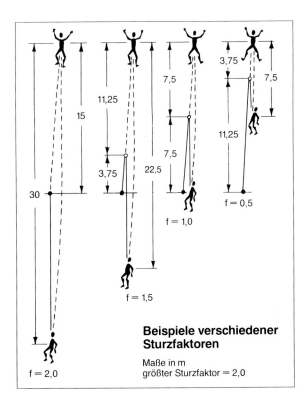

**Beispiele verschiedener Sturzfaktoren**

Maße in m
größter Sturzfaktor = 2,0

# SICHERUNG

## Belastung des Kräftedreiecks (Ausgleichsverankerung*)

Die Gesamtbelastung (Gesamtkraft, Hauptkraft) wird in zwei Teilkräfte mit unterschiedlicher Richtung aufgeteilt. Um die Belastung jedes der beiden Sicherungspunkte zu ermitteln, muß die Gesamtkraft vektoriell* in die beiden Teilkräfte aufgeteilt werden. Dies geschieht (einfachheitshalber) zeichnerisch mit Hilfe des Kräfteparallelogramms (siehe Grafik unten; Hinweis für Berechnung: Sinusfunktion).

**Die beiden Teilkräfte sind theoretisch gleich groß; ihre Größe hängt vom Belastungswinkel $\alpha$ ab:**
- Je kleiner der Belastungswinkel $\alpha$, desto näher rückt jede der beiden Teilkräfte dem halben Wert der Gesamtkraft. Bei einem Belastungswinkel von 0° (Sicherungspunkte übereinander) wird die Gesamtkraft halbiert. Dies ist die günstigste Form des »Kräftedreiecks«.
- Je größer der Belastungswinkel $\alpha$, desto größer die beiden Teilkräfte. Dies kann so weit führen, daß jede der beiden Teilkräfte so groß ist wie die Gesamtkraft oder gar noch größer. Dann hat das Kräftedreieck (Aufteilung der Gesamtkraft in zwei kleinere Teilkräfte) seinen Sinn verloren.

Der Anwendung des Kräftedreiecks sind deshalb Grenzen gesetzt. Ab einem Belastungswinkel von 120° ist jede der beiden Teilkräfte so groß wie die Gesamtkraft. Der Belastungswinkel $\alpha$ soll deshalb den Wert von 60° nicht wesentlich überschreiten (60° = gleichseitiges Dreieck). Bei dieser Form des Kräftedreiecks erreichen die beiden Teilkräfte je einen Wert von etwa 58% der Gesamtkraft, bei einem Belastungswinkel von 90° bereits je einen Wert von etwa 71% der Gesamtkraft.
Da bei Belastung im Kräftedreieck Reibung zwischen Karabinern und Schlinge entsteht, sind die beiden Kräfte in der Praxis immer nur annähernd gleich groß.

## Belastung der Selbstsicherung

Da die Selbstsicherung nur den Sturz des Sichernden vom Standplatz, ausgelöst durch ungeschicktes Stehen, Stolpern oder sonstigem Zu-Fall-Kommen, verhindert, liegt die Belastung nur in der Größenordnung bis zum zweifachen Körpergewicht*, also im Bereich bis etwa 1,6 kN (ca. 160 kp).

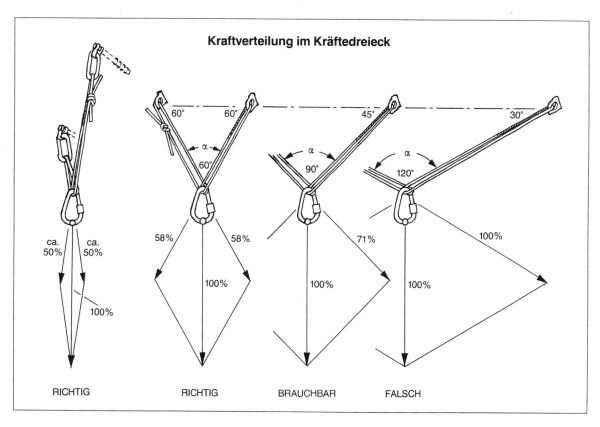

Kraftverteilung im Kräftedreieck

# Sicherungsformen

## Belastung der Zwischensicherung

An Zwischensicherungen greifen bei Sturzbelastung zwei Einzelkräfte an. Auf der einen Seite zieht die Fangstoßkraft des Stürzenden, auf der anderen Seite die des Sichernden (andernfalls kein Gleichgewicht). Zwischensicherungen werden also immer mit einem Mehrfachen der Fangstoßkraft belastet.

Die beiden Fangstoßkräfte sind nicht gleich groß. Zwischen Karabiner und Seil entsteht Reibung. Die Fangstoßkraft auf der Seite des Sichernden ist deshalb immer kleiner als die Fangstoßkraft auf der Seite des Stürzenden – und zwar um den Betrag der Seilreibung. Da die mathematischen Zusammenhänge sehr komplex sind (e-Funktion*, natürlicher Logarithmus), sind nachfolgend nur anschauliche Erfahrungswerte für drei Standardsituationen zeichnerisch dargestellt sowie für die Belastung einer gesamten Sicherungskette. Um Anhaltswerte für die Belastung der Zwischensicherungen zu geben, seien die Grenzwerte (niedrigste und höchste Belastung in der Praxis) genannt: 3 bis 15 kN (ca. 300 bis 1500 kp). Diese Erkenntnisse sind neu und beruhen auf Messungen und Forschungsarbeit[1]; man hatte bisher einerseits niedrigere Belastungswerte (weit unter 3 kN, ca. 300 kp) erwartet und andererseits wesentlich höhere (bis 20 kN, ca. 2000 kp).

[1] DAV-Sicherheitskreis

### Die folgenden Angaben gelten für ein Körpergewicht von 80 kg:
- Der kleinste Sturz (wenn das Seil gerade in die Zwischensicherung eingehängt ist) belastet diese mit 3,2 kN (ca. 320 kp).
- Der übliche Sportklettersturz (Sturzhöhe etwa 5 m) belastet die Zwischensicherung in der Größenordnung von 6 kN (ca. 600 kp).
- Der größte freie Sturz, der in der Praxis denkbar ist, belastet die Zwischensicherung nur mit etwa 15 kN (ca. 1500 kp).

## Belastung bei Sturz des Seilzweiten

Bei leicht straffem Seil und senkrechter Seilführung tritt keine freie Fallhöhe auf. Es ist ein von Anfang an durch Seildehnung gebremster Sturz mit Sturzfaktor null. Die Seildehnung (etwa 10%) begrenzt die Fallhöhe. Sie hängt von der Seildistanz zwischen Sicherndem und Seilzweitem ab. Bei frei hängendem Seil und einer Distanz von 40 m beträgt die Seildehnung 4 m, bei 5 m Distanz noch 0,5 m. In der Praxis sind die Werte geringer, da die Dehnung sich durch Seilreibung an Fels- und Karabinerkanten verringert.

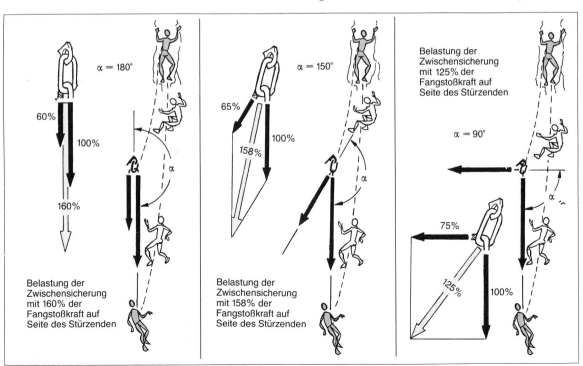

Belastung der Zwischensicherung mit 160% der Fangstoßkraft auf Seite des Stürzenden

Belastung der Zwischensicherung mit 158% der Fangstoßkraft auf Seite des Stürzenden

Belastung der Zwischensicherung mit 125% der Fangstoßkraft auf Seite des Stürzenden

# SICHERUNG

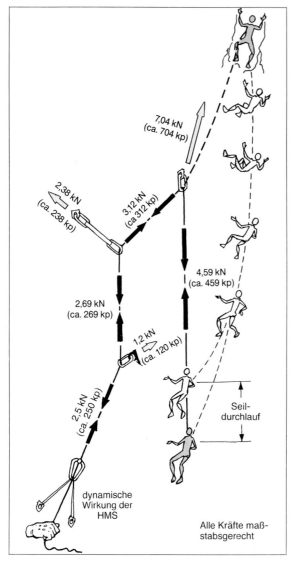

Beispiel unterschiedlich hoher Fangstoßkräfte und die durch sie hervorgerufene Belastung der Sicherungskette

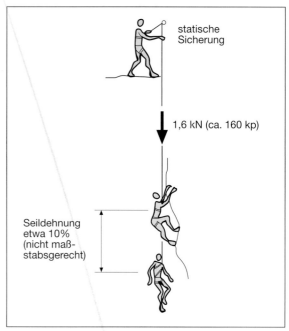

Belastung durch Sturz des Seilzweiten

## Belastung bei Sturz mit Toprope-Sicherung

Bei leicht straffem Seil tritt kein freier Fall auf. Der Sturz wird durch das Seil von Anfang an gebremst (Sturzfaktor null). Die Seildehnung beträgt etwa 10%. Auf den Sichernden trifft eine Kraft in der Größenordnung des 0,8fachen Körpergewichts* des Stürzenden, also von etwa 0,6 kN (ca. 60 kp). Der Sichernde sollte deshalb kein wesentlich geringeres Gewicht haben als der Kletternde (andernfalls kann er aus dem Stand gerissen werden).

Je kleiner der Winkel $\alpha$ (siehe Grafik S. 127 oben links), desto besser (geringere Belastung und besseres

Die Belastung der Kameradensicherung am Standplatz erfolgt in der Größenordnung des zweifachen Körpergewichts*, also im Bereich von etwa 1,6 kN (ca. 160 kp). Dies gilt nur für leicht straffes Seil und statische Sicherung (Bremsplatte, siehe S. 119, und statische Wirkung der HMS). Hängt das Seil durch (Schlappseil) oder wird die HMS unachtsam gehandhabt (Bremshand nicht am Seil, anfänglicher Durchlauf ohne nennenswerte Bremswirkung), kommt es zu freier Fallhöhe und damit zu größerer Belastung und zu Sturzstreckenverlängerung.

Seilreibung in Zwischensicherungen und an Fels- (und Eis-)kanten verringert die Belastung am Standplatz.

Links: Seilumlenkung bei Toprope-Sicherung mittels Karabiner (richtig); rechts: Seilumlenkung mittels Reepschnur (falsch), beim Ablassen eines Kletterers durch Schmelzverbrennung gerissen

# Sicherungsformen

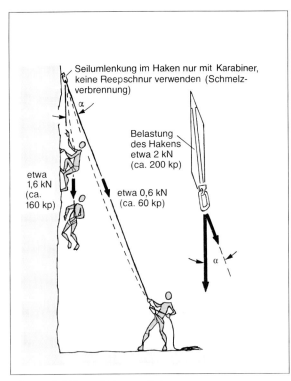

Belastung bei Sturz mit Toprope-Sicherung

## Belastung beim Aufstieg am fixierten Seil

Beim Aufstieg mit Prusikschlingen oder Seilklemmen wird das Körpergewicht bei jedem Höhersteigen angehoben und so mehr oder weniger schnell nach oben beschleunigt. Dadurch ist die Belastung des Fixpunktes größer als beim reinen (statischen) Hängen. Je ruckartiger das Aufsteigen erfolgt, desto größer ist die Belastung.
Bei frei hängendem Seil belastet normales Aufsteigen den Fixpunkt bis zum 1,5fachen Körpergewicht, also bis etwa 1,2 kN (ca. 120 kp), besonders ruckartiges Aufsteigen bis zum zweifachen Körpergewicht, also bis etwa 1,6 kN (ca. 160 kp).
Bei Aufstieg in geneigten Flanken ist die Belastung geringer.

## Belastung beim Abseilen

Abseilen ist ein von Anfang an durch Seildehnung und Seilreibung gebremster Sturz ins Doppelseil mit Sturzfaktor null. Je schneller abgeseilt und je stärker zwischendurch gebremst wird (ruckartiges Abseilen),

Belastungen beim Abseilen

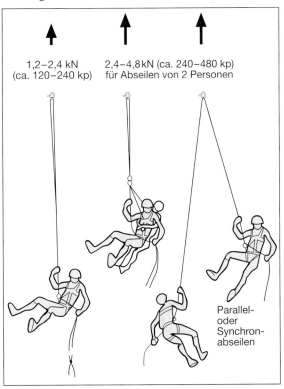

Standvermögen des Sichernden). Der Seilumlenkpunkt wird am stärksten belastet, bis zum 2,5fachen Körpergewicht des Stürzenden, also bis etwa 2,0 kN (ca. 200 kp).
Diese Angaben gelten für leicht straffes Seil. Sie gelten nicht für durchhängendes Seil (Schlappseil) und nicht für Pendelstürze (Kräfte größer, der Sichernde kann aus dem Stand gerissen werden).

## Belastung bei Sturz mit Sicherung durch Seilklemme am fixierten Seil

Bei ständig mitgeführter Seilklemme tritt keine freie Fallhöhe auf. Der Sturz wird wie beim Toprope-Sichern von Anfang an gebremst (Sturzfaktor null). Die Seildehnung beträgt etwa 10%.
Auf den Sicherungspunkt trifft eine Kraft in der Größenordnung bis zum zweifachen Körpergewicht, also bis etwa 1,6 kN (ca. 160 kp). Bei Pendelsturz und bei freiem Fall (wenn die Seilklemme nicht ständig mitgeführt wird oder sie mit Schlingen am Anseilgurt befestigt ist, so daß freie Fallhöhe auftritt) ist die Belastung höher. Sie kann schon bei kleineren Stürzen das vierfache Körpergewicht, also Werte um 3,2 kN (ca. 320 kp), erreichen.

# SICHERUNG

desto eher wird aus dem Abseilvorgang ein seilgebremster Sturzvorgang.

Die Belastung des Abseilpunktes liegt in der Größenordnung des 1,5- bis 3fachen Körpergewichts, also im Bereich von etwa 1,2 bis 2,4 kN (ca. 120 bis 240 kp). Vorsichtiges und langsames Abseilen belastet den Abseilpunkt weniger, ruckartiges Abseilen und Pendeln stärker.

Beim gemeinsamen Abseilen von zwei Personen (Retter und zu Rettender) ist die Belastung doppelt so hoch, in der Größenordnung der 1,5- bis 3fachen Summe beider Körpergewichte, liegt also im Bereich von etwa 2,4 bis 4,8 kN (ca. 240 bis 480 kp). Gleiches gilt für das Synchronabseilen: Zwei Personen seilen gleichzeitig, jeder an einem Seilstrang, ab (sehr risikoreich). Beide Seilpartner müssen exakt gleichzeitig die Seile be- und wieder entlasten; andernfalls besteht kein Gleichgewicht, und ein Seilpartner fällt herab. Die Gefahr falscher Handhabung ist geringer, wenn mit Selbstsicherung abgeseilt wird (Kurzprusik, siehe S. 81).

## Sicherung auf Klettersteigen

Auf Klettersteigen wird an ausgesetzten Passagen eine Selbstsicherung in Verbindung mit den Drahtseilsicherungen angewendet.

Bei waagrechtem oder annähernd waagrechtem Drahtseilverlauf kann es zu keinem Sturz im üblichen Sinn kommen.

Bei senkrechtem, annähernd senkrechtem und bei diagonalem Seilverlauf endet ein Sturz an der nächsten Drahtseilverankerung. Zwischen zwei Verankerungen soll sich deshalb immer nur eine Person befinden, andernfalls besteht bei Sturz eines der Klettersteigbegeher Mitreißgefahr.

Drahtseilsicherungen sind gute elektrische Leiter. Deshalb bei Gewitter möglichst alle metallischen Sicherungen meiden (erhöhte Blitzschlaggefahr). In jedem Fall den Wetterbericht hören und bei angekündigter Gewittergefahr keine Begehung eines Klettersteigs planen.

Die Belastung des Abseilpunktes hängt auch von der Technik des Abseilens ab.

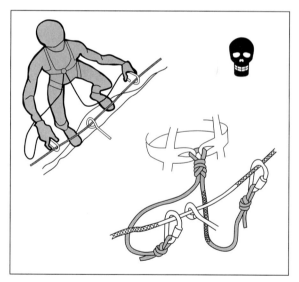

Die herkömmliche Sicherung ohne Klettersteigbremse ist nicht mehr zu empfehlen.

### Belastung bei Sturz

**Je nach verwendeter Sicherungsart kann die Belastung sehr unterschiedlich sein:**
- Bei Verwendung einer Klettersteigbremse (siehe S. 83 ff.) wird die Belastung auf maximal 6 kN (ca. 600 kp) beschränkt (Wirkungsweise siehe S. 84).
- Bei Verwendung der herkömmlichen Sicherung mittels zweier kurzer Seilstücke (nicht zu empfeh-

# Sicherungsformen

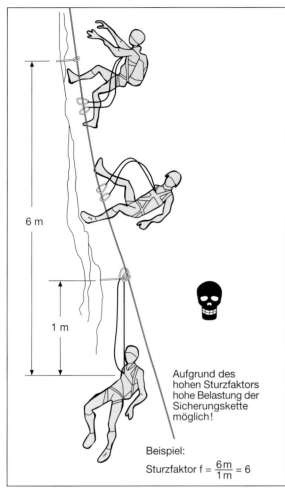

Beispiel für einen auf Klettersteigen möglicherweise auftretenden hohen Sturzfaktor

len!) kann die Belastung Werte von etwa 20 kN (ca. 2000 kp, 2 t) erreichen, da die Fallhöhe ein Vielfaches der Seillänge betragen kann, die den Sturz aufnehmen muß. Sturzfaktor >2[1], es sind Werte bis in die Größenordnung von 6 möglich. Dies kann zum Bruch eines Gliedes der Sicherungskette führen (Seilriß im Knoten, Karabinerbruch, Bruch der Drahtseilsicherung) sowie dazu, daß der körperverträgliche Fangstoß überschritten wird. Wenn keine Klettersteigbremse zur Verfügung steht und auf die herkömmliche Sicherungsweise mit zwei Seilstücken zurückgegriffen werden soll, dann wenigstens die beiden Seilstücke unterschiedlich lang knüpfen (Grafik oben; andernfalls wird der Fangstoß noch höher).

[1] = höchster Wert bei Sturz innerhalb einer Seilschaft

## Sicherung auf Gletschern

Auf firnbedeckten Gletschern wird gleichzeitig am Seil gegangen. Das Seil dient zur Sicherung bei Spaltensturz.
Es besteht Mitreißgefahr aufgrund der geringen Standfestigkeit des Menschen.

### Standfestigkeit

Sie hängt ab vom Verhältnis zwischen der Standflächengröße (b) und der Höhe (h) des Körperschwerpunktes (KSP) über der Standfläche:

$$\text{Standfestigkeit} = \frac{\text{Standflächengröße b}}{\text{Höhe des KSP h}} \quad \text{(dimensionslos)}$$

Beim Gehen ändert sich die Standfestigkeit innerhalb eines jeden Schrittes von einem Maximalwert über den Nullwert wieder zum Maximalwert (siehe Grafik S. 130 oben). Hat der Eisgeher gerade mit dem zweiten Bein Tritt gefaßt, ist seine Standfestigkeit am größten. Sie nimmt im Laufe des nächsten Schrittes ab und erreicht praktisch den Wert Null, wenn er für Bruchteile von Sekunden auf einem Bein steht und sich sein Körperschwerpunkt über den Zehenspitzen befindet. Im weiteren Verlauf des Schrittes nimmt die Standfestigkeit wieder zu bis zum Maximalwert, wenn er mit dem anderen Bein wieder Tritt gefaßt hat. Dies wiederholt sich mit jedem Schritt.

In seitlicher Richtung ändert sich die Standfestigkeit des Menschen innerhalb eines Schrittes in ähnlicher Weise. Sie ist aufgrund der erheblich kleineren Standflächengröße aber wesentlich kleiner.

Mit einer von außen einwirkenden Kraft kann die Standfestigkeit eines Menschen überwunden werden. Die Kraft muß um so größer sein, je größer seine Standfestigkeit ist.

**Messungen bei einem Körpergewicht von 80 kg und horizontaler Kraftrichtung bei einem Kraftangriffspunkt in Höhe des Anseilpunktes haben folgende Werte erbracht:**

- Stand mit seitlichem Zug:   0,2 kN (ca. 20 kp)
- Stand mit frontalem Zug:   0,4 kN (ca. 40 kp)
- Gehen mit seitlichem Zug:   0,05 bis 0,2 kN (ca. 5 bis 20 kp), je nach der Größe der Standfestigkeit im Augenblick der Belastung

# SICHERUNG

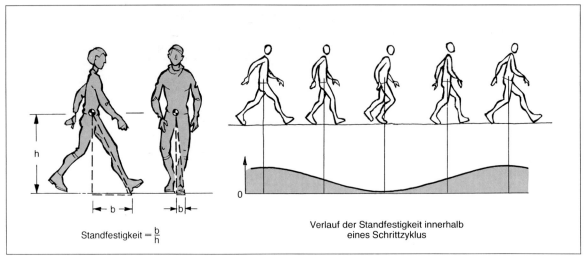

Standfestigkeit des Menschen beim Gehen

- Gehen mit frontalem Zug: 0,05 bis 0,5 kN (ca. 5 bis 50 kp), wie oben abhängig von der augenblicklichen Standfestigkeit

Die gemessenen Kräfte erreichen bei null Standfestigkeit nicht den theoretischen Wert Null (sondern einen geringfügig darüberliegenden), weil der Körper der Sturzzugbelastung die eigene Massenträgheit entgegensetzt.

Anseilen auf Gletschern. Da sich (noch nicht auf Gletschern, jedoch beim Sportklettern) schon Schraub- und andere Karabiner mit Verschlußsicherung (Twistlock) bei Sturzbelastung selbsttätig geöffnet haben und sich das Seil ausgehängt hat, empfiehlt sich aus Gründen der Redundanz*, einen zweiten Karabiner mit Verschlußsicherung parallel einzuhängen.

Die geringen Kräfte erklären in Verbindung mit der geringen Standfestigkeit des Menschen die hohe Zahl der Mitreißunfälle am Berg.

## Anseilen

Angeseilt wird mit Reepschnur- oder Bandschlinge, Schraubkarabiner und Achterknoten (oder Sackstich, ersterer läßt sich nach Sturzbelastung leichter wieder öffnen).

Da Mitreißgefahr besteht, darf der Abstand zwischen den Seilpartnern nicht zu gering sein, je nach Seilschaftsgröße zwischen 10 und 16 m. Je kleiner die

Seilabstände bei der Sicherung auf Gletschern

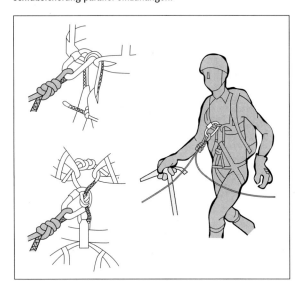

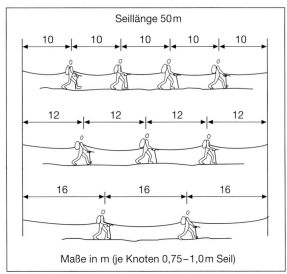

Maße in m (je Knoten 0,75–1,0 m Seil)

# Sicherungsformen

Seilschaft, desto größer der Abstand. Die größere Seilschaft ist der kleineren vorzuziehen, da sie in der Regel eher zu Hilfs- und Rettungsmaßnahmen fähig ist (größeres Gegengewicht bei Spaltensturz, schnellere Spaltenbergung durch Anwendung des Mannschaftszugs).

Spaltensturz aus dem Film »Gletscherspalten, Seil und Schaufel – eine Skitour im Berner Oberland« von Gerhard Baur

## Belastung bei Spaltensturz

Auch bei richtigem Gehen am Seil (ohne wesentliches Schlappseil) bewegt sich ein Spaltensturz, sofern er nicht durch die Spaltenform gebremst wird (Spaltenabsatz, Spaltenenge, Spaltengrund), immer noch aufgrund von Schlappseil, Seildehnung und anderen Faktoren in der Größenordnung von etwa 3 bis 5 m. Durch diese Fallhöhe wird Fallenergie frei, die in Form der Fangstoßkraft in der Größenordnung von 1,5 bis 2 kN (ca. 150 bis 200 kp) auf den Seilnächsten trifft. Eine solche Fangstoßkraft kann der Mensch aufgrund seiner geringen Standfestigkeit weder im Stehen noch im Gehen auffangen oder halten. Der Fangstoß reißt den Seilnächsten nieder und so lange in Richtung Spaltenrand, bis die Fallenergie des in die Spalte Gestürzten durch Seilreibung am Spaltenrand und durch

Halten eines Spaltensturzes. Der in die Spalte gestürzte Seilerste wog 85 kg, der den Sturz haltende Seilzweite nur 65 kg. Der Seilzweite wurde bis knapp an den Spaltenrand mitgerissen. Das straffe Seil zum nicht sichtbaren Seildritten zeigt, daß der Seilzweite ohne das Gegengewicht des Seildritten wahrscheinlich mit in die Gletscherspalte gerissen worden wäre.

# SICHERUNG

Reibung zwischen dem Niedergerissenen und der Gletscheroberfläche in Form von Reibungs- und Verformungsarbeit (Firnverformung) aufgenommen worden ist. Auch der menschliche Körper kann Verformungsarbeit aufnehmen. Luxationen und Knochenbrüche beim Aufschlag auf Eis oder hartem Firn sind zwar schmerzhaft, wirken aber energieaufnehmend und dadurch etwas bremsend.

**Bei ungleichem Körpergewicht der Seilpartner sind die Kraftverhältnisse etwas günstiger oder noch wesentlich ungünstiger:**

- Etwas günstiger ist es, wenn der leichtere Seilpartner in die Spalte stürzt. Die etwas geringere Fallenergie (geringeres Fallgewicht) kann vom schwereren Seilpartner leichter gehalten werden.
- Wesentlich ungünstiger ist es, wenn der Schwerere in die Spalte stürzt. Die größere Fallenergie (mehr Fallgewicht) kann von einem leichteren Seilpartner nur wesentlich schwieriger aufgefangen und anschließend gehalten werden. Dies führt unter anderem bei Ehepaaren in Zweierseilschaft, vor allem bei zu geringem Seilabstand, häufig zum Spaltensturz der ganzen Seilschaft.

Sofern ausreichend erfahren, sollte deshalb der weniger gewichtige Seilpartner zumindest im Abstieg die Seilschaft führen.

Wird der Spaltensturz rechtzeitig wahrgenommen und kann sich der Seilnächste noch rückwärts fallen lassen, kann der Bremsweg etwas kürzer und damit auch der Spaltensturz etwas weniger tief sein. Das rückwärtige Fallenlassen ist eine Reflexreaktion (Gefahr von vorn, folglich nach hinten fallen lassen), die durch Übung noch etwas verstärkt werden kann.

Bei der Dreier- und Viererseilschaft sind die Bremswege und damit die Spaltenstürze kleiner, da die weiteren Seilpartner mehr Gegengewicht und, sollten auch sie niedergerissen werden, mehr Reibung auf der Gletscheroberfläche und damit mehr Widerstand bieten.

Ist der Spaltensturz gehalten, wirkt auf den Seilnächsten, auch wenn er niedergerissen ist, eine permanente Seilkraft in der Größenordnung bis zu zwei Dritteln des Körpergewichts* des in die Spalte Gestürzten, also von etwa 0,5 kN (ca. 50 kp), in Richtung Spaltenrand.

Unter diesem permanenten Seilzug muß die Verankerung (T-Anker, Eisschraube, Eishaken) angebracht werden. Die Seilzugkraft kann nachlassen, wenn das Seil am Spaltenrand festfriert. Achtung: Dieses Festfrieren ist trügerisch; ohne Gegenzug auf der Gletscheroberfläche tritt Druckschmelzung auf, die das festgefrorene Seil schnell wieder löst!

Ein Spaltensturz des Seilersten ist im Aufstieg leichter zu halten als im Abstieg.

Während des Abstiegs besteht eine ungleich höhere Mitreißgefahr durch den Seilersten.

# Sicherungsformen

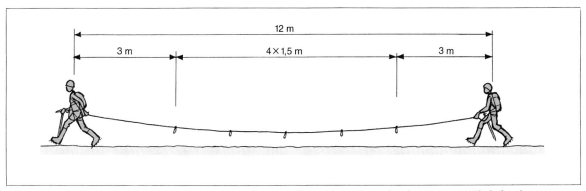

Seilknoten zur Erhöhung der Bremswirkung am Spaltenrand machen die Begehung eines Gletschers in Zweierseilschaft sicherer.

**Mit zunehmender Steilheit des Gletschers nimmt die Mitreißgefahr zu oder ab, je nachdem, welcher Seilpartner betroffen ist:**
- Wird das Seil am Spaltenrand mehr als 90° (rechter Winkel) umgelenkt (Aufstieg), nimmt die Mitreißgefahr ab, da die größere Seilumlenkung mehr Reibung erzeugt und das Körpergewicht der Seilpartner besser als Gegengewicht wirken kann.
- Wird das Seil am Spaltenrand dagegen weniger als 90° (rechter Winkel) umgelenkt (Abstieg), nimmt die Mitreißgefahr beträchtlich zu, da die geringere Seilumlenkung weniger Reibung erzeugt und auch die Seilpartner weniger Reibung auf der Gletscheroberfläche erfahren.

Im allgemeinen ist eine Seilschaft im Abstieg stärker gefährdet als im Aufstieg. Beim Überschreiten steiler, gefährlicher Spaltenbrücken im Abstieg empfiehlt es sich deshalb, an einem Sicherungspunkt (T-Anker, Eisschraube, Eishaken) zu sichern.

## Erhöhung der Bremswirkung durch Seilknoten

Beim Spaltensturz schneidet das Seil in den Spaltenrand ein. Die Bremswirkung des Seiles am Spaltenrand kann durch Knoten im Seil beträchtlich erhöht werden. Anzuraten vor allem für Zweierseilschaften und beim Abstieg.
Durch die Knoten verkürzt sich die Seillänge, beim Sackstich um wenigstens 0,5 m pro Knoten, beim Achterknoten um wenigstens 0,7 m pro Knoten. Deshalb die Knotenschlingen möglichst kurz ausführen. Mit den Knoten in der Mitte beginnen, maximal fünf Knoten.

In sommerlichem (feuchtem) Firn haben die Knoten eine gute Bremswirkung, bei winterlichem (trockenem) Pulverschnee ist die Bremswirkung weit geringer. Spaltenbergung mit Knoten im Seil siehe S. 134.

Mit Knoten im Seil gehaltener Spaltensturz: Der in die Spalte Gestürzte hängt nur am dritten Knoten, der sich mit dem Seil in den Spaltenrand eingeschnitten hat; die beiden ersten Knoten wurden durchgerissen, bis sich das Seil tief genug eingeschnitten hatte.

# SICHERUNG

Spaltenbergung mit Knoten im Seil: Trotz der Knoten ist die Zugkraft von vier bis fünf Personen im Mannschaftszug ausreichend.

Spaltenbergung mittels Loser Rolle: Beim Ausstieg über den Spaltenrand muß der zu Bergende durch Arm- und Beinarbeit mithelfen.

## Kraftverteilung bei Spaltenbergung

Durch die Seilreibung am Spaltenrand muß die Zugkraft oberhalb des Spaltenrands je nach Seilumlenkung am Spaltenrand zwischen 50 und 100% größer sein als unterhalb.

Kräfteverteilung bei der Spaltenbergung: Durch Seilreibung am Spaltenrand und im Karabiner geht Zugkraft verloren.

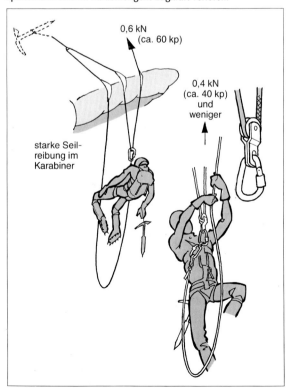

Ein in die Spalte Gestürzter läßt sich mit folgenden Zugkräften bergen:

- Mannschaftszug: vier Mann mit je einer Zugkraft von etwa dem halben Körpergewicht* des in der Spalte Hängenden, also je etwa 0,4 kN (ca. 40 kp) = 1,6 kN (ca. 160 kp) Zugkraft insgesamt. Bei kräftigeren Rettern und leichterem zu Bergenden kann die Anzahl der Retter kleiner sein. Bei Knoten im Seil läßt sich der Mannschaftszug mit etwas mehr Zugkraft (fünf statt vier Mann) ebenso anwenden.
- Lose Rolle: ein Mann (nahe des Spaltenrands) mit einer Handkraft von etwa Dreiviertel des Körpergewichts des in der Spalte Hängenden, also von etwa 0,6 kN (ca. 60 kp). Die Verwendung einer Seilrolle und die Mithilfe des zu Bergenden am fixierten Sturzseil verringern die notwendige Zugkraft. Knoten im Seil können dem zu Bergenden bei der Mithilfe dienlich sein. Sie stören nicht, da das Knotenseil nicht durch die Lose Rolle belastet wird.

**Halten eines Spaltensturzes**

## Sicherungsformen

## Sicherung auf Firn- und Gletscherhängen

Ab einer Steilheit von etwa 25 bis 30° besteht auf hartem Firn und auf Blankeis Mitreißgefahr[1], obwohl keine freie Fallhöhe auftreten kann. Das Stolpern oder wie auch immer geartete Zu-Fall-Kommen eines Seilpartners entwickelt aufgrund der geringen Reibung auf Firn und Blankeis so viel Fallenergie und daraus folgend eine Seilzugkraft, daß die Standfestigkeit der Seilpartner in der Regel überschritten und die Seilpartner mitgerissen werden. Eine Vielzahl abgestürzter Seilschaften und eine gründliche Untersuchung der Ursachen durch den DAV-Sicherheitskreis im genannten Gelände haben dies offenkundig gemacht. Die Seilsicherung ist im genannten Gelände deshalb fragwürdig. Gleich starke Eisgeher verzichten daher heute auf Seilsicherung, sofern keine Spaltengefahr besteht. Müssen schwächere Partner geführt werden, kann der Seilschaftsführer in der Regel schon aus Gründen der »moralischen« Sicherung auf das Seil nicht verzichten.

**Unter folgenden Voraussetzungen kann ein Sturz unter günstigen Umständen gehalten werden:**
- sehr aufmerksame Seilführung (was auf längeren Touren nicht ständig möglich ist)
- kurzer Seilabstand von höchstens 2 m
- ein bis zwei Seilschlingen in der Hand des Führenden, mit denen er versucht, den Sturz dynamisch, mit Handkraft mehr oder weniger stark bremsend, so abzufangen, daß er selbst nicht aus dem Stand gerissen wird

Typisches Stolpern eines Seilpartners und Mitreißen der übrigen am Seil beim gleichzeitigen Gehen auf einem Firnhang, gemessene Steilheit 37°.
Oben: Der Stolpernde bleibt mit dem rechten Fuß am linken hängen. Dadurch gerät er in eine Kippbewegung nach rechts (Gehmechanik).
Mitte: Die Kippbewegung nach rechts bewirkt in der ersten Sturzphase ein Drehen des Stolpernden um seine Körperachse.
Unten: Der Sturzzug trifft seine beiden Seilpartner, die mitgerissen werden. Der Seilschaftssturz endet nach etwa 80 m im flacher werdenden Gelände.

[1] = Nicht so in tieferem, weichem Firn, wo die Fallenergie sofort durch den sich verformenden Schnee aufgenommen wird und der Gestürzte in einer Vertiefung liegen bleibt; die Unterscheidung von hartem Firn (Gefahr) und weichem Firn (keine Gefahr) ist schwierig, außerdem gibt es einen Übergangsbereich.

Wenn der Mensch während eines Schrittes für kurze Zeit nur auf einem Bein steht, beträgt seine Standfestigkeit praktisch null.

# SICHERUNG

Wird bei Gleichgewichtsverlust eines Seilpartners der nächste, eventuell auch noch der übernächste mitgerissen, ist es für den Führenden meist nicht möglich, einen solchen Mannschaftssturz zu halten. Dies gilt auch für den Fall, daß der zuerst Gestürzte seinen Sturz inzwischen schon wieder beenden konnte, die übrigen aber nicht.

Ein synchrones, rechtzeitiges Beenden des Sturzes aller Geführten, bevor der Seilzug den Führenden trifft, ist äußerst selten und dürfte nur glücklichen Zufällen vorbehalten bleiben.

Als Sicherung kann das gleichzeitige Gehen am Seil im strengeren Sinn nicht bezeichnet werden, da es von zu vielen Unsicherheitsfaktoren abhängig ist. Als Alternative bietet sich nur die Seilsicherung von Standplatz zu Standplatz an.

## Gleichzeitige Sicherung mehrerer Seilpartner

Sicherungsmethode für maximal drei Geführte. Der Führende steigt die volle Seillänge voraus und bereitet einen Standplatz mit Sicherungspunkt (T-Anker, Eisschraube, Eishaken). Daran selbstgesichert, sichert er die übrigen Seilpartner gleichzeitig nach, die am Seilende in einem Abstand von 2,5 bis maximal 3 m angeseilt sind. Der Abstieg erfolgt in umgekehrter Reihenfolge.

Zwei geführte Seilpartner steigen gleichzeitig am Seilende nach.

Gleichzeitiges Nachsichern zweier Seilpartner an einem Seil (Blick von oben).

## Zeitfaktor

Die Sicherung von Standplatz zu Standplatz kostet Zeit, mindestens doppelt soviel wie beim gleichzeitigen Gehen am Seil. Sie kostet aber weniger Zeit als eine improvisierte Kameradenrettung oder eine organisierte Rettung durch die Bergwacht bzw. Bergrettung.

Der Großteil aller Gletscheran- und -abstiege weist nur über kürzere Passagen von wenigen Seillängen eine Steilheit auf, die eine Sicherung von Standplatz zu Standplatz erforderlich macht; der jeweils überwiegendere Teil ist weniger steil und kann gleichzeitig am Seil auf- bzw. abgestiegen werden, so daß der Zeitverlust vertretbar ist.

## Selbstsicherung mit Prusikschlinge am fixierten Seil

Dabei handelt es sich um eine Sicherungsmethode für größere Gruppen.

Der Führende steigt die volle Seillänge voraus und bereitet einen Standplatz mit Sicherungspunkt (T-Anker, bis zur Haue senkrecht eingerammter Pickel, Eisschraube, Eishaken), an dem das Seil fixiert wird.

Am unteren Seilende ist der Seilletzte angeseilt und hält das Seil mit seinem Körpergewicht leicht gespannt.

Am gespannten Seil steigen gleichzeitig bis zu drei Seilpartner mittels Prusikschlingen mit Handschlaufe selbstgesichert auf.

Zum Schluß wird der Seilletzte mit HMS nachgesichert.

Vorteil: Die geführten brauchen nicht in gleichem Tempo aufzusteigen.

# Sicherungsformen

Der Abstieg erfolgt in umgekehrter Reihenfolge und mit einer an den Beinschlaufen des Sitzgurts oder am Hüftgurt befestigten, kurzen Prusikschlinge (Kurzprusik).
Die im Aufstieg benutzte Prusikschlinge mit Handschlaufe ist ungeeignet, da falsches Reagieren durch Reflexreaktion nicht auszuschließen ist.

Rechts: Die Prusikschlinge klemmt bei jeder Art von Belastung, ob mit oder ohne Hand am Seil.
Unten: Handschlaufe für den Aufstieg, Kurzprusik für den Abstieg am fixierten Seil

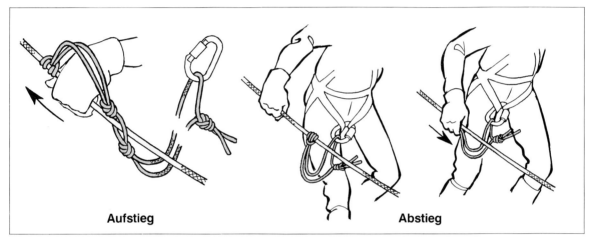

Gehen am Gletscher in Seilschaft

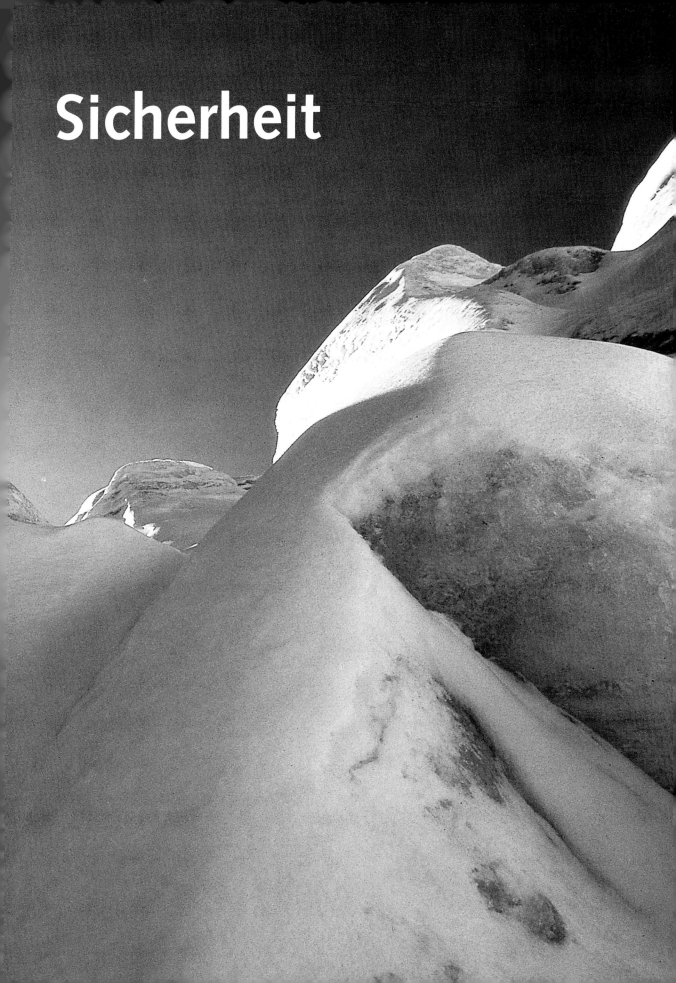

# Sicherheit

# SICHERHEIT

## GLIEDER DER SICHERHEITSKETTE

Als sicher im Sinne des Bergsteigens, Fels- und Eiskletterns werden jene alpinistischen Methoden bezeichnet, von denen erfahrungsgemäß angenommen werden darf, daß sie keine wesentlichen, voraussehbaren Gefahren für Leib und Leben beinhalten. Diese Methoden und deren Grenzen sind subjektiv. Deshalb werden in jedem konkreten Fall die Meinungen über das Ausmaß an notwendiger Sicherheit bzw. tolerierbarem Risiko mehr oder weniger voneinander abweichen. Der Mensch ist mit seinen in der jeweiligen Situation am Berg zu treffenden Entscheidungen ein wesentliches Glied in der Sicherheitskette. Weitere Glieder sind funktionelle Ausrüstung und persönliches Können (u. a. richtige Anwendung der Ausrüstung).

Der Begriff »Sicherheit am Berg« umfaßt strenggenommen alles, was zur Ausübung des Bergsteigens, Fels- und Eiskletterns gesagt werden kann – nämlich das Aufzeigen von lebensnotwendig richtigem Verhalten am Berg. So dienen alle Bände des Alpin-Lehrplans letztlich der Vermittlung von Wissen über die Sicherheit am Berg.

**Wenn der Begriff »Sicherheit« hier noch einmal gesondert behandelt wird, dann mit folgenden Zielen:**
- Es soll jenes Hintergrundwissen vermittelt werden, das die Entscheidung für oder gegen eine Methode unter dem Gesichtspunkt der Sicherheit erleichtert.
- Es soll auf jene Gefahren hingewiesen werden, die dann auftreten, wenn in konkreten Fällen von der alpinen Lehrmeinung abgewichen wird.

Die alpine Lehrmeinung ist im Grunde nichts anderes als die innerhalb von Jahrzehnten aus einer Vielzahl von Unfällen gewonnene Erkenntnis, es anders – nämlich besser – machen zu müssen, will man auf Dauer am Berg überleben.

Typische Gefahr der Körpersicherung. Bei Sturzzugbelastung – hier durch ein Fallgewicht – wird der Sichernde aus dem Stand in die Wirkungslinie der Fangstoßkraft gerissen. Dabei besteht Verletzungsgefahr und die Gefahr, daß der Sichernde das Seil reflexartig ausläßt. Diese Gefahren bestehen bei seitlicher Sturzzugbelastung und bei Sturzzugbelastung nach unten, nicht bei Sturzzugbelastung nach oben (solange kein Dach oder Überhang vorhanden ist). Aus Sicherheitsgründen konnten die Bilder nur bei letzterer aufgenommen werden.

## Gefahren der Körpersicherung

Ein Ergebnis der alpinen Unfallforschung ist die Erkenntnis, daß die Kameradensicherung, am Körper gehandhabt, erhebliche Gefahren beinhaltet. Der Mensch wird aufgrund seiner geringen Standfestigkeit (siehe S. 129 f.) mit Kräften in der Größenordnung des halben Körpergewichts* horizontal und mit Kräften in der Größenordnung von etwas mehr als dem Körpergewicht nach unten und nach oben aus dem Stand gerissen. Die plötzliche, unerwartete Lageänderung des Körpers signalisiert dem Gehirn bei seitlicher Sturzzugbelastung mit möglichem Anschlag am Fels und bei Sturzzugbelastung nach unten eine Gefahrensituation. Das Gehirn schaltet in Bruchteilen von Sekunden und veranlaßt Reflexreaktionen. Der Mensch ist in unerwartet auftretenden, plötzlichen Gefahrensituationen nur zu Reflexreaktionen fähig, nicht zu rationalen*. Das ist die wichtigste Erkenntnis der modernen Sicherungstechnik (deshalb soll auch das Funktionieren einer Kameradensicherung allein auf Reflexreaktionen beruhen).

Wird der am Körper Sichernde durch eine Fangstoßkraft plötzlich und unerwartet seitlich mit Anschlag am Fels oder nach unten aus dem Stand gerissen, versucht er reflexartig, sich mit den Händen gegen die Sturzzugrichtung abzustützen. Dabei läßt er das Seil aus, und der Stürzende fällt in der Regel die volle Seillänge. Nur bei Sturzzugrichtung nach oben besteht keine Gefahr, sofern der aus dem Stand Gerisse-

ne nicht unsanft gegen den Fels (Dach, Überhang) geschleudert wird.

Bei plötzlicher, unerwarteter Fangstoßeinwirkung kann der Sichernde auch keine Muskelarbeit leisten, so daß der Körper auch keine Fallenergie aufnehmen und somit nicht fangstoßreduzierend wirken kann.

Gefahr bei Körpersicherung ohne Selbstsicherung: Bei großer Sturzhöhe kann der Sichernde aus dem Stand gerissen und an die Wand geschleudert werden.

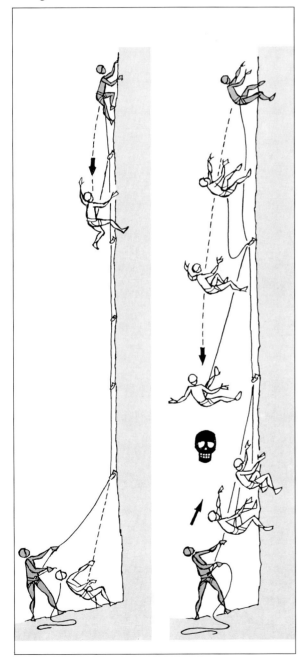

Nur wenn sich der Sichernde beim Aus-dem-Stand-gerissen-werden Verletzungen (Luxationen, Fleischwunden, Knochenbrüche) zuzieht, wirken diese energieaufnehmend und dadurch geringfügig fangstoßreduzierend, doch kann dies nicht Sinn der Kameradensicherung sein.

Nur bei Sturzzugrichtung nach oben (Zwischensicherung) kann der Körper dadurch, daß er entgegen der Schwerkraft beschleunigt wird, in Verbindung mit der Seilreibung in der Zwischensicherung Fallenergie aufnehmen, um die die Glieder der Sicherungskette weniger belastet werden. Sicherung am Körper ist folglich nur angebracht bei Sturzzugrichtung nach oben, geringer Sturzhöhe und niedrigem Sturzfaktor (< 0,3), d. h. also nur bei geringer Sturzhöhe mit relativ viel ausgegebenem Seil sowie vielen Zwischensicherungen. Nur so besteht keine wesentliche Gefahr, daß der Sichernde unsanft nach oben und damit gegen den Fels gerissen werden kann, sollte seine Körpermasse (-gewicht) nicht ausreichen, den Fangstoß vollständig aufnehmen zu können.

Sicherung am Körper ist in der Regel nur üblich in der ersten Seillänge bzw. wenn der Sichernde »auf sicherem Boden« steht.

# Alternative zur Mitreißgefahr auf Firn- und Gletscherhängen

Die Mitreißgefahr auf Firn- und Gletscherhängen wurde bis vor eineinhalb Jahrzehnten unterschätzt. Die Vielzahl der Mitreißunfälle spricht eine deutliche Sprache. Für erfahrene Eisgeher mit gleichem Können bietet sich die Alternative, auf Seilbenutzung zu verzichten, unter der Voraussetzung, daß das Gelände spaltenfrei ist.

### Diese Alternative hat mehrere Vorteile:
- Alle Partner werden, da sie sich nicht mehr »gesichert« fühlen können, bewußt sicherer und sauberer gehen.
- Kommt trotzdem ein Partner zu Fall, kann er seinen Sturz mit der Liegestütztechnik* oder dem Pickelrettungsgriff* leichter und eher unter Kontrolle und zum Stillstand bringen, als wenn er durch das Seil immer wieder mitgerissen wird. Denn ein synchrones Sturzabbremsen aller Seilpartner ist praktisch nicht möglich (es dürfte nur

# SICHERHEIT

sehr glücklichen Umständen vorbehalten bleiben, positive Beispiele sind nicht bekannt geworden, nur gegenteilige).
- Der Sturz eines Partners bleibt auf diesen beschränkt. Andere werden nicht mitgerissen. Von der Seilschaftstreue »gemeinsam bis in den Tod« empfiehlt sich, nüchtern Abstand zu nehmen. Es gilt, die Überlebenschancen der übrigen Partner zu optimieren*, nicht zu minimieren*.

Die Entscheidung ist immer schwierig, vor allem im Hinblick auf mögliche Spaltensturzgefahr. Am einfachsten ist sie noch in kurzen Firnhängen und Firnrinnen zu treffen.

Anwendung der Liegestütztechnik bei Sturz in einer Firnflanke, Bremswirkung durch Hände und Füße

Anwendung des Pickelrettungsgriffes bei Sturz in einer Firnflanke, Bremswirkung durch Pickelhaue und Füße. Werden Steigeisen getragen, darf nicht mit den Füßen gebremst werden; große Verletzungsgefahr!

## Gefahren alternativer Anseilmethoden

Ein Sturz in Fels und Eis kann sich in vielen Varianten vollziehen. Seil und Anseilgurt sollen den Körper bei Fangstoßeinwirkung ohne Dazutun des Stürzenden (benommen, besinnungslos, reaktionslos) in eine physiologisch* günstige Hängelage (Kopf oben) bringen und in dieser halten. Die Verwendung von Brust- und Hüftgurt ist dafür ausgelegt. Anseilen nur mit Teilen davon kann bei Sturz zu lebensgefährlichen Verletzungen führen.

### Anseilen nur um den Brustkorb

Bei freiem Hängen treten, allein durch das Körpergewicht, schon nach wenigen Sekunden nahezu unerträgliche Schmerzen unter den Achseln auf; nach einer Hängedauer von etwa 10 Minuten kommt es zu beidseitiger Armlähmung, die das Ende jeder Selbst-

Angeseilt nur mit Brustgurt ist das Hängen schon nach wenigen Sekunden schier unerträglich.

hilfe bedeutet. Längeres Hängen führt zu einem Herz-Kreislauf-Kollaps, zweistündiges Hängen zum Tod (Kreuzigungstod).
Dabei ist es unbedeutend, ob der Hängende nur mit dem Seil um den Brustkorb angeseilt ist oder mit einem Brustgurt.

# Glieder der Sicherheitskette

## Anseilen nur mit Hüftgurt

Trifft der Fangstoß den Stürzenden in Höhe des Körperschwerpunktes (Nabel), besteht labiles Gleichgewicht. Bei unkontrolliertem Sturz wird der Stürzende nicht von allein aufgerichtet, sondern kann mit dem Kopf abwärts fliegend oder schleudernd, Beine oben, die letzte Sturzphase (Fangstoßeinwirkung) überstehen müssen. Dadurch besteht erhebliche Gefahr für Schädel und Halswirbel. Hat sich der Gestürzte Verletzungen zugezogen, sinken seine Chancen, sich wieder aufrichten zu können, rapide.

Außerdem besteht die Gefahr von Lendenwirbelverletzungen, da bei unkontrolliertem Sturz die Fangstoßeinwirkung in ungünstiger (horizontaler) Körperlage erfolgen kann. Die starke Verzögerung, die der Körperschwerpunkt durch die Fangstoßeinwirkung erfährt, können Oberkörper und Beine nicht mitmachen, da der menschliche Körper nicht starr ist, sondern nachgibt. Oberkörper und Beine werden nach unten geschleudert. Dabei kommt es im Bereich des Körperschwerpunktes zu schweren Verletzungen (Querschnittslähmung) oder gar zum Tod. Der Grund für das Schleudern ist der Abstand zwischen Körperschwerpunkt (innerhalb des Körpers) und Anseilpunkt (außerhalb des Körpers). Beim Tragen eines Rucksacks vergrößert sich dieser Abstand und damit der Schleudereinfluß noch.

## Kontrollierter und unkontrollierter Sturz

Als kontrollierte Stürze werden solche Stürze bezeichnet, die der Stürzende frei, ohne Fels- oder Eisberührung, durchfällt und die er bei Fangstoßeinwirkung in aufrechter Körperhaltung überstehen kann. Dabei liegt die Betonung auf kann.

Beim freien Fall kann der Stürzende den Sturzverlauf vom Augenblick der allerersten Sturzphase an (wenn er »wegfliegt«) bis zum Beginn der Fangstoßeinwirkung nicht beeinflussen (korrigieren), da während des freien Falls Schwerelosigkeit besteht. Er muß also, will er die Fangstoßeinwirkung in aufrechter Körperhaltung überstehen, schon in dieser Körperhaltung »wegfliegen«.

**Kleinerer kontrollierter Sturz**

**Stürze sind bei alleiniger Verwendung eines Hüftgurts in der Regel nur dann kontrollierbar, wenn der Kletterer, an letzten winzigen Griffen hängend, den Sturz schon ahnt, wenn er also:**
- auf den Sturz physisch und psychisch eingestellt ist,
- in aufrechter Körperhaltung frei – ohne Fels- oder Eisberührung – stürzt,
- mit angespannter Bauch- und Halsmuskulatur

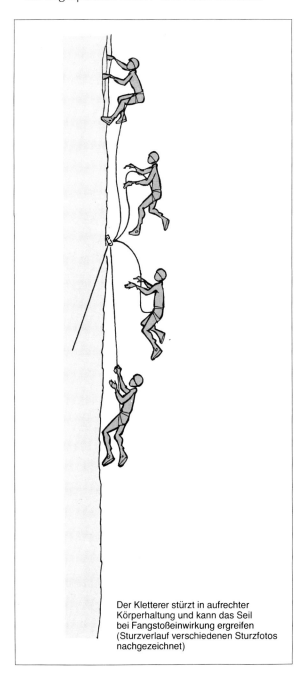

Der Kletterer stürzt in aufrechter Körperhaltung und kann das Seil bei Fangstoßeinwirkung ergreifen (Sturzverlauf verschiedenen Sturzfotos nachgezeichnet)

# SICHERHEIT

- und mit den Händen am Seil sowie
- bei nicht zu hoher Fangstoßkraft die Fangstoßeinwirkung übersteht.

Das wichtigste ist dabei die physische und psychische Einstellung auf den Sturz. Tausende auf diese Weise kontrollierte Stürze sind ohne jede gesundheitliche Beeinträchtigung überstanden worden.

Die Unfallstatistik zeigt andererseits deutlich, daß unerwartete Stürze (Griff- oder Trittausbruch, unerwartetes Abrutschen usw.) in der Regel nicht kontrollierbar sind. Der Stürzende ist auf den plötzlichen Sturz

**Größere unkontrollierte Stürze**

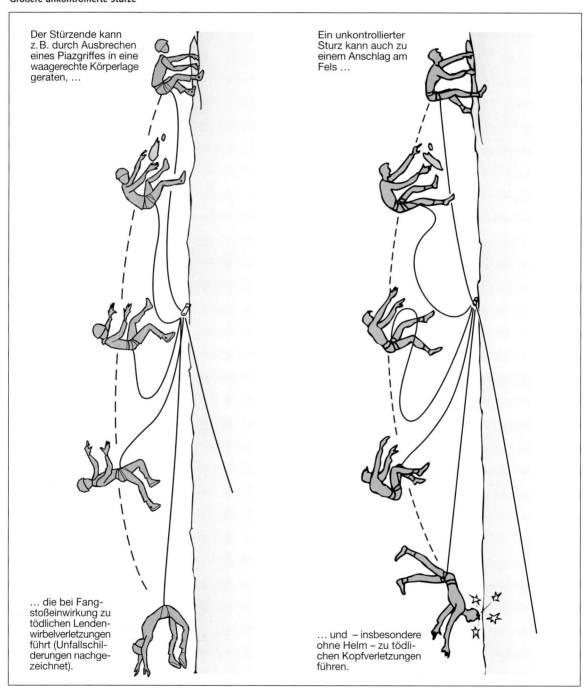

Der Stürzende kann z.B. durch Ausbrechen eines Piazgriffes in eine waagerechte Körperlage geraten, …

… die bei Fangstoßeinwirkung zu tödlichen Lendenwirbelverletzungen führt (Unfallschilderungen nachgezeichnet).

Ein unkontrollierter Sturz kann auch zu einem Anschlag am Fels …

… und – insbesondere ohne Helm – zu tödlichen Kopfverletzungen führen.

# Glieder der Sicherheitskette

physisch und psychisch nicht vorbereitet, gerät durch den unerwarteten Sturz und daraus resultierende Kraftkomponenten in der Regel in eine ungünstige Körperlage, die sich während des freien Falls (Schwerelosigkeit) nicht mehr korrigieren läßt. Angeseilt nur mit einem Hüftgurt, kann er so die Fangstoßeinwirkung bei größerer Fangstoßkraft nur unter glücklichen Umständen ohne Verletzungen überstehen. Alle bisher registrierten Unfälle waren unkontrollierte Stürze, solche mit weniger ernsten Verletzungen bei geringerer Sturzhöhe, zwei Dutzend tödliche Unfälle bei größerer Sturzhöhe.

Die Entscheidung, wo die Benutzung eines Hüftgurts ohne Brustgurt vertretbar erscheint, ist schwierig und kann, wie die Unfälle gezeigt haben, fehlerhaft sein und tödlich enden.

**Die genannten Voraussetzungen für eine relativ gefahrlose Benutzung lassen sich vielfach nicht sicher abschätzen, am ehesten noch im Sportklettergelände unter folgenden Voraussetzungen:**
- sturzfreundliches Gelände (senkrecht, überhängend)
- einwandfreie Zwischensicherungen (sichere Bohrhaken)
- geringe Sturzhöhe
- Sturzfaktor unter 0,3

Beim Sichern mit Toprope oder mit Seilklemme am fixierten Seil besteht keine Gefahr – unter der Voraussetzung, daß keine extremen Pendelstürze auftreten.

**Die Situationen, die die alleinige Verwendung eines Hüftgurts vertretbar erscheinen lassen, sind nicht zahlreich – nicht dazu gehören:**
- der ganze Bereich des alpinen Kletterns, da überwiegend unsichere Zwischensicherungen, meist größere Sturzhöhen, meist kein sturzfreundliches Gelände usw.
- alle Routen (auch im Klettergarten) mit wenigen Zwischensicherungen, in der Regel Routen bis zum V. Schwierigkeitsgrad (einschließlich)
- der ganze Bereich der Eiskletterei, da unkontrollierbare Stürze durch Verhaken mit den Steigeisen die Regel sind

Die in allen Sturzsituationen mit den wenigsten Risiken behaftete Anseilmethode ist die mit Hüft- und Brustgurt (siehe S. 56 ff.).

# Fallgeschwindigkeiten

Durch die Erdanziehung (Erdbeschleunigung) wird jeder Körper, sofern keine anderen Kräfte auf ihn einwirken, in Richtung des Erdmittelpunktes beschleunigt. Dies kann im freien Fall oder längs einer schiefen Ebene erfolgen.

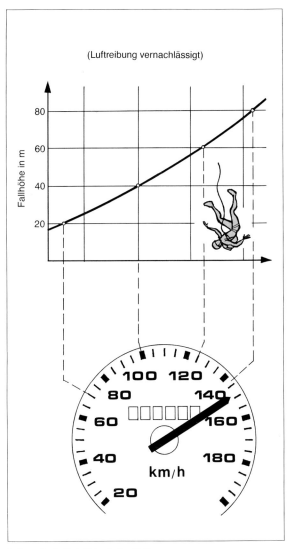

Fallgeschwindigkeit im freien Fall

## Freier Fall

Jeder Körper fällt (Luftreibung vernachlässigt) in jeder Sekunde etwa 10 m (genau: 9,81 m) mehr als in der vorherigen. Da ein Körper in der ersten Sekunde etwa 5 m fällt, fällt er in der zweiten etwa 15 m, in der dritten etwa 25 m und so fort.

# SICHERHEIT

Die Fallgeschwindigkeit, die innerhalb einer ausgekletterten Seillänge erreicht werden kann, erscheint im Vergleich zu den Fahrgeschwindigkeiten im Straßenverkehr auffallend gering. So erreicht ein frei fallender Mensch nach einer Fallhöhe von immerhin 80 m nur eine Fallgeschwindigkeit von 39,6 m/s (= 142,6 km/h). Dies verdeutlicht auch, wie gefährlich der Mensch im Straßenverkehr lebt.

## Pendelsturz

Beim Durchpendeln des tiefsten Punktes (Nulldurchgang) tritt neben der größten Kraft auch die höchste Pendelgeschwindigkeit auf. Sie ist genauso hoch wie die Fallgeschwindigkeit im freien Fall vom gleichen Ausgangspunkt bis auf Höhe des Nulldurchgangs. Man erreicht also beim Pendelsturz im Augenblick des tiefsten Pendelpunktes die gleiche Geschwindigkeit, wie wenn man von der gleichen Höhe frei herabfällt. Dies erklärt, warum größere Pendelstürze mit Anschlag am tiefsten Pendelpunkt (Verschneidung) genauso gefährlich sind wie ebenso hohe freie Stürze mit entsprechendem Aufschlag auf Fels. Bei freiem Sturz, der in einen Pendelsturz übergeht, ist die Pendelgeschwindigkeit während des Durchpendelns des tiefsten Punktes entsprechend der freien Fallhöhe größer.

Die Fallgeschwindigkeit auf geneigten Firn- und Gletscherhängen ist unerwartet hoch.

Überschlagen und Rotieren führen sehr schnell zum unkontrollierbaren Sturz.

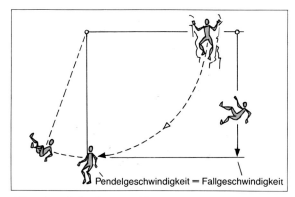

Fallgeschwindigkeit beim Pendelsturz

## Fall auf Firn- und Gletscherhängen

Der Fall wird längs des Firn- oder Gletscherhanges (schiefe Ebene) abgelenkt. Die Fallgeschwindigkeit wird durch Reibung verringert. Auf Firn- und Gletscherhängen ist diese Reibung jedoch weit geringer als gemeinhin angenommen wird. Die Reibwerte (μ) liegen je nach Firnbeschaffenheit (härterer oder weicherer Firn) in der Größenordnung von 0,03 bis 0,3. Daraus ergibt sich, daß schon auf einem 45° steilen Firnhang eine Fallgeschwindigkeit erreicht wird, die in der Größenordnung von über 80 % der des freien Falls liegt.

Der Reibwert wird von der Bekleidung beeinflußt. Perlonbekleidung weist einen um etwa 33 % niedrigeren Reibwert auf als gewöhnliche Bekleidung. Der daraus folgende Unterschied in der Fallgeschwindigkeit macht sich jedoch nur auf weniger steilen Firnhängen bemerkbar. Ab einer Steilheit von etwa 45° ist der Unterschied, bedingt durch physikalische Gesetzmäßigkeiten, kaum mehr signifikant.

Aus dem Diagramm von S. 147 oben läßt sich die Fallgeschwindigkeit auf Firn- und Gletscherhängen in Prozent der Geschwindigkeit des freien Falls für verschiedene Hangwinkel ablesen, ebenso für unterschiedliche Reibwerte. Die Fallgeschwindigkeit wird etwas reduziert durch die Umwandlung eines Teils der Fallenergie in Rotationsenergie* (Rotieren, Überschlagen) und in Verformungsarbeit* (Firnverformung, Luxationen, Knochenbrüche). Diese Reduzierung der Fallgeschwindigkeit ist ebenfalls kaum signifikant. Die für viele unbekannt hohe Fallgeschwindig-

# Glieder der Sicherheitskette

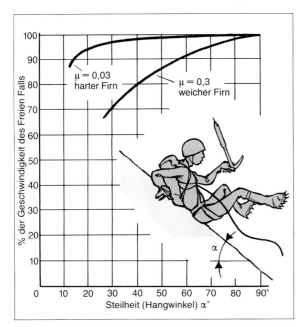

Der Zusammenhang von Fallgeschwindigkeit und Hangsteilheit

keit auch in weniger steilen Firn- und Eishängen erklärt, warum weniger erfahrene Eisgeher auf Seilsicherung verzichten und beim Stolpern oder wie auch immer gearteten Verlieren des Gleichgewichts den Sturz nicht mehr abbremsen können und vielfach zu Tode stürzen. Die relativ geringe Steilheit täuscht eine weit größere Reibung und eine weit geringere Fallgeschwindigkeit und somit ein weit geringeres Risiko vor, als in Wirklichkeit vorhanden ist.

## Sicherer mit einem Helm

Größeren Gewalteinwirkungen durch Sturz, Stein- oder Eisschlag ist der menschliche Schädel nicht gewachsen. Die Natur hat Belastungen dieser Art offensichtlich nicht vorgesehen.

Das Tragen eines Schutzhelms im Fels und Steileis kann deshalb lebens- und gesundheitserhaltend sein. Nicht nur in alpinen Routen, die als besonders steinschlaggefährdet gelten, auch in Routen, die als fest

bekannt sind, ist Steinschlag möglich. Vielfach liegt Geröll auf Absätzen, das der weniger achtsame Seilpartner oder das Seil lösen können. Auch ein unerwarteter und deshalb unkontrollierbarer Sturz kann nie völlig ausgeschlossen werden. Bei unkontrolliertem Sturz besteht immer Verletzungsgefahr für den Schädel. Mit einem normgerechten Schutzhelm wird diese Gefahr auf ein Minimum reduziert. Nachweislich konnten Helme die Gewalteinwirkung durch Sturz oder Steinschlag, die ohne Helm zum Tod geführt hätte, so weit mindern, daß der Träger nur kurz etwas benommen war.

Vielfach wird die Notwendigkeit eines Schutzhelms vom Schwierigkeitsgrad der Route abhängig gemacht.

Dies ist ein Trugschluß. Sogar auf den leichtesten Klettersteigen besteht Absturzgefahr (andernfalls wären keine Drahtseilsicherungen erforderlich). Wo Absturzgefahr für den Menschen besteht, können ebenso Steine und möglicherweise auch Eisbrocken herabstürzen. Die Notwendigkeit eines Schutzhelms hängt nur von der Steilheit des Geländes ab, nicht vom Schwierigkeitsgrad der Route.

Durch Steinschlag eingedrückter Helm: Der Träger erlitt keine Verletzungen – ohne Helm hätte er die Gewalteinwirkung mit an Sicherheit grenzender Wahrscheinlichkeit nicht überlebt.

# ANHANG

## Glossar

**Absorption**
In der Optik bedeutet Absorption die Abschwächung von sichtbarem oder unsichtbarem Licht beim Durchgang durch eine Materie. Absorption ist hier also das Gegenteil der Translation. Der Grad der Absorption bzw. Translation wird in % angegeben und ist in erster Linie abhängig von den physikalischen Eigenschaften der Materie und der Wellenlänge des Lichts.

**adhäsiv**
anhaftend

**Abziehstein**
Sehr harter Naturstein oder gesintertes Aluminiumoxid ($Al_2O_3$), Härte nach der Mohsschen Skala 9 und härter (Diamant besitzt Härte 10), dient zum Runden von Kanten und zum Feinschleifen von harten Stählen, erhältlich in Werkzeuggeschäften.

**Ankertechnik**
siehe Zugpickeltechnik

**Ausgleichsverankerung**
in Österreich übliche Bezeichnung für Kräftedreieck

**Ausziehkraft**
Kraft, mit der ein Gegenstand aus einem Medium oder einer Klemmvorrichtung bei Belastung herausgerissen wird (bei Eisschrauben und -haken aus dem Eis, bei Fels- und Bohrhaken aus dem Fels, bei Klemmkeilen und Klemmgeräten aus dem Fels bzw. bei Prüfung aus einer definierten Einspannvorrichtung).

**CEN**
Comité Europeen de Normalisation (= Europäisches Komitee für Normung), zuständig für die Erarbeitung der EURO-Normen (EN) im Rahmen des gemeinsamen Markts. Die bisherigen DIN-Normen für Bergsteigerausrüstung sowie die entsprechenden nationalen Normen in Österreich (ÖNORM), in Frankreich (AFNOR) und in England (BS) werden gemeinsam mit den UIAA-Normen (siehe dort) abgeglichen und als EURO-Normen herausgegeben.
Die ersten EURO-Normen sind erschienen, mit weiteren ist zu rechnen. Diese EURO-Normen sind für die EU rechtsverbindlich: Alles, was die Herstellertore innerhalb der EU für den Verkauf in der EU verläßt und was in die EU importiert wird, muß diesen Normen entsprechen.

**CE-Zeichen**
Es hat unterschiedliche Nummern und ist das Konformitätszeichen dafür, daß das Produkt einer europäischen Richtlinie entspricht, bei Bergsteiger- und Kletterausrüstung der sogenannten PSA-Richtlinie und damit den EURO-Normen.

**CFK**
Abkürzung für carbonfaserverstärkten Kunststoff, Carbonfaser = Kohlefaser. Ein alterungsbeständiger Kunststoff mit Kohlefasereinlagen, dadurch sehr gute Festigungseigenschaften, relativ teuer. Verwendung für Bergsteigerschutzhelme und Pickelschäfte. Zu erkennen an der schwarzen Farbe, bei Helmen auf der Innenseite.

**Dichte, Eisdichte**
Die Dichte eines Stoffes ist das Verhältnis seiner Masse zu seinem Volumen; angegeben in $g/cm^3$, z.B. bei Metallen, in $kg/dm^3$ bei Eis oder in $kg/m^3$ bei Gasen. Die Dichte von Eis ist immer kleiner als 1 $kg/dm^3$. Je größer die Eisdichte, desto größer die Härte und die Festigkeit des Eises. Die Haltekraft von Eissicherungsmitteln im Eis nimmt mit der Härte und Festigkeit des Eises zu.

**e-Funktion**
Mathematische Funktion mit der Basis des natürlichen Logarithmus, hier: $S_2 = S_1 \cdot e^{\mu \alpha}$.
$S_1$ = Fangstoßkraft auf der Seite des Sichernden
$S_2$ = Fangstoßkraft auf der Seite des Stürzenden
$e$ = 2,72 (Basis des natürlichen Logarithmus)
$\mu$ = Reibwert zwischen Seil und Karabiner, ca. 0,17 (siehe auch unter Reibwert)
$\alpha$ = Seilumlenkwinkel im Bogenmaß

**Einheitensystem**
Das seit Januar 1977 gültige Internationale Einheitensystem (abgekürzt: SI) geht von sieben Basiseinheiten aus, von denen folgende vier für den Bergsteiger interessant sind:

| | | |
|---|---|---|
| m | Meter | für Länge |
| kg | Kilogramm | für Masse |
| s | Sekunde | für Zeit |
| K | Kelvin | für Temperatur |

Die ersten drei sind ausreichend bekannt. Die letztgenannte Basiseinheit, das Kelvin, konnte sich im allgemeinen Sprachgebrauch noch nicht durchsetzen; deshalb wurde auch im vorliegenden Band noch die bisher gebräuchliche Basiseinheit Grad Celsius (°C) verwendet. Von den Basiseinheiten abgeleitete Einheiten sind:

| | | |
|---|---|---|
| m² | Quadratmeter | für Fläche |
| m³ | Kubikmeter | für Volumen |
| N | Newton | für Kraft |
| J | Joule | für Arbeit |

Zur besseren Anschaulichkeit werden bei sehr großen oder sehr kleinen Werten vielfache oder dezimale Teile der Einheit gewählt. Für technische Zusammenhänge beim Bergsteigen sind gebräuchlich:

| | |
|---|---|
| mm, cm, dm, m, km | für Länge |
| mm², cm², dm², m², km² | für Fläche |
| mm³, cm³, dm³, m³, km³ | für Volumen |
| s, min, h | für Zeit |
| kN (Kilonewton) | für Kraft |
| kJ (Kilojoule) | für Arbeit |

Neben den im vorliegenden Band verwendeten Einheiten sind zum leichteren Verständnis jeweils dahinter in Klammern die früher gebräuchlichen Maßeinheiten kp und kpm aufgeführt. Den Zusammenhang zwischen den neuen und den alten Maßeinheiten zeigt folgende Tabelle:

```
Kraft
    1 N           =    0,102 kp = ca.    0,1 kp
   10 N           =    1,02  kp = ca.    1   kp
  100 N           =   10,2   kp = ca.   10   kp
 1000 N  = 1 kN   =  102     kp = ca.  100   kp

Arbeit
    1 J           =    1 Nm  =    0,102 kpm = ca.   0,1 kpm
   10 J           =   10 Nm  =    1,02  kpm = ca.   1   kpm
  100 J           =  100 Nm  =   10,2   kpm = ca.  10   kpm
 1000 J  = 1 kJ   = 1000 Nm  =  102     kpm = ca. 100   kpm
```

Bei den meisten Messungen von Kraft und Arbeit bzw. Energie ist die Fehlertoleranz so groß, daß die angegebenen ca.-Werte bei Umrechnung ausreichen, z.B. maximal zulässiger Fangstoß eines Seiles nach Norm 12 kN, ca. 1200 kp.
Das Gesetz über das Einheitensystem läßt die Verwendung der Bezeichnung »Gewicht« für die richtige Bezeichnung »Masse« zu, so daß unter »Gewicht« die »Masse« (Warenmenge) zu verstehen ist, nicht die Gewichtskraft (Kraft, mit der ein Körper auf seine waagrechte Unterlage drückt).

### Eisdichte
siehe Dichte

### Eissanduhr
Reichen die Sicherungsmittel im Eis nicht aus, z.B. beim Abseilen (Rückzug), läßt sich eine der Felssanduhr ähnliche Eissanduhr anbringen. Unter einem Winkel von etwa 60° werden mit einer Rohreisschraube zwei Löcher ins Eis gebohrt, die sich am Grund treffen. Das Durchfädeln der Reepschnurschlinge erfordert etwas Geschick oder einen Draht mit kleinem Widerhaken.

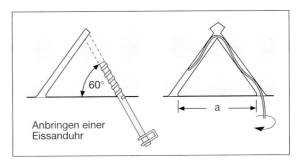

Anbringen einer Eissanduhr

Die Ausreißkräfte sind abhängig von der Eisfestigkeit, vom Schlingendurchmesser und vom Maß a. Belastungsversuche im Gletschereis brachten folgende Werte:

Eissanduhr: Das Maß a bezeichnet den Abstand des Beginns der beiden ins Eis gebohrten Löcher.

# ANHANG

Reepschnur 5 mm, Maße a = 10 cm: über 6 kN (über 600 kp); Halbseilschlinge 9 mm, Maß a = 20 cm: über 10 kN (über 1000 kp).

### elektrolytisch, Elektrolyt
flüssiger Stromleiter, der sich bei Stromdurchgang chemisch verändert, siehe auch Korrosion

### empirisch
wissenschaftliche Erfahrung, hier: nach Messung einer Vielzahl von Stürzen in der Praxis

### EN
EURO-Norm (Europäische Norm), siehe CEN

### Erosion
Abtragung der Boden- und Felsoberfläche durch Wind- und Wettereinfluß

### exponential
hier: einer Exponentialfunktion (Funktion mit einer Hochzahl, z. B. $y = a^x$) folgend

### Fallenergie
Energie, die ein fallender Körper beinhaltet. Fallenergie wird auch als kinetische Energie bezeichnet (kinetisch = in Bewegung befindlich). Sie nimmt mit dem Quadrat der Geschwindigkeit nach folgender Formel zu:

$$E_{kin} = m \cdot \frac{v^2}{2}$$

$E_{kin}$ = Fallenergie
m = Masse des fallenden Körpers
v = Geschwindigkeit des fallenden Körpers

### Fangstoßdehnung
Seildehnung, die bei Fangstoßeinwirkung auftritt. Im Augenblick der größten Fangstoßkraft (Kraftspitze) kommt es auch zur größten Seildehnung. Hierzu siehe auch unter Fangstoßkraft.

### Fangstoßkraft
Die Kraft im Seil, die beim Abfangen eines Sturzes auftritt. Während des Sturzes durchfällt ein fallender Körper zunächst eine freie Fallhöhe, bis sich das Seil zu dehnen beginnt. Während des folgenden Belastungsvorgangs nimmt die Dehnung des Seils ständig zu und übt eine permanent wachsende, den Sturz verzögernde Kraft auf den fallenden Körper aus. Im Augenblick der größten Dehnung tritt die größte Fangstoßkraft auf (Kraftspitze, maximale Fangstoßkraft). Damit ist der Sturz abgefangen. Den zeitlichen Verlauf zweier Fangstoßkräfte zeigt untenstehende Grafik.

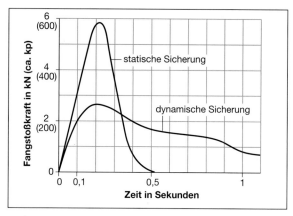

Kraft-Zeit-Diagramm zweier unterschiedlich gehaltener Stürze: einmal mit statischer, einmal mit dynamischer Sicherung

Als Fangstoßkraft wird in der Regel die Kraftspitze (maximale Fangstoßkraft) bezeichnet, da sie für die Belastung der Sicherungskette ausschlaggebend ist.

### Freiklettern/Sportklettern
Der Kletterer benutzt zur Fortbewegung am Fels nur natürliche Möglichkeiten wie Felsgriffe, Felstritte, Felsrisse und dergleichen mehr. Künstliche Hilfsmittel wie Haken, Klemmkeile, Klemmgeräte usw. werden nur zur Sicherung verwendet, nicht zur Fortbewegung.

### GFK
Abkürzung für glasfaserverstärkten Kunststoff; alterungsbeständiger Kunststoff mit Glasfasereinlagen, dadurch gute Festigkeitseigenschaften. Verwendung für Bergsteigerschutzhelme. Zu erkennen an der Faser- oder Gewebestruktur auf der Innenseite der Helmschale.

### GS-Zeichen
GS = »Geprüfte Sicherheit«, Gütezeichen, das autorisierte Prüfinstitute wie TÜV und andere Prüfanstalten nach positivem Prüfergebnis einem Produkt zuerkennen können. Bisher überwiegend auf dem Haushalts-, Werkzeug-, Elektro- und Spielgerätesektor eingeführt, auf dem Bergsportgerätesektor nur vereinzelt, z. B. bei Steigeisen.

# Glossar

**GSG**
Gerätesicherheitsgesetz (früher Maschinenschutzgesetz), vom Bundestag 1968 verabschiedet; besagt, daß alles, was auf den deutschen Markt gebracht wird, dem »Stand der Technik« entsprechen muß. »Stand der Technik« sind technische Regelwerke wie EURO-Normen (bisher DIN-Normen) und andere technische Richtlinien.

**Hakenleiter**
In steilen Felspassagen in kurzen Abständen angebrachte Felshaken zum künstlichen Klettern. Die Haken dienen neben der Sicherung vor allem zur Fortbewegung, im Gegensatz zum Freiklettern/Sportklettern, wo die Haken und andere Sicherungsmittel nur zur Sicherung dienen.

**HMS**
Abkürzung für Halbmastwurfsicherung (zur HMS siehe S. 114 ff.

**Jo-Jo-Stürze**
mehrere, in kurzen Zeitabständen folgende kleine Stürze ins Seil an schwierigen Kletterpassagen, die man immer wieder erneut versucht

**Joule**
abgekürzt J, Maßeinheit für Arbeit, hierzu siehe unter Einheitensystem

**Kantenfestigkeit**
Festigkeit eines Textils, z. B. eines Seiles, Bandes oder einer Reepschnur, bei Belastung über eine Kante; sie ist immer geringer als die Festigkeit ohne Kanteneinfluß, da zur reinen Zugbelastung Biege-, Druck- und Scherbelastung hinzukommen, die besonders beanspruchend sind.

**Kerbwirkung**
Wirkung einer Kerbe auf die Festigkeit eines Gegenstands. Jede noch so winzige Kerbe reduziert die Festigkeit. Je tiefer und scharfkantiger die Kerbe, desto größer die Kerbwirkung. Einfachstes Beispiel: Ein gekerbter Stock läßt sich leichter brechen als ein gleich dicker ungekerbter.

**Kilojoule**
abgekürzt kJ, Maßeinheit für Arbeit, hierzu siehe unter Einheitensystem

**Kilonewton**
abgekürzt kN, Maßeinheit für Kraft, hierzu siehe unter Einheitensystem

**kinetisch**
in Bewegung befindlich, kinetische Energie = Bewegungsenergie, hier Fallenergie, hierzu siehe auch unter Fallenergie

**Körpergewicht**
Gewicht des menschlichen Körpers, im vorliegenden Band zur Vereinfachung einschließlich Bekleidung und mitgeführter Ausrüstung. Bei allen Zahlenbeispielen, die auf das Körpergewicht Bezug nehmen, wird ein Gewicht einschließlich Bekleidung und Ausrüstung von 80 kg zugrunde gelegt.

**Körperkerntemperatur**
Zum Kern des menschlichen Körpers werden die inneren Organe und das Gehirn gezählt, zur Körperschale die Extremitäten und die Haut. Die Körperkerntemperatur muß für die Lebensvorgänge in sehr engen Grenzen um 37 °C liegen. Dies wird von einem komplizierten biologischen Regelkreis gesteuert, wobei die Temperatur der Körperschale des öfteren eine Überwärmung oder Unterkühlung in Kauf nehmen muß.

**Körperschale**
siehe Körperkerntemperatur

**Komponente**
Bestandteil eines Ganzen, in der Vektorrechnung, Festigkeitslehre usw. eine einzelne Teilkraft einer Gesamtkraft

**Korrosion**
Schädigung von Werkstoffen durch chemische Reaktionen mit Bestandteilen ihrer Umgebung, hier Schädigung von Stahl durch atmosphärischen Einfluß wie Feuchtigkeit usw. Elektrolytische Korrosion entsteht, wenn nach der Spannungsreihe (Elektrodenpotential) unterschiedliche Metalle durch Flüssigkeiten in engem Kontakt stehen.

**Laminat**
zwei oder mehrere unterschiedliche Stoffe, durch Kleben, Schweißen oder eine andere Technik flächig verbunden

# ANHANG

**Liegestütztechnik**
bei Sturz auf Firn-/Gletscherhängen angewandte Technik durch Stützen auf Hände und Füße, um so den spezifischen Flächendruck auf den Firn zu erhöhen und die Bremswirkung zu vergrößern

**linear**
geradlinig, gleichmäßig, hier: bei Zunahme der Fallhöhe gleich große Zunahme der Fallenergie (z. B. doppelte Fallhöhe, folglich doppelte Fallenergie)

**minimieren**
verringern, verkleinern, hier: so gering wie möglich gestalten

**Näherung**
Hier: mathematische Näherung. Rechnung zur Ermittlung eines Ergebnisses, das sich nur durch mehrere gleichartige, aufeinanderfolgende Rechnungen ermitteln läßt, wobei das Ergebnis der ersten Rechnung zur genaueren zweiten Rechnung und das Ergebnis der genaueren zweiten Rechnung zur noch genaueren dritten Rechnung usw. verwendet wird. Man spricht bei der ersten Rechnung von der 1. Näherung (an das tatsächliche Ergebnis), bei der zweiten Rechnung von der 2. Näherung usw.

**Nanometer**
siehe Wellenlänge

**Newton**
abgekürzt N, Maßeinheit für Kraft, hierzu siehe Einheitensystem

**Normkonformität**
Konformität = Übereinstimmung; Normkonformität = Übereinstimmung mit einer Norm, hier: EURO-Norm (EN)

**optimieren**
optimal gestalten, bestmögliche Lösung für eine bestimmte Zielsetzung ermitteln

**orthostatisch**
Hier: orthostatischer Schock = Versacken des Blutes in die unteren Extremitäten, bei längerem Anhalten tritt Niereninsuffizienz (Nierenversagen) auf, die zum Tod führt. Das früher übliche Hängen im Seil, angeseilt nur um den Brustkorb, führt sehr schnell zum orthostatischen Schock und nach einer Hängedauer von längstens 2 Stunden zum Tod (Kreuzigungstod).

**Parameter**
veränderliche Größe in einer mathematischen Gleichung

**permanent**
dauernd, anhaltend, ständig, ununterbrochen

**physiologisch**
die Physiologie betreffend, d. h. die Lebensvorgänge im Organismus, hier: im menschlichen Organismus

**Pickelrettungsgriff**
Bei Sturz auf Firn- und Gletscherhängen mittels eines Pickels (Eisgerät) angewandte Technik durch Bremsen mit der Pickelhaue, wobei mit der einen Hand der Pickelschaft gehalten, mit der anderen die Pickelhaue möglichst tief in den Firn gedrückt wird. Bei Eis wird mit der Pickelschaufel gebremst.

**potentiell**
Möglich, denkbar, hier: potentielle Energie = Lageenergie, Energie, die bei Sturz in kinetische Energie (Bewegungsenergie) umgewandelt wird. Nach dem Energieerhaltungssatz kann Energie nicht verlorengehen, sondern nur von einer Energieform in eine andere umgewandelt werden.
Die potentielle Energie nimmt linear mit der Fallhöhe zu nach der Formel:

$$E_{pot} = m \cdot g \cdot h$$

$E_{pot}$ = potentielle Energie
$m$ = Masse des fallenden Körpers
$g$ = 9,81 m/s² (Erdbeschleunigung)
$h$ = Fallhöhe

**proportional**
Im gleichen Verhältnis stehend, verhältnisgleich; nimmt der eine Wert um das X-fache zu, vergrößert sich auch der andere Wert um das X-fache.

**quantitativ**
der Quantität nach, mengenmäßig

**radial**
in Richtung des Radius, bei länglichen Gegenständen

quer zur gedachten Mittellinie, z.B. bei Felshaken quer zur Hakenlängsachse bzw. Einschlagrichtung

### rational
die Ratio (Vernunft) betreffend, von der Vernunft bestimmt, vernünftig

### Redundanz, Seilredundanz
Redundanz = Überreichlichkeit, Überfluß. In der Technik Absicherung eines Systems durch ein zweites für den Fall, daß das erste ausfällt. In allen Technikbereichen, wo Menschenleben durch Ausfall eines Systems gefährdet sind, z.B. in der Luft- und Raumfahrt, Reaktortechnik usw., wird ein zweites System installiert, das bei Ausfall des ersten dessen Funktion nahtlos übernimmt. Seilredundanz = Verwendung von zwei Seilen (Zwillingsseil); bei Riß, Steinschlag oder sonstiger Beschädigung eines Seils ist ein zweites vorhanden.

### Reibwert
Verhältnis der Andruckkraft eines Körpers auf seine Unterlage und der Kraft, diesen Körper auf der Unterlage zu verschieben; bei der Seilreibung im Karabiner: Seildruck gegen den Karabiner dividiert durch die Kraft, die notwendig ist, das Seil unter dem Seildruck zu verschieben. Bekannte (dimensionslose) Größe: 0,15 bis 0,19, im Mittel 0,17 (siehe auch unter e-Funktion).

### Reißfestigkeit
Die technisch richtige Bezeichnung ist Bruchfestigkeit. Im vorliegenden Band wird zum leichteren Verständnis bei textilen Materialien wie Seilen, Reepschnur, Bändern und Anseilgurten der Begriff Reißfestigkeit verwendet, da textile Materialien im landläufigen Sinn reißen und nicht brechen.

### semipermeabel
Semipermeable Membranen oder Folien sind halbdurchlässig, d.h., der Wasserdampf kann – bei entsprechendem Temperaturgefälle – hindurchdringen, Wassertropfen jedoch nicht.

### Sinusfunktion
Abgekürzt sin, mathematische Winkelfunktion des rechtwinkligen Dreiecks, die das Verhältnis der dem Winkel gegenüberliegenden Dreiecksseite (Gegenkathete) zur größten Dreiecksseite (Hypotenuse) angibt.

Einige Zahlenbeispiele:
$\sin 0° = 0$
$\sin 30° = 0,5$
$\sin 45° = 0,71$
$\sin 90° = 1$

### Sportklettern
siehe Freiklettern

### Sturzfaktor
Verhältnis der Fallhöhe zur ausgegebenen Seillänge, mit der ein Sturz aufgefangen wird; siehe S. 123

### Typprüfung
Normprüfung von unabhängiger Prüfstelle, bei der nur der Typ, also nur eine begrenzte, meist sehr geringe Anzahl an Exemplaren geprüft wird, sogenannte Prüfmuster

### UIAA-Normen
Normen der UIAA (UIAA = Abkürzung für Union Internationale des Association d'Alpinisme = internationale Vereinigung der Bergsteigerverbände, Sitz in der Schweiz). Da die UIAA-Normen weltweit die ersten Normen für Bergsteigerausrüstung waren, wurden die ehemaligen nationalen Normen wie DIN (Deutschland), ÖNORM (Österreich), AFNOR (Frankreich) und BS (England) den UIAA-Normen weitgehend angeglichen. Auch die heutigen EURO-Normen basieren auf den UIAA-Normen.

### vektoriell
Auf Vektorrechnung bezogen. Vektorrechnung = Rechnung mit gerichteten Größen, z. B. mit Kräften, die naturbedingt eine bestimmte Größe und eine bestimmte Richtung aufweisen. Kennzeichnung durch einen Pfeil. Lösungsmöglichkeit rechnerisch oder zeichnerisch.

### vergütet
Verbessert, bei Stahl: durch Wärmebehandlung und Abschrecken Veränderung des Gefüges zum Zwecke des Härtens. Vergüteter Stahl besitzt größere Härte und Festigkeit als nicht vergüteter bzw. nicht gehärteter Stahl.

### Verformungsarbeit
Arbeit, die notwendig ist, um einen Körper zu verformen

# ANHANG

## Wellenlänge

Eine Welle ist die zeitliche und räumliche Ausbreitung einer Störung in einem Medium. Lichtwellen sind elektromagnetische Wellen und breiten sich auch ohne Medium, also im Vakuum aus. Als Maß für die Lichtfarbe (auch für das nicht sichtbare Licht) wird die Wellenlänge verwendet. Die Wellenlänge ist der Abstand zwischen zwei benachbarten gleichen Phasen. Die gebräuchliche Einheit ist Nanometer (1 nm = $10^{-9}$ m = ein millionstel Millimeter).

## Zugpickeltechnik

Moderne Sportbegriffe basieren auf der Tätigkeit, die sie bezeichnen. Im gesamten Alpin-Lehrplan wurde deshalb von den bisherigen Begriffen »Ankerpickel«, »Ankertechnik« Abstand genommen und nur mehr die Begriffe »Zugpickel«, »Zugpickeltechnik« verwendet. Wenn eine Haue sicher im Eis plaziert ist, kann sie (bei ausreichender Hauenfestigkeit, kein Werkstoff- oder Fertigungsfehler) kurzzeitigen Kräften bis etwa 2,5 kN (ca 250 kp) widerstehen.

# Adressen und Telefonnummern der alpinen Vereine

**Deutscher Alpenverein (DAV)**
Hauptgeschäftsstelle:
Von-Kahr-Straße 2–4
80997 München
Tel. 089/140030
Fax 089/1400311

**Bibliothek und Sicherheitsforschung im Haus des Alpinismus:**
Praterinsel 5
80538 München
Tel. 089/21 22 40
Fax 089/21 12 24 40

Alpine Auskunft DAV:
Tel. 089/29 49 40

**Verband Deutscher Berg- und Skiführer (VDBS)**
Geschäftsstelle:
Untersbergstraße 34
83451 Piding
Tel. 08651/71221
Fax 08651/71221

**Österreichischer Alpenverein (ÖAV)**
Wilhelm-Greil-Straße 15
A-6010 Innsbruck
Tel. 0043/512/59547
Fax 0043/512/575528

Alpine Auskunft ÖAV:
Tel. 0043/512/5320175

**Alpenverein Südtirol (AVS)**
Vintler Durchgang 16
I-39100 Bozen
Tel. 0039/0471/978141
Fax 0039/0471/980011

Alpine Auskunft AVS:
Tel. 0039/0471/993809

**Schweizer Alpen-Club (SAC)**
Monbijoustraße 61
CH-3000 Bern 23
Tel. 0041/31/3701818
Fax 0041/31/3701800

Die jeweils aktuellen Telefonnummern der alpinen Rettungsstellen und der Bergwetterberichte erfahren Sie bei den Auskunftsstellen der alpinen Vereine.

# Notizen

Notizen

# Topfit für höchste Ansprüche

Dr. med. Thomas Wessinghage
**Laufen**
Einzigartige kompetente Information vom mehrfachen Deutschen Meister Thomas Wessinghage: alle Aspekte der Sportart sowie Erfahrungen aus langjähriger Wettkampfpraxis und als Sportmediziner.

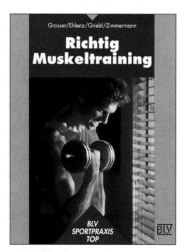

BLV Sportpraxis Top
Manfred Grosser/Hans Ehlenz/
Rainer Griebl/Elke Zimmermann
**Richtig Muskeltraining**
Trainingstheorie, Trainingsmethodik, Ausrüstung, Trainingsprogramme; Prinzipien des Bodybuilding: Basis- und Hochleistungstraining.

BLV Sportwissen
Fritz Zintl
**Ausdauertraining**
Alle theoretischen und praktischen Aspekte des Ausdauertrainings für Trainer, Sportlehrer, Gesundheits- und Leistungssportler.

BLV Sportwissen
Hans Ehlenz/Manfred Grosser/
Elke Zimmermann
**Krafttraining**
Grundlagen der Muskelkraft, Muskelfunktion und Kraftübungen, Arten und Methoden des Krafttrainings, Trainingsmittel, Trainingssteuerung, Trainingsbedingungen, Trainingsprogramme.

BLV Sportpraxis Top
Fred Karbstein
**Richtig Paragliding**
Die Grundlagen des Gleitschirmfliegens – besonders geeignet für Einsteiger: Gerätekunde, Flugpraxis, Wetterkunde, Luftrecht, Flugfunk, Verhalten bei Unfällen, Umweltschutz, besondere Flugformen.

BLV Sportpraxis Top
Dagmar Sternad
**Richtig Stretching**
Sportmedizinische und trainingswissenschaftliche Grundlagen, Trainingsgestaltung, 90 Grundübungen mit Variationen und speziellen Trainingsprogrammen.

BLV aktiv+gesund
Urs Geiger/Caius Schmid
**Muskeltraining
mit dem Thera-Band**
Benutzung, Eigenschaften, therapeutischer und leistungsorientierter Anwendungsbereich, Übungsintensität, Trainingsprogramme für die Muskulatur der Arme, des Rumpfes und der Beine.

# ABSOLUTE ALPINE
## worldwide

„Fordern Sie den neuen Katalog an"

**MAMMUT**

**GERMANY**
Mammut Sportartikel GmbH, Postfach 1817, D-87688 Memmingen

**GERMANY**: D-87688 Memmingen/**AUSTRIA**: A-4400 Steyr/**AUSTRALIA**: Fortitude Valley, Q.4006/**BENELUX**: NL-2718 SJ Zoetermeer/**CHINA**: Shatin, Hong Kong
**FINLAND**: SF-Tammisaari 10640/**FRANCE**: F-74700 Sallanches/**GREAT BRITAIN**: GB-Hope, Sheffield, S30 2RW/**HONGKONG**: Kowloon, Hong Kong/**ITALY**: I-39046 Ortisei (BZ)/**JAPAN**: Tokyo 163-04/**NEW ZEALAND**: Christchurch 1/**NORWAY**: N-3560 Hemsedal/**POLEN**: PL-40-050 Katowice/**SINGAPORE**: Singapore 639584
**SLOVENIEN**: SL-62000 Maribor/**SPAIN**: E-08018 Barcelona/**SWEDEN**: S-100 41 Stockholm/**TSCHECHIEN**: TS-293 01 Mlada' Boleslav/**USA**: Boulder, CO 80301

# In Bestform für die Bergtour

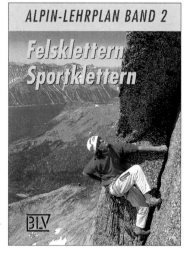

Karl Schrag
**Alpin-Lehrplan Band 1:
Bergwandern – Trekking**
Bewegungs- und Sicherungstechniken beim Bergwandern, Ausrüstung, Planung von Wanderungen, alpine Taktik, Bergwandern in Gruppen, Erste Hilfe, Wetterkunde, Trekking, Umwelt- und Naturschutz.

Stefan Glowacz/Wolfgang Pohl
**Richtig Freiklettern**
Alle Aspekte des Freikletterns und die interessantesten Klettergebiete in Deutschland, Italien, Frankreich und den USA.

John Long
**Praxis Sportklettern**
Modernes Lehrbuch mit den neuesten Erkenntnissen, Erfahrungen und Methoden: Spielform Sportklettern, Wandklettern und Rißklettern, Sicherungskette, Klettern im Vorstieg, Abstieg, Klettertraining usw.

Michael Hoffmann/Wolfgang Pohl
**Alpin-Lehrplan Band 2:
Felsklettern – Sportklettern**
Klettertechniken, Taktik beim klassischen Felsklettern, Stürzen und Taktik beim Sportklettern, Sicherungsmethoden, Ausrüstung usw.

Martin Engelhardt/Georg Neumann
**Sportmedizin**
Für Sportmediziner, Trainer und alle interessierten Sportler: Reaktion und Anpassung des Organismus auf sportliche Belastungen; Prävention und Sporttherapie bei Erkrankungen.

Manfred Grosser/Stephan Starischka
**Das neue Konditionstraining**
Kraft-, Schnelligkeits-, Ausdauer- und Gelenkigkeitstraining, allgemeine Prinzipien und Steuerung des Konditionstrainings, biologische Grundlagen, Trainingsmethoden und -programme, Kinder- und Jugendtraining.

Peter Geyer/Wolfgang Pohl
**Alpin-Lehrplan Band 4:
Skibergsteigen – Variantenfahren**
Grundlagen und Techniken des Skibergsteigens und ihre praktische Umsetzung auf Skitouren, Skihochtouren, beim Variantenfahren und bei Skitouren mit dem Snowboard.

Peter Konopka
**Sporternährung**
Die wissenschaftlichen Grundlagen und die große Bedeutung der Ernährung für Leistung und Gesundheit – anhand von Beispielen leicht verständlich dargestellt.

Ludwig V. Geiger
**Überlastungsschäden im Sport**
Sportbedingte Überlastungsschäden: Entstehungsmechanismen, Behandlungskonzepte und vorbeugende Maßnahmen zur Vermeidung.

---

*Im BLV Verlag finden Sie Bücher zu folgenden Themen:* Garten und Zimmerpflanzen • Wohnen und Gestalten • Natur • Heimtiere • Jagd • Angeln • Pferde und Reiten • Sport und Fitneß • Tauchen • Reise • Wandern, Alpinismus, Abenteuer • Essen und Trinken • Gesundheit und Wohlbefinden

 *Wenn Sie ausführliche Informationen wünschen, schreiben Sie bitte an:*
**BLV Verlagsgesellschaft mbH • Postfach 40 03 20 • 80703 München
Telefon 089/127 05-0 • Telefax 089/127 05-543**